KB146947

심사일기
瀋槎日記

— 1829년 심양에 문안사로 가다 —

심사일기 瀋槎日記

1829년 심양에 문안사로 가다

박래겸 지음
조남권·박동욱 옮김

푸른역사

책을 옮기며

조선시대 청나라로 보낸 사신행차를 연행燕行이라고 한다. 보통 정사正使·부사副使·서장관書狀官 3명에다 압물관押物官 24명 등의 30명이 두 나라 사이의 공식화된 사행이었다. 여러 수행원을 모두 합치면 총인원은 200인에서 300인 내외가 된다. 북경까지는 통상 40일의 여정이었다. 그러나 실제로는 50~60일이 걸렸고, 북경에서의 체류기일을 합치면 통상 5개월 내외가 소요된다.

연행은 매우 고단한 일정의 연속이었다. 추위와 더위가 몸을 괴롭혔고, 비포장 도로는 거칠고 험했다. 그러나 그 고단함을 상쇄하고도 남을 설렘이 있었던 것도 사실이었다. 낯선 풍경과 풍속, 외국 지식인들과의 만남, 진귀한 서적들은 그들의 눈길을 사로잡기에 충분했다. 그들은 연행을 통해 달라져서 돌아왔다.

박래겸朴來謙(1780~1842)은 본관은 밀양密陽, 자는 공익公益, 호는 만오晩悟·탑서塔西이다. 그는 자신의 개인적인 공무 체험을 담은 3종의 일기를 남겼다. 평안남도 암행어사의 체험을 담은 《서수일기西繡日記》, 함경도 북평사北評使 때의 공무를 기록한 《북막일기北幕日記》, 그리고 심양문안사瀋陽問安使의 서장관으로 임명되어 심양瀋陽을 견문한 내용을 담은 《심사일기瀋槎日記》가 그것이다.

《심사일기》는 1829년 4월 20일 심양문안사의 서장관으로 임명된 때부터 동년 10월 24일 집으로 돌아올 때까지의 기록이다. 여기에는 98일간 심양문안사로 갔던 견문들이 매우 상세히 기록되어 있다. 우선, 상행上行, 체류滯留, 하행下行의 모든 기록이 날짜별로 정리되어 있어서 이동 경로, 소요 시간, 일정 등을 매우 상세히 파악할 수 있었다.

심양의 이국적인 풍경이나 풍속은 그의 눈길을 사로잡기에 충분했다. 이를테면 태평거太平車, 창녀, 바둑, 전족纏足, 상례喪禮, 원숭이 재주 등은 외지인外地人에게는 낯선 풍속들이었다. 그뿐 아니라, 청나라의 유서 깊은 장소들을 꼼꼼히 탐방하고 기록을 남겼다.

오랜 연행을 통해서 현지 중국인들과 인적 네트워크를 연결하고 있기도 했다. 먼저 다녀온 선배들이 후배들에게 현지인을 추천하기도 하고, 현지인들이 자신의 지인을 소개하기도 했다. 체류 기간 내내 필담을 통해 의사소통을 하고 시와 선물을 주고받았다.

한 달 동안의 심양 체류 기간에서 가장 중요한 행사는 역시 황제를 친견하는 것이다. 실시간으로 예부를 통해 황제의 동정動靜이 보고되고 이에 따라 연행사의 동선動線이 결정되었다. 다만 수많은 인원과 물자가 소요되는 행사치고는 황제와의 접견이나 대면은 의외로 싱겁게 끝이 났다.

심양瀋陽이란 곳은 북경 못지않게 중요한 공간이다. 연행사燕行使 간에는 심양에 가는 것을 북경에 가는 것보다 폄하했던 심리가 있기는 했지만 심양은 삼학사와 소현세자, 봉림대군으로 상징되는 병자호란의 상흔을 간직한 곳이며, 청나라의 유서 깊은 많은 건물들이 있는 장소이기도 했다. 이 세상에 아픔이 없는 곳이 있겠는가마는 심양은 우리에게 더욱 쓰라리게 기억되는 곳이다.

《심사일기》는 일평一平 조남권趙南權 선생님과 함께 번역한 일곱 번째 책이다. 선생님은 몇 년 전에 연구소를 그만두고 댁으로 들어가셨다. 요즘도 일주일에 한 번씩 선생님을 찾아 뵙는다. 최근에 있었던 기억이 지금껏 잊히지 않는다. 하루는 선생님 댁에 도착해서 초인종을 울렸다. 보통 1~2분이면 나오시는데 10분이 지나도 답이 없으셨다. 나는 다시 초인종을 눌렀다. 역시 답이 없으셨다. 댁으로 전화를 드렸지만 아무도 받지 않으셨다. 선생님도 사모님도 받지 않으시니 무슨 큰 일이 생겼나 해서 가슴은 뛰고 다리는 후들거렸다. 그 자리에 앉아서 어떻게 해야 할지 몰라 한참동안 넋을 놓고 있었다. 얼마나 지났을까 선생님께서 나오셨다. 선생님은 욕실에 계셨고 사모님은 출타 중이셨다. 언젠가 이처럼 예기치 않은 이별이 올

수도 있겠다 싶어 눈물이 났다. 선생님과 함께 할 수 있는 지금의 시간과 기억이 더더욱 소중해진다.

삶은 외로움과 지루함의 연속이다. 인간은 궁극적으로 외로울 수밖에 없는 존재이며, 삶이란 극적인 사건이 없이 그저 매일 똑같은 일상의 반복일 뿐인 것 같다. 누가 그 외로움과 지루함을 잘 채워 나가느냐에 따라 그 인생의 의미가 달라진다. 아주 더디지만 조금씩 진보하고 있다. 어제보다 더 좋은 사람이 되고 싶다. 이 책이 연행록 연구 등에 다양하게 활용되기를 기대하며, 또 이렇게 한 권의 책을 세상에 내놓는다. 열심히는 했지만 오류가 없지 않을 것이다. 대방의 질정을 바란다.

2015년 4월 박동욱 쓰다

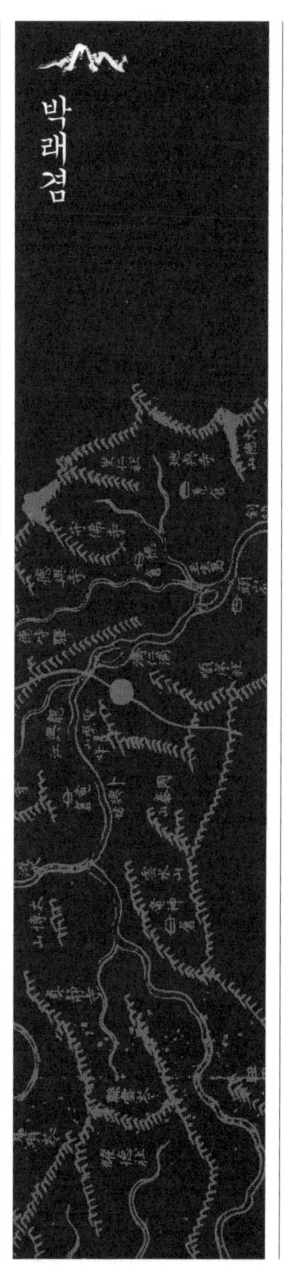

박래겸

박래겸朴來謙(1780~1842)은 본관은 밀양密陽, 자는 공익公益, 호는 만오晩悟·탑서塔西다. 경상도慶尙道 구미龜尾 봉곡蓬谷에서 박선호朴善浩의 셋째 아들로 출생했다. 1810년부터 1811년까지 가주서假注書로 봉직했고, 그 후 주서注書, 정언正言, 지평持平, 장령掌令 등을 역임했다. 1819년 부안현감扶安縣監에 임명되었다. 1822년 암행어사에, 1827년 함경도 북평사咸鏡道 北評事에 제수되었다. 또 1829년 영의정 이상황李相璜이 심양정사瀋陽正使로 갈 때 서장관으로 임명되어 수행했다.

그는 이러한 체험을 바탕으로 43살에 평안남도 암행어사의 경험을 담은《서수일기西繡日記》, 48살에 함경도 북평사 때의 공무를 기록한《북막일기北幕日記》, 50살에 서장관으로 심양瀋陽을 다녀온 견문을 담은《심사일기瀋使日記》등 3권의 일기를 남겼다.

1833년 예조참판參判參判으로 있을 때 동지부사冬至副使로 임명되어 두 번째 연행燕行을 다녀왔다. 1837년부터 1840년까지 여러 관직을 제수받았으나 신병身病을 핑계로 사직辭職했다.

저서로는《탑서유고초塔西遺稿抄》,《만오유고晩悟遺稿》등이 있다.

차례

심사일기瀋槎日記 — 1829년 심양에 문안사로 가다

1829년 기축년 4월 20일

비변사에서 심양문안사의 차출을 건의하다

심양사瀋陽使의 서장관書狀官에 제수되었다. 전날에 비변사에서 아뢰기를 "'황제가 심양에서 능침을 배알하는 행차에 우리나라에서 관원을 파견하여 어가를 영접하라' 는 일로 자문을 이미 보내 왔습니다. 등록謄錄[1]을 가져다가 상고해 보니, '사신이 된 사람을 모두 4월 안에 차출하여서 승정원으로 하여금 품지稟旨[2]한다' 고 했습니다. 정관政官을 소집하여[3] 회의를 열어서 심양문안사瀋陽問安使[4]는 그들에게 후보자를 추천하게 하는 것이 어떻겠습니까?" 라고 하니, 명령하기를 "그대로 하라" 하시었다.

己丑四月二十日, 除瀋陽使書狀官. 前日備邊司達日, "'皇帝, 瀋陽謁陵之行, 我國遣官接駕事' 咨文才已出來矣. 取考謄錄, 則'使臣皆於四月內差出, 令政院稟旨' 政官牌招開政, 瀋陽問安使, 使之擬入何如?" 令日, "依"

1 등록謄錄: 관청에서 조치하여 행한 일이나 사실 가운데 중요한 것을 주무 관서에서 그대로 기록하여 만든 책. 훗날의 참고 자료로 활용했다.

2 품지稟旨: 임금께 아뢰어 교지敎旨를 받던 일을 이른다.

3 패초牌招: 조선시대 임금이 비상사태나 야간에 급히 만나야 할 신하가 있을 경우, 승정원承政院에 명하여 패를 써서 입궐하게 하던 제도. 일명 패소牌召·명소命召·명초命招라고도 했다.

4 심양문안사瀋陽問安使: 청淸나라 황제가 심양에 올 때에 안부를 묻기 위하여 보내던 사신使臣이었다.

七月 八月 九月 十月 卷末

5월 6일

겸집의에 임명되다

겸집의兼執義에 임명되었다.

五月初六日, 付兼執義.

7월 13일

의정부에서 방물을 봉과할 때 나아가다

내가 의정부에서 방물[1]을 봉과할 때 나아가다.

七月十三日, 議政府, 方物封裹時進.

[1] 방물方物: 조선시대 그 지방에서 나는 특산물을 지방에서 조정에 바치거나 조선에서 명·청나라에 바치던 예물禮物을 이른다.

7월 16일

상감께 하직 인사를 올리다

아침에 비가 내렸다. 임금께 하직 인사를 올리려 하자 머물러 기다리라는 명령을 받았으며, 이어서 곧바로 희정당熙政堂에 입시入侍하였는데, 정사正使인 판부사 이상황李相璜[1]이 함께 들어갔다. 정사가 문후를 마쳤다. 상감이 말씀하시기를 "잘 다녀오시오"라고 하고 물품을 하사하라고 명하였다. 내시內侍가 환약 6종, 부채 4자루, 호피虎皮 1벌, 호추胡椒 10근, 단목丹木 15근, 백반白礬 7근을 가져다 전해 주었다. 내가 일어났다가 엎드려서 공경스럽게 받은 뒤에 곧바로 물러나왔다. 인정전仁政殿에 나아가 표문表文에 절을 하고[2] 모화관慕華館에 나아가서 사대查對[3]하였는데 승문원 제

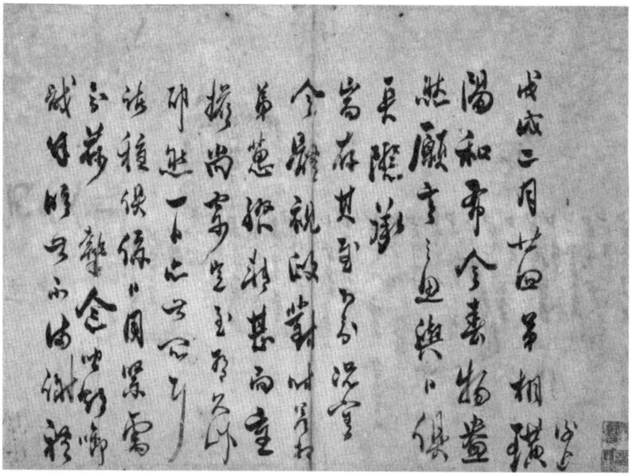

1 이상황李相璜(1763~1841): 조선 후기 정조, 순조 때의 문신. 자는 주옥周玉, 호는 동어桐漁·현포玄圃. 시호는 문익文翼. 좌의정이 되었다가 효명세자 대리청정 때 물러났고, 다시 영의정에 올랐다. 사은사 등으로 여러 번 청淸에 파견되었다. 순조 중기 이후로 남공철 등과 더불어 김조순의 인물군에 속했다. 《동어유집桐漁遺集》 등이 있다.

2 배표拜表: 임금이 중국 황제皇帝의 표문을 받던 일을 이른다.

이상황 간찰
수원박물관 소장.

조承文院提調와 구경九卿과 육조六曹들이 함께 참여하였으며, 작별하러 온 친척과 친구들이 각자 은근한 정을 다하였다. 오후에 길을 떠났는데 따라온 사람은 내 조카인 박구하朴龜夏[4]였다. 최태운崔台運이 군관으로, 홍첨洪檐은 반당伴倘[5]으로, 수종인 이명창李命昌은 간량고직乾糧庫直으로, 수종인 유한종劉漢宗은 중방中房으로 수행했다.

홍제원弘濟院에 도착하니 전송하는 사람들이 또 일제히 모여서 하나하나 보살펴 주었다. 저녁에 말을 달려 고양高陽에 들어가 유숙하였는데 고을 수령 이해존李海存이 나와서 만나 보았다. 작별하러 온 자질子姪과 노겸奴傔들과 함께 자고서 함께 길을 나섰다. 그들은 상사上使의 큰 아들인 이효영李效榮과 수역首譯[6] 오계순吳繼淳,[7] 상통사上通事[8] 변광운卞光韻[9]-본방 별방행本房別陪行이다-, 현학주玄學周,[10] 공간公幹[11]인 방우서方禹敍[12]-상방건량관上房乾粮官이다-, 본방 별배행本房別陪行 김학면金學勉,[13] 상방 별배행上房別陪行 김영희金永熙, 장무관掌務官[14] 유용길劉用吉,[15] 상방 별배행上房別陪行 오응현吳膺顯, 본방 자벽 건량관本房自辟乾糧官 이종현李鍾玄, 어의御醫인 김기남金驥男-대신의 행차에 따로 파견한 사람이다-, 의원醫員 피종환皮宗桓,[16] 사자관寫字官 최병건崔秉健, 화원畵員 윤명주尹命周, 상방군관上房軍官 이창순李昌純-무예로 이름나 계청啓請한 사람이다- 안익빈安翊彬·이환두李煥斗·전취순全取淳,[17] 겸인傔人인 윤

3 사대査對: 중국에 보내는 표表와 자문咨文의 내용과 그 인印이 틀림이 없는가를 확인하는 일을 이른다.

4 박구하朴龜夏(1801~?): 본관은 밀양密陽. 1840년 식년시式年試에 합격. 아버지는 박내복朴來復이다.

5 반당伴倘: 중국에 가는 사신이 자비自費로 데리고 가던 종자從者.

6 수역首譯: 각 관아官衙 또는 사신使臣에 속하는 역관譯官의 우두머리.

7 오계순吳繼淳(1779~?): 본관은 해주海州. 자는 성후性厚. 1795년 식년시式年試에 합격. 《조선시대 잡과합격자 총람朝鮮時代雜科合格者總覽》 참고.

8 상통사上通事: 통사 가운데 상급의 통사를 말함. 통역관은 관품에 따라 명칭이 달라, 품계가 정3품인 통역관은 역관譯官, 그 아래인 통역관은 통사通事라 했다.

9 변광운卞光韻(1798~?): 본관은 초계草溪. 자는 성원聲圓. 1816년 식년시式年試에 합격. 《조선시대 잡과합격자 총람》 참고.

10 현학주玄學周(1797~?): 본관은 천녕川寧. 자는 여옥汝玉. 1812년 증광시增廣試에 합격. 《조선시대 잡과합격자 총람》 참고.

11 공간公幹: 관청의 사무 또는 공사公事를 말한다.

12 방우서方禹敍(1789~?): 본관은 온양溫陽. 자는 낙서洛書. 1807년 식년시式年試 합격. 《조선시대 잡과합격자 총람》 참고.

은필尹殷弼·범효식范孝植·김세종金世鍾이었다. 이날에는 40리를 다녔다.

十六日, 朝雨. 辭朝, 承留待之命. 仍卽入侍于熙政堂. 正使判府事李公相璜同入. 正使問候訖. 上曰, "善爲往來也" 仍命賜物, 內侍賚傳丸藥六種·扇子四柄·虎皮一令·胡椒十斤·丹木十五斤·白礬七斤. 賤臣, 起伏祗受後, 仍卽退出. 詣仁政殿拜表, 詣慕華館査對, 承文院提調·九卿六曹同參, 親戚知舊之來別者, 各致慇懃. 午後發行, 從者舍侄龜夏也. 崔生台運以軍官從, 洪生檐以伴倘從, 李傔命昌以乾糧庫直從, 劉傔漢宗以中房從.

到弘濟院, 送別者又齊會, 面面到款. 夕馳入高陽, 留宿, 主倅李海存出見. 子侄奴傔之來別者, 同宿同行. 卽上使之胤李效榮, 及首譯吳繼淳, 上通事卞光韻本房別陪行, 玄學周, 公幹方禹敍上房乾粮官, 本房別陪行金學勉, 上房別陪行金永熙, 掌務官劉用吉, 上房

13 김학면金學勉(1802~?): 본관은 우봉牛峰. 자는 백강伯强. 1819년 식년시 합격. 《조선시대 잡과합격자 총람》 참고.

14 장무관掌務官: 각 관아의 장관 밑에서 실제적으로 사무를 관장하는 관리.

15 유용길劉用吉(1786~?): 본관은 한양漢陽. 자는 사행士行. 1804년 식년시 합격. 《조선시대 잡과합격자 총람》 참고.

16 피종환皮宗桓(1792~?): 본관은 홍천洪川. 자는 의여毅汝. 1816년 식년시 의과에 합격. 《조선시대 잡과합격자 총람》 참고.

17 전취순全取淳(1769~?): 본관은 옥천沃川. 1792년 식년시 무과에 급제.

희정당熙政堂
조선 후기에 국왕이 평상시에 거처하던 곳이다. 창덕궁의 침전인 대조전大造殿의 바로 앞 남쪽에 있으며, 대조전과 같은 높이의 기단基壇 위에 나란히 지었다.

別陪行吳膺顯, 本房自辟乾糧官李鍾玄, 御醫金驥男大臣行別遣, 醫員皮宗桓, 寫字官崔秉健, 畵員尹命周, 上房軍官李昌純以名武啓請·安翊彬·李煥斗·全取淳·傔人尹殷弼·范孝植·金世鍾也. 是日行四十里.

7월 17일

죽은 아내의 무덤에 들리다

제수祭需를 챙겨서 자식과 조카들과 함께 대자동大慈洞[1]에 있는 죽은 아내의 무덤에 가서 참배하고 읍내로 돌아와서 작별하러 온 자식과 조카들을 보냈다. 길을 떠나서 오류동梧柳洞에 있는 6촌 아우의 집을 방문하고, 점심 때에 파주에 도착하여 유숙하였는데 고을 수령인 이원조李源祖가 나와서 만나 보았다. 이날에는 40리를 다녔다.

1 대자동大慈洞: 경기도 고양시高陽市 덕양구德陽區에 있는 마을 이름.

十七日, 備奠需, 同諸子姪, 往拜大慈洞亡妻墓所, 還到邑中, 送子姪之來別者. 發行, 歷訪梧柳洞再從弟家, 午到坡州, 留宿, 主倅李源祖出見. 是日行四十里.

7월 18일

심상규沈象奎의 집을 방문하다

새벽에 밥을 먹고 먼저 출발하였다. 수십 리를 돌아가서 심상규沈象奎[1] 합하閤下의 시골집을 방문하였다. 심상규 합하는 귀양살이에서 풀려 났으나 완전히 죄명을 씻지는 못하였으므로 아직도 무덤 옆 초막에 머물고 있었다. 집이 비록 사치스럽고 크지는 않았으나, 아주 깨끗하였으며, 화초와 약초가 나누어서 배치되어 있었고, 술상에 오른 음식들이 정갈하고 깨끗해서 영락없이 서울의 풍취가 있는 것 같았다. 점심 때에 장단長湍에서 말에게 먹이를 주었는데 고을 수령인 윤

1 심상규沈象奎(1766~1838): 자는 치교穉敎이고 호는 두실斗室이다. 영의정을 역임하였다. 《두실척독斗室尺牘》 1책이 국립중앙도서관에 전한다.

심상규沈象奎의 거사비去思碑

정진尹正鎭[2]이 나와서 만나 보았다. 저녁에 송도松都에 도착해서 유숙하였으니, 송도 유수留守인 김병조金炳朝[3]와 경력經歷 성용신成龍申이 나와 만나 보았다. 이날에는 100리를 다녔다.

十八日, 蓐食先發. 迂行數十里, 訪沈閣象奎氏鄕居. 沈閣被謫蒙放, 猶未湯滌, 故尙留墓廬矣. 第宅雖不侈大, 而極其精灑, 花藥分列, 杯盤精楚, 宛然有京城風趣. 午秣長湍, 主倅尹令正鎭出見. 夕到松都, 留宿, 留守金台炳朝·經歷成龍申出見. 是日行百里.

2 윤정진尹正鎭(1792~?): 본관은 파평坡平. 자字는 치중稚中이고 호는 경당絅堂이다. 1816년에 별시別試에 급제하였으며, 아버지는 윤상규尹尙圭이고 할아버지는 윤광례尹光禮이다. 《사마방목》 참조.

3 김병조金炳朝(1793~1839): 조선 후기의 문신. 본관은 안동安東. 자는 회경晦卿. 1827년 평안도안핵사平安道按覈使로 나가 당시 초산楚山 지방에 일어난 민란을 수습하고 착취가 심한 부사 서만수徐萬修를 파직시켰다. 개성부 유수가 되어 상세商稅를 혁파하고 주전鑄錢에서 생기는 잉여로써 대신할 것을 건의하여 시행하였다. 그러나 아버지와 함께 탐학으로 탄핵을 받아 유배되었다가 풀려나와 1836년에 이조참판에 기용되었다. 그 뒤 부호군副護軍을 거쳐 함경도관찰사로 재직 중에 병사病死하였다.

7월 19일

유수와 함께 꽃을 감상하다

아침에 유수留守(여기서는 김병조金炳朝를 가리킨다)와 함께 연정蓮亭에 올라 꽃을 감상하였다. 유수는 각종 물품을 예물로 주었고 경력經歷 성용신成龍申은 이별시離別詩를 주었다. 늦게야 출발하여 청석동靑石洞에서 잠시 쉬었다가 금천金川의 옛날 읍점邑店에 이르러서 곡산 수령谷山守令인 장교근張敎根[1]과 만나서 잠시 이야기하고 금천군金川郡에 들어갔다. 고을 수령 민치문閔致文[2]이 나와서 만나 보고, 약재를 노자로 주었다. 차사원差使員인 서흥瑞興 수령 박종렴朴宗濂·봉산鳳山 수령 윤우현尹禹鉉[3]·김교승金郊承·김지태金持泰가 모두 와서 만나고 유숙하였으니, 이날에는 70리를 다녔다.

十九日, 朝同留相, 登蓮亭賞花. 留相贐以各種, 經歷贈以別詩. 晚發, 小憩靑石洞, 到金川舊邑店, 逢谷山倅張令敎根, 暫話, 入金川郡. 主倅閔致文出見, 贐以藥料. 差使員瑞興倅朴宗濂·鳳山倅尹禹鉉·金郊承·金持泰, 皆來見, 留宿, 是日行七十里.

1 장교근張敎根(1797~?): 본관은 덕수德水. 자는 치오穉五. 1815년 정시庭試에 합격했다.

2 민치문閔致文(1779~?): 본관은 여흥驪興. 자는 영중寧仲.

3 윤우현尹禹鉉(?~?): 홍경래洪景來의 난을 토벌하는 데 공적을 세웠다. 1816년에 정평부사定平府使로 부임하였던 당시에 저질렀던 잘못이 함경도암행어사咸鏡道暗行御史 정기선鄭基善에게 발각되어, 벌을 받았다. 1832년에 황해도수군절도사黃海道水軍節度使로 임명되었으나, 1841년에는 함경감사咸鏡監司 민치성閔致成을 통해 국법을 지키지 않았다는 사실이 발각되어 관직에서 파직되고, 국문鞫問을 받았다.

7월 20일

첫 번째 편지를 부치다

늦게 출발하여 평산平山에 도착했다. 고을 수령인 이주성李周聖[1]이 나와 만나 보았는데 여러 가지 물품을 노자로 주었다. 이어서 의주義州의 배지陪持[2] 편에 첫 번째 편지를 부쳤다. 박성간朴成幹이 서신을 남기고 약재를 노자로 주었다. 유숙하였으니, 이날에는 30리를 다녔다.

二十日, 晩發, 到平山. 主倅李周聖出見, 贐以各種. 因義州陪持便, 付一天書. 朴生成幹留書, 贐以藥料. 留宿, 是日行三十里.

1 이주성李周聖: 미상.
2 배지陪持: 지방 관청에서 장계狀啓를 가지고 서울에 가던 사람을 이른다.

7월 21일

첫 번째 답신을 받다

출발하여 총수역葱秀驛에서 점심을 먹었는데 물이 불어서 옥류천玉流泉을 구경하지는 못했다. 저녁에 서흥부瑞興府에 도착해서 유숙하였다. 고을 수령이 나와서 만나 보았는데 향차香茶를 선물로 주었다. 발군撥軍[1] 편에 첫 번째 편지를 받아 보았는데, 집을 떠난 뒤에 처음으로 편안하다는 소식을 듣게 되어 매우 기뻤다. 유숙하였으니, 이날에는 80리를 다녔다.

二十一日, 發行, 中火葱秀驛, 水漲, 不得觀玉流泉. 夕抵瑞興府, 留宿. 主倅出見, 贐以香茶. 撥便見一天書, 離家後, 初聞安信, 可喜. 留宿, 是日行八十里.

1 발편撥便: 예전에, 나라의 급한 소식을 알리거나 문서를 전하기 위하여 발군撥軍이 가는 인편을 이르던 말이었다.

7월 22일

봉산에 도착했다

출발하여 검수역釰水驛에서 점심을 먹고 저녁에 봉산鳳山[1]에 도착하였다. 고을 수령이 나와 만나 보았는데 각종 물품을 예물로 주었다. 유숙하였으니, 이날에는 70리를 다녔다.

二十二日, 發行, 中火釰水驛, 夕抵鳳山. 主倅出見, 贐以各種. 留宿, 是日行七十里.

1 봉산鳳山: 황해도黃海道 봉산군 사리원沙里院에서 동쪽 약 6km 지점에 있는 옛 읍뭅이다.

7월 23일

황강에 도착하다

늦게 출발하여 황강黃崗에 도착했다. 병사兵使인 이겸회李謙會와 고을 수령인 이현기李賢耆[1]와 우후虞候[2]인 심범조沈範祖가 나와 만나 보았다. 병사와 고을 수령은 모두 후한 예물을 주었으며, 해백海伯[3]인 이익회李翊會[4]는 편지를 전하면서 노자를 보내왔다. 유숙하였으니 이날에는 40리를 다녔다. 두 번째 편지를 보았다.

二十三日, 晩發, 抵黃崗. 兵使李謙會·主倅李賢耆·虞候沈範祖出見. 兵使·主倅并有厚贐, 海伯李台翊會, 致書有贐. 留宿, 是日行四十里. 見二天書.

1 이현기李賢耆(1788~?): 본관은 한산韓山. 자는 치량穉良. 1814년 진사시에 합격하였다.

2 우후虞候: 조선 때의 무관직武官職. 각 도道에 배치된 병마兵馬 절도사節度使와 수군水軍 절도사節度使의 다음 가는 벼슬로 병마 우후는 종3품從三品, 수군 우후는 정4품正四品이었다.

3 해백海伯: 조선시대 '황해도黃海道 관찰사觀察使'의 다른 이름이다.

4 이익회李翊會(1767~1843): 조선 후기의 문신. 본관은 전의全義. 자는 좌보左甫, 호는 고동古東. 1811년에 문과에 급제하여, 1817년에 홍문관에 등용되고, 1820년에 대사간大司諫을 역임하였다. 1834년에 홍문관제학弘文館提學에 올라 동지사冬至使로 청나라에 갔다가 1843년에 한성부판윤漢城府判尹에 이르렀다. 글씨에 능하였으며, 작품으로 〈삼우당문익점신도비三憂堂文益漸神道碑〉를 썼다. 시호는 문간文簡이다.

7월 24일

정사正使를 모시고 월파정月波亭에 올라서 사대査對를 행하였다. 사대관査對官인 서흥瑞興의 수령 김교승金郊承이 함께 참여하였는데 특별히 잘못된 것이 없다는 내용으로 장계를 밀봉하여 발송하였다. 배지陪持 편에 두 번째 편지를 부쳤다. 사대를 끝마친 뒤에 기악妓樂을 하루 종일 보았다. 조카 구하龜夏가 포의布衣로 참석하였으니 부끄러운 생각이 들었다. 혼자 여러 수행원들과 두 사람의 피리 부는 악사와 한 척의 유람선을 타고 시내를 따라 올라갔다 내려왔다 하면서 위아래로 바라보니 또한 하나의 운치韻致가 있어서 바로 이른바 "서로 보는 것이 그림 속인가 의심이 된다"라는 것이었다. 이날에는 머물렀다.

二十四日, 陪正使, 登月波亭, 行查對. 查對官瑞興倅金郊承同參, 以別無差誤之意, 封發狀啓. 陪持便付二天書. 查對罷後, 觀妓樂終日. 龜姪以布衣參席, 有羞澁之意. 獨與諸從人二簫客, 乘一葉畫舫, 沿溪溯洄, 上下相望, 亦一韻致, 正所謂相看疑是畫圖中也. 是日留.

7월 25일

중화에 도착하다

출발하여 중화中和[1]에 도착했으니 관서지방關西地方의 경계였다. 고을 수령인 정인기鄭寅基가 나와 만나 보고 각종 물품을 노자로 주었다. 각자 차원差員[2]인 상원祥原[3] 수령 이규하李圭夏와 강서江西[4] 수령인 이현호李玄好와 맹산孟山 수령인 성정원成鼎原과 대동찰방大同察訪인 안효술安孝述도 모두 와서 만났다. 유숙하였으니, 이날에는 50리를 다녔다.

二十五日, 發行, 抵中和, 卽關西界也. 主倅鄭寅基出見, 贐以各種. 各差員祥原倅李圭夏·江西倅李玄好·孟山倅成鼎原·大同丞[5]安孝述, 亦皆來見. 留宿, 是日行五十里.

1 중화中和: 평안남도 남부에 위치한 고을 이름이다.

2 차원差員: 중요한 임무를 맡겨 임시로 파견하는 관원을 이른다.

3 상원祥原: 평안남도 중화 지역의 옛 지명이다.

4 강서江西: 평안남도 남서부에 위치한 지명이다.

5 원문은 승承이나 오자이므로 승丞으로 바로 잡는다.

七月 八月 九月 十月 後本

7월 26일

첩에게 낳은 아이를 만나다

출발하여 평양에 도착해서는 잠깐 장림長林으로 나가서 성곽과 누대를 바라보았다. 일행 중에서 처음으로 보는 자들은 모두 좋아서 펄쩍펄쩍 뛰었다. 부府 안에 있는 아관亞官[1]의 관청에 들어가서 있었는데 순상巡相인 김노경金魯敬[2]·고을 수령인 이조영李祖榮[3]·중군中軍인 한의식韓義植[4]·대동 찰방大同察訪이 다들 와서 보았다. 은산殷山의 천한 소생所生[5]이 이미 5살이 되었다. 여기에 와서야 처음으로 만나 보았으니, 도리어 불쌍한 마음을 가눌 수가 없었다. 돌아갈 때 데려가기로 약조하고 그 어미가 있는 곳으로 돌려보냈다. 이곳은 곧 옛날에 암행어사로 왔던 곳이어서, 만나러 오는 사람들이 아주 어지럽게 문에 꽉 찼으니 다시 어수선함을 느꼈다. 장림 안에는 또 나를 위해서 암행어사의 선정비를 세운 것이 있어서 매우 부끄러운 마음을 가눌 길이 없었다. 그런데 옛날 내가 올린 별단 중에 선정비 때문에 폐단이 있으니 임금에게 엄히 금하라는 명을 내릴 것을 청원해서 윤허를 받았다. 그런데 이제 다시 나의 선정비를 세웠으니 참으로 또한 어리석은 일이었다. 유숙하였으니 이날에는 50리를 다녔다. 자산慈山과 은산의 두 수령이 나와 보았다.

1 아관亞官: 조선시대 지방의 주州, 부府, 군郡, 현縣에 두었던 향청鄕廳의 우두머리. 육방중六房中의 이방吏房과 병방兵房을 맡아보았는데 1895년에 향장으로 고쳤다.

2 김노경金魯敬(1766~1840): 본관은 경주慶州. 자는 가일可一이고 호는 유당酉堂이다. 김정희金正喜의 아버지다. 1805년 현감으로서 문과에 급제하였다. 1809년 동지 겸 사은부사로, 1822년에는 동지사로 연경燕京에 다녀왔다. 그러나 1830년 지돈령부사 재직중 삼사와 의정부의 탄핵을 받아, 강진현의 고금도古今島에 위리안치圍籬安置되었다가 1840년에 사사賜死되었다. 1857년에 신원伸寃되었다. 글씨를 잘 써 아들인 김정희金正喜에게 큰 영향을 끼쳤다.

二十六日, 發行, 抵平壤, 乍出長林, 望城郭樓臺. 一行中初見者, 皆不勝欣躍. 入處府中亞官廳, 巡相金台魯敬·主倅李祖榮·中軍韓義植, 及大同丞[6], 皆來見. 殷山賤産已五歲矣. 到此始相見. 還不勝可憐之心也. 約以歸時率去, 還送其母處. 此地, 即昔年衣繡處也. 人客之來見者, 雜遝盈門, 還覺紛挐. 長林中, 又有爲余立繡衣善政碑者, 已不勝慙愧. 而昔余別單中, 以善政碑之有獘, 請令禁斷, 而蒙允矣, 今反立余之碑, 誠亦愚迷也. 留宿, 是日行五十里. 慈山·殷山兩倅來見.

선정비

3 이조영李祖榮(1782~?): 본관은 전주全州이고 자는 백승伯繩이다. 1803년 증광시增廣試에서 합격하였고, 1833년 숭정전崇政殿에서 춘도기유생春到記儒生들을 대상으로 한 시험에서 제술製述 분야의 수석을 차지하여 전시殿試에 응시할 수 있는 자격을 부여받았으며, 1834년 식년시 문과에서 급제하였다. 1835년에는 성균관대사성成均館大司成에 임명되었다. 이후 사간원대사간司諫院大司諫·이조참의吏曹參議 등을 역임하였다.

4 한의식韓義植(1786~?): 본관은 청주淸州이고, 자는 사정士貞이다.

5 소생所生: 저자가 외도外道로 생겨난 아이를 일컬은 말로 보인다.

6 원문은 승承이나 오자이므로 승丞으로 바로 잡는다.

7월 27일

여러 사람들과 사대를 행하였다

사대査對를 행하였다. 순상巡相과 사대관査對官인 자산慈山수령 박노수朴潞壽[1]와 은산殷山 수령 홍재철洪在喆[2]과 고을 수령이 같이 참여하였는데 "특별히 잘못된 것이 없다"는 내용으로 장계를 밀봉하여 발송하고, 배지陪持 편에 세 번째 편지를 부쳤다. 상사上使와 순상巡相이 기악妓樂을 떡 벌어지게 베풀었다. 그러나 나는 개인적으로 기재忌齋[3]하는 날이어서 사양하고 피하여 먼저 나왔다. 용강龍崗[4]의 수령 이근우李根友[5]·순안順安[6]의 수령 김유희金有喜[7]·함종咸從의 수령 유익노柳益魯·철산鐵山[8]의 수령 윤득검尹得儉이 모두 와서 만나 보고 유숙하였다.

二十七日, 行查對. 巡相及查對官慈山倅朴潞壽·殷山倅洪在喆及主倅, 並同參, 以別無差誤之意, 封發狀啓, 陪持便, 付三天書. 上使與巡相, 大設妓樂, 而余以私忌齋日, 辭避先出. 龍崗倅李根友·順安倅金有喜·咸從倅柳益魯·鐵山倅尹得儉并來見, 留宿.

1 박노수朴潞壽(1770~?): 조선 후기 문신. 본관은 반남潘南이고, 자는 영수英叟이다. 1813년 증광시에 급제하였다. 1827년 9월에 반교頒敎할 때에 상례相禮를 담당하여 통정대부通政大夫로 가자加資되었다. 여러 관직을 역임하였다.

2 홍재철洪在喆(1799~?): 조선 후기 문신. 본관은 남양南陽, 자는 치경致敬이다. 1816년 문과에 급제하였다. 1827년 한림소시翰林召試에 선발되어 별겸춘추別兼春秋를 지냈다. 1834년 시관試官으로서 임금의 부름에 응하지 않았다가 귀양 보내졌으나 곧 풀려나 예방승지로 임명되었다. 1845년 평안도 관찰사에 부임하여 백성을 구제하는 데 힘썼다. 1846년 대사헌大司憲·한성부판윤 등 여러 관직을 역임하였다.

3 기재忌齋: 기신재忌辰齋의 준말로, 죽은 사람의 명복을 빌기 위하여 그 제삿날에 드리는 재계齋戒를 이른다.

4 용강龍崗: 평안남도 남서부에 위치하여 있는 지명이다.

5 이근우李根友(1801~?): 조선 말기의 문신. 본관은 전의全義. 자는 정보定甫. 1864년 의정부우참찬, 이듬해 사헌부 대사헌이 되었으며, 그해 8월 형조판서직을 거쳐 다시 대사헌이 되었다. 1866년 익종대왕翼宗大王 옥책玉册의 서사관書寫官을 역임하였으며, 그해 11월 다시 형조판서를 지내고 상호도감제조上號都監提調를 지냈다. 1872년에 이조판서에 올랐다. 시호는 효정孝貞이다.

6 순안順安: 평안남도 평원 지역의 옛 지명.

7 김유희金有喜(1787~?): 조선 후기 문신. 본관은 경주慶州이고 자는 대이大而이다. 1820년에 원릉참봉元陵參奉이 되었고, 1821년에 금부도사禁府都事에 임명되었으며, 1822년에 군자감봉사軍資監奉事가 되었다. 이후 나주목사羅州牧使와 돈령부도정敦寧府都正 등을 지냈다.

8 철산鐵山: 평안북도平安北道 철산군鐵山郡의 군청郡廳 소재지所在地이다.

7월 28일

인현서원에 배알하다

오늘은 할머니의 제삿날이니, 슬픈 마음을 어찌 말할 수 있겠는가. 상사上使가 나에게 함께 인현서원仁賢書院[1]을 배알하자고 청하였다. 그래서 나는 조카 구하龜夏와 함께 배에 올라 한사정閒沙亭으로 내려가서, 서원書院으로 방향을 틀어 가니, 상사는 이미 배알하고 돌아갔다. 나는 기궁箕宮의 옛 터와 서원의 새로 세운 묘정비廟庭碑[2]를 두루 살펴 보았으니 곧 내가 암행어사로 있을 때에 논의를 제기한 것이었다. 양전兩殿(숭인전崇仁殿과 숭령전崇靈殿) 관원의 임기가 만료된 뒤에는 으레 경직京職[3]에 승진이 되었으니, 곧 내가 암행어사로 있을 때에 별단別單으로 요청한 것이었다. 유생儒生들이 나에게 감사하다는 뜻을 표시하였으니, 우스꽝스러웠다. 저물녘이 되어 숙소로 돌아와서 유숙하였다. 강동江東의 수령인 이목연李穆淵[4]이 찾아와 만났으며, 세 번째 네 번째 편지를 잇달아 보았다.

二十八日, 今日卽祖妣忌辰也, 愴懷何言. 上使要余同謁仁賢書院. 故余則與龜姪乘舟, 下閒沙亭, 轉進書院, 則上使已祗謁而歸矣. 余則歷審箕宮遺墟·書院新立廟庭碑, 而卽余繡衣時所倡論也. 兩殿官滿瓜後, 例陞京職, 卽余繡衣別單所請者也. 儒生

1 인현서원仁賢書院: 평안남도 평양시 서성리에 있었던 서원. 1576년에 감사 김계휘金繼輝 등을 중심으로 한 지방유림이 창건하여 기자箕子의 영정影幀을 모셨다. 1608년에 '인현仁賢'이라 사액賜額되어 선현배향先賢配享과 지방교육의 일익을 담당하여왔다. 1725년에는 국왕으로부터 이 전각의 전액殿額까지 받았으나 1871년 조령에 의하여 이 서원으로 영정을 옮겼으며, 같은 해에 흥선대원군興宣大院君의 서원철폐령으로 훼철되었다. 복원여부는 알 수 없다.

2 묘정비廟庭碑: 묘당廟堂이나 향교鄕校 따위의 뜰에 세운 비석.

3 경직京職: 경관직京官職을 말한다. 조선시대에, 서울에 있던 여러 관아의 벼슬을 통틀어 이르던 말.

4 이목연李穆淵(1785~1854): 본관은 전주全州. 자는 백춘伯春, 호는 소소笑笑이다. 1821년 문과에 급제하였다. 1843년에 동지 겸 사은정사冬至兼謝恩正使로서 청나라에 다녀왔다. 1847

년 광주유수廣州留守로 있을 때, 전날 대사헌으로서 조병현趙秉鉉의 탐학과 농권弄權을 탄핵한 소장疏章에 과격한 문구가 들어 있었던 것이 문제가 되어 전라도 임자도荏子島에 유배되었다가 이듬해에 풀려났다. 그 뒤 전라감사·형조판서 등을 역임하고 기로소耆老所에 들어갔다.

輩, 向余致謝, 可笑. 乘暮還寓, 留宿. 江東倅李穆淵來見, 連見三天·四天書.

7월 29일

비바람 때문에 부벽루에 가지 못하다

비가 조금 내렸다. 상사上使 어른이 비로소 이날에 배를 타고 함께 부벽루浮碧樓에 오르자고 약속했었는데,

부벽루

비바람이 매우 세차서 기분이 잡쳤다. 다만 숙소에서 온종일 거문고를 타며 노래를 부르면서 보냈다. 평양에 삼일 간 머물렀는데 한 번도 연광정練光樓과 부벽루浮碧樓에 오르지 못했던 것은 진실로 또한 이상한 일로서 내가 매우 노쇠했다는 사실을 느끼게 되었다. 밤에 사자춤, 학춤, 칼춤 놀이를 구경하였다.

二十九日, 小雨. 上使丈, 始約以是日乘舟, 偕上浮碧樓矣, 風雨甚乖, 未免敗興. 只於寓所, 竟日琴歌而罷. 留滇三日, 不得一登練光浮碧者, 誠亦異事. 而益覺吾衰之甚也. 夜觀獅鶴釼舞之戲.

平壤練光亭
THE SUMMER-HOUSE OF HEI-JO.

연광정

8월 1일

여러 사람에게 노자를 받다

새벽에 망궐례望闕禮를 행하고 밥을 먹은 뒤에 출발하였다. 순사巡使·고을 수령·은산 수령殷山守令·강서 수령江西守令·상원 수령祥原守令이 다들 후한 노자를 주었으며 북백北伯(함경도 감사)과 성천 수령成川守令은 심부름꾼을 보내어 노자를 보냈다. 저녁에 순안順安에 도착해서 유숙했는데, 고을 수령이 노자를 주었다. 의주義州의 파발 편에 네 번째 편지를 부쳤다. 이날에는 50리를 다녔다.

八月初一日, 曉行望闕禮, 飯後發行. 巡使及本倅·殷山倅·江西倅·祥原倅并有厚贐, 北伯及成川倅委伻致贐. 夕抵順安, 留宿, 主倅有贐. 灣撥便付四天書. 是日行五十里.

8월 2일

숙천에서 묵다

새벽에 출발하여 파주坡州에서 조금 쉬었다가 저녁에 숙천肅川[1]에 도착하여 묵었다. 고을 수령인 이규철李圭徹[2]이 나와 보고 여러 종류의 물건을 노자로 주었다. 이날에는 60리를 다녔다.

初二日, 曉發, 小憩於坡, 夕抵肅川, 留宿. 主倅李圭徹出見, 贐以各種. 是日行六十里.

[1] 숙천肅川: 지금의 평안남도平安南道 평원군平原郡 숙천면肅川面이다.

[2] 이규철李圭徹(1801～1884): 본관은 전주全州이고 자는 사일士一이다. 1841년 경상좌도수군절도사에 임명된 이래 여러 관직을 거쳐 1853년 삼도수군통제사三道水軍統制使에 임명되었다. 그동안 1842년과 1854년에는 암행어사였던 김응균金應均·박규수朴珪壽 등의 고소告訴로 죄를 받았지만, 1856년 좌변포도대장, 1858년 총융사 등을 거쳐 1863년에는 한성부판윤에 임명되었다. 시호는 효의孝毅이다.

8월 3일

부사 여동식이 죽었다는 소식을 듣다

새벽에 출발하여 안주安州에 도착하였다. 병사兵使 이철구李鐵求[1]·고을 수령인 임한진林翰鎭[2]·우후虞侯인 이옥현李玉鉉[3]·정주 수령定州守令인 유상필柳相弼[4]·박천博川 수령인 장언급張彦汲[5]·가산嘉山 수령인 척형戚兄 서유민徐有民·구성 수령龜城인 윤영배尹永培·개천价川 수령인 구장화具璐和·운산雲山 수령인 박홍석朴弘錫·곽산郭山 수령인 최주덕崔柱悳[6]·희천熙川 수령인 이긍서李兢緖·영유永柔 수령인 김석연金昔淵·어천찰방魚川察訪인 조도趙渡가 함께 와서 만나 보았다. 의주의 파발편에 다섯 번째와 여섯 번째 편지를 보았다.

돌아오는 진하사進賀使의 선래先來[7]가 여기에 도착해서 만났는데, 갑자기 부사副使 여동식呂東植[8]이 산해관山海關 안에 도착하여 죽었다는 보고를 들으니 매우 슬퍼서 말할 수가 없었다. 유숙을 하였으니 이날에는 60리를 다녔다.

初三日, 曉發, 抵安州. 兵使李鐵求·主倅林翰鎭·虞侯李玉鉉·定州倅柳相弼·博川倅張彦汲·嘉山倅徐戚兄有民·龜城倅尹永培·价川倅具璐和·雲山倅朴弘錫·郭山倅崔柱悳·熙川倅李兢緖·永柔倅金昔淵·魚川丞[9]趙渡并來見. 灣撥便見五天·六天書. 回還進賀使先來, 到此相逢, 忽聞副使呂台東植到山

1 이철구李鐵求(?~?): 본관은 전주全州이다. 무과에 급제한 이후 1812년 전라좌도수군절도사全羅左道水軍節度使에 임명되었고, 1822년 삼도통어사三道統禦使에 임명되었다. 1828년 평안도병마절도사平安道兵馬節度使에 임명되었으며, 1832년에 왕실과 훈척勳戚세력의 군사적 기반인 금위영禁衛營을 이끄는 금위대장禁衛大將에 임명되었다. 슬하에 훈련대장訓鍊大將을 지낸 이경우李景宇를 양자로 두었다.

海關內, 喪逝之報, 慘惻不忍言. 留宿, 是日行六十里.

2 임한진林翰鎭(1775~?): 본관은 나주羅州이고 자는 계응季膺이다. 1816년 정시에서 급제하였다. 1822년에 남이형南履炯·이시원李是遠·홍언모洪彦謨 등과 함께 홍문록弘文錄에 선발되었다. 1827년에는 휘경원徽慶園에서 시행된 왕실 제사 때 집례執禮로 참가하여, 통정대부通政大夫에 올랐고, 1831년에 사간원대사간司諫院大司諫에 임명되었다.

3 이옥현李玉鉉(1836~?): 자는 국보國寶. 자세한 행적은 알 수 없다.

4 유상필柳相弼(1782~?): 본관은 진주晉州이고 자는 사익士翼이다. 방어사 달원達源의 아들이다. 음서蔭敍로 기용되어 여러 무관직을 지내고, 개천 군수로 부임했을 때 1811년 홍경래洪景來의 난이 일어나자 난을 진압하는 데 공을 세워 보상을 받은 바 있으나, 다른 죄로 인하여 더 승진하지 못하고 그대로 머물러 있다가, 다시 선치에 힘썼기 때문에 승진하여 1826년에 황해도 병마절도사가 되었다. 1844년 다시 우포도대장을 역임하고 1850년 훈련대장이 되었다. 1856년 형조판서가 되었다. 무예에 아주 뛰어나서 당시에 '가장비假張飛'라고 불렸다. 시호는 무숙武肅이다.

5 장언급張彦汲(1791~?): 본관은 인동仁同이고 자는 대지大之. 자세한 이력은 알 수 없다.

6 최주덕崔柱悳(1770~?): 본관은 영천永川이고 자는 성여聖汝. 자세한 이력은 알 수 없다.

7 선래先來: 외국外國에 갔던 사신使臣이 돌아올 때 그보다 앞서서 돌아오는 역관을 이른다.

8 여동식呂東植(1774~1829): 본관은 함양咸陽이고 자는 우렴友濂이다. 여춘영呂春永의 아들이다. 1795년 문과에 급제하였다. 1820년에 대사간, 1822년에 이조참의, 1826년에 동지의금부사, 1827년에 다시 대사간 등을 차례로 역임하고 1829년에 사은부사謝恩副使로 청나라에 파견되었는데 돌아오는 길에 유관참榆關站에서 객사하였다.

9 원문은 승承이나 오자이므로 승丞으로 바로 잡는다.

8월 4일

향일헌에 올라갔다

사대査對를 행하였다. 사대관인 고을 수령과 영유永柔 수령과 어천찰방魚川察訪 등이 함께 참여하였는데 특별히 잘못된 것이 없다는 취지로 장계를 밀봉하여 발송하였다. 배지陪持 편에 다섯 번째 편지를 부쳤다. 이어서 기악妓樂을 떡 벌어지게 베풀었으며, 저녁에는 향일헌向日軒에 올라가서 거문고에 맞춰 부르는 노래를 듣고 저물녘에 숙소로 돌아와 유숙하였다.

初四日, 行査對. 査對官主倅及永柔倅·魚川丞[1]并同參, 以別無差誤之意, 封發狀啓. 陪持便付五天書. 仍大設妓樂, 夕登向日軒, 聽琴歌, 乘昏, 歸寓留宿.

[1] 원문은 승承이나 오자이므로 승丞으로 바로 잡는다.

8월 5일

백상루에서 잔치를 열다

상사上使가 출발한 뒤에 병사兵使가 또 백상루百祥樓[1]에서 전별연餞別宴을 열었는데 기악妓樂과 술과 안주가 다 차려져서, 실컷 즐기고 난 뒤에 끝마쳤다. 병사兵使와 고을 수령이 모두 후한 노자를 주었다. 권경희權景羲가 외직外職으로 약산藥山 수령에 보직되어 오늘 여기에 당도할 것이라고 들었다. 그런데 내가 머물러서 기다릴 수 없으니, 서글픈 마음을 이길 수가 없었으나, 편지를 남기고 출발하였다. 오후에 청천강淸川江을 건너서 박천博川 나룻가에 도착하자, 박천 수령이 나와서 배 안에서 만나 보았다. 저녁에 가산군嘉山

1 백상루百祥樓: 평안북도 안주 북성北城 내의 청천강가에 있는 전망이 좋은 누대로 관서팔경關西八景의 하나. 청천강이 흐르고 넓은 들을 바라보는 조망이 아름다우며, 진주晉州 촉석루矗石樓와 더불어 우리 나라 누각의 대표적 건물이기도 한 이곳은 을지문덕이 살수대첩을 치른 곳이기도 한다.

백상루百祥樓

郡으로 들어갔는데 고을 수령이 나와서 만나 보고, 노자를 주었다. 머물러서 잤으니 이날에는 60리를 다녔다.

初五日, 上使發行後, 兵使又設餞席於百祥樓, 妓樂酒饌畢具, 盡歡而罷. 兵使及主倅并有厚贐. 聞權台景羲外補藥山倅, 今日當抵此云. 而無以留待, 不勝悵然, 留書而發. 午渡淸川江, 抵博川津頭. 博川倅出見於舟中. 夕入嘉山郡. 主倅出見有贐. 留宿, 是日行六十里.

8월 6일

정주에서 묵었다

늦게 출발하여 정주定州에 들어갔다. 상사上使 어른이 정주 고을을 원수怨讐의 땅이라 하여 곧바로 곽산郭山[1]으로 향하였다. 나는 일행과 함께 여기에서 유숙하였는데 고을 수령이 나와서 보고 노자를 주었다. 이날에는 50리를 다녔다.

初六日, 晩發, 入定州. 上使丈以邑之爲讐地, 直向郭山. 余與一行, 并留宿於此, 主倅出見有贐. 是日行五十里.

1 곽산郭山: 지금의 평안북도 정주군 곽산면이다.

8월 7일

상사 어른과 함께 모이다

의주義州 파발 편에 여섯 번째 편지를 부쳤다. 내가 옛날에 시험에 관한 업무로 한 번 이 고을에 이르렀으나, 그 이후로는 발길이 처음으로 이르는 곳이다. 아침에 일어나자 가랑비가 내렸다. 관서지방關西地方은 애석하게도 가뭄이 이미 오래 되었는데, 청북淸北[1]이 더욱 심하여서 온갖 곡식이 많이 말라 비틀어진 것이 비를 맞았으나 조금도 소생할 수 없는 것이 한스러웠다. 길을 출발하여 곽산郭山에서 점심을 먹었다. 고을 수령이 차원差員[2]을 먼저 나오게 하여, 아전들을 시켜 노자를 주도록 하였다. 고을 터가 많은 산 안에 위치해 있는데, 산이 거칠어서 볼 만한 것이 없었으며, 고을의 모습도 매우 변변치 않았다. 선천宣川으로 달려 들어가니 관청 건물이 웅장하고 화려하며 마을들이 번성하였다. 대체로 청천강淸川江 이북에는 산천이 거칠고 험해서 북방의 한기寒氣가 있었으나, 여기에 오면 제법 탁 트이고 산뜻해서 변방의 분위기와는 달랐으니 매우 괴이하게 여겨졌다. 여기에 이르러서야 비로소 상사上使 어른과 함께 모이게 되었다. 고을 수령과 철산鐵山 고을의 수령이 와서 만나 보았으며, 용천현龍川縣의 수령인 조진석趙晋錫도 만나 보고 유숙하였으니 이날에는 70리를 다녔다.

1 청북淸北: 청북은 청천강 이북, 곧 평안도를 이르는 말이다.
2 차원差員: 어떤 임무를 맡겨 다른 곳에 파견하던 관직이다.

初七日, 灣撥便付六天書. 余於昔年, 以試役一至此邑, 而自此以後, 則足跡初到處也. 朝起小雨. 關西惜乾已久, 而淸北尤甚, 百穀多枯損者得雨, 恨小無以蘇甦也. 發行, 中火郭山. 主倅以差員先詣, 使吏致𧶽. 邑基, 處亂山之中, 山氣麤惡, 無可觀, 邑樣甚殘薄矣. 馳入宣川, 廨宇宏麗, 閭里殷富. 大抵自淸川以北, 山川巖險, 有朔氣, 而來此, 頗開朗明麗, 不似邊上風氣, 可恠也. 到此, 始與上使丈相會. 主倅及鐵山倅來見, 龍川倅趙晋錫亦來見, 留宿, 是日行七十里.

8월 8일[1]

상사와 의검정에서 놀았다

그대로 머물렀다. 상사上使 어른을 모시고 의검정倚劍亭[2]에서 기악妓樂을 크게 베풀어 온종일 실컷 즐기고 나서 끝났다. 발군 편에 일곱 번째 편지를 보았다.

初八日, 留. 陪上使丈, 大設妓樂於倚劍亭, 竟日盡歡而罷. 撥便見七天書.

의검정倚劍亭 지도

1 규장각 상백본奎章閣 想白本에는, 8월 8일 항목에 해당하는 '上使 李相璜 어른이 倚劍亭에서 잔치를 배풀었다'는 기록이 누락되어 있다.

2 의검정倚劍亭: 《계산기정薊山紀程》에 "저녁에 선천宣川의 관아官衙에 도착하였는데, 그것은 곧 어목헌禦牧軒이었다. 의검정은 어목헌 동쪽에 있는데 웅장하고 활짝 트여 역시 서도西道 고을의 명승이라고 하겠으나 시야가 그리 넓지 못하고, 단지 나지막한 산, 토막난 산기슭이 있을 뿐, 자그마한 물조차도 없다. 밤에 이 정자에서 기악妓樂을 차렸다"라고 했다.

8월 9일

여러 고을 수령에게서 노자를 받았다

새벽부터 비가 내려 하루 종일 그치지 않았다. 빗속에 길을 떠나 출발하였는데 고을 수령이 노자를 주었다. 동림진東林鎭을 거쳐서 거련관車輦館에서 점심을 먹었으니 철산鐵山 땅이었다. 고을 수령이 나와서 만나 보고는 노자를 주었다. 서림진西林鎭을 거쳐서 어두울 때 양책관良策館에 도착했으니 용천龍川 땅이었다. 고을 수령이 나와 만나 보고 노자를 주었다. 밤에 청류당聽流堂에서 유숙하였는데 작은 시내를 굽어 보고 있었다. 돌을 쌓아 시내를 막아서 위쪽과 아랫쪽의 두 개 연못을 마침내 만들었는데, 고인 물이 맑아서 머리털을 비추어 볼 수가 있었다. 시내 건너에는 돌 절벽이 깎아지른 듯이 서 있었고, 푸른 나무나 풀들이 무성하게 울창하였으며 절벽 아래에는 돌을 깎고서 정자를 세웠는데 이름을 천연정天淵亭이라 하였다. 밤에 등불을 나란히 세워 놓고 기악妓樂을 정자 위에다 베풀었기에 청류당에 앉아서 그것을 보니 그림 속과 다를 것이 없었다. 밤이 깊은 뒤에야 잠자리에 들었으니, 이날에는 80리를 다녔다.

初九日, 自曉雨, 終日不止. 冒雨離發, 主倅有贐. 歷東林鎭, 中火車輦館, 鐵山地也. 主倅出見有贐. 歷西林鎭, 乘昏, 抵良策館,

龍川地也. 主倅出見有贐. 夜宿聽流堂, 俯臨小川而築石障川, 遂成上下二淵, 停滀澄淸, 毛髮可鑑. 越川, 石壁削立, 蒼翠岺鬱, 壁下剗石置亭, 名曰天淵亭. 夜列植燈燭, 設妓樂於亭上, 而坐聽流堂, 觀之, 無異畵圖中也. 夜深後就宿. 是日行八十里.

8월 10일

소곶관所串館에서 점심을 먹었으니 의주義州 땅이었다. 의주義州 부윤府尹 송상래宋祥來[1]가 앞서 와서 서로 만나 보았다. 오후에 배로 고진강古津江을 건너 의주로 말을 달려 들어가서 군자당君子堂에 있었으니 곧 본주本州의 훈령청訓鍊廳이었다. 즐비한 마을과 풍성한 저자가 의당 평양과 맞먹을 만하였다. 바라보자 호산胡山이 펼쳐져 있고 삼강三江이 가로질러 흐르고 있었으니 스스로 강개한 회포를 가눌 수가 없었다. 고을 수령과 삭주朔州 수령 신석붕申錫朋[2]이 와서 만나 보았으며, 돌아오는 부사副使의 상구喪柩가 이날에 강을 건넜으므로 가서 조문하였다. 나는 여동식呂東植과 함께 변산邊山에서 함께 노닐었던 인연이 있으므로 사귀는 정이 남달랐는데, 이제 이곳에서 맞이하여 객지에서 죽은 널에 곡을 하게 되니 나도 몰래 눈물이 흘러내렸다. 이날에는 80리를 다녔다. 의주의 파발 편에 여덟 번째 편지를 보냈다.

初十日, 中火所串館, 義州地也. 灣尹宋祥來前來相見. 午後舟渡古津江, 馳入義州, 處君子堂, 卽本州訓鍊廳也. 閭閻之櫛比, 市肆之殷富, 當與箕城相伯仲也. 望見, 胡山羅列, 三江橫流, 自不勝慷慨之懷也. 主倅及朔州倅申錫朋來見, 回還副使喪柩, 今日渡江,

1 송상래宋祥來(1773~?): 본관은 여산礪山. 자는 원복元復이고 호는 소산蘇山이다. 1841년 사헌부대사헌에서 사간원대사간이 되었다. 《잠영보簪纓譜》에 의하면 "묵죽墨竹을 잘 그렸고 겸하여 글씨를 잘 썼다"고 하였으며, 그의 아들인 송주헌宋柱獻도 묵죽에 능하였다고 한다.

2 신석붕申錫朋(1831~?): 본관은 평산平山, 자는 이백而百이다.

故往吊之. 余與呂台, 有邊山同遊之緣, 情好不凡, 而今於此地, 迎哭旅櫬, 不覺潸然下淚也. 是日行八十里. 灣撥便見八天書.

소산 송상래蘇山 宋祥來의 묵죽도墨竹圖

사대査對를 행하였다. 사대관에는 고을 수령과 어천찰방魚川察訪이 함께 참여하였는데 별다른 착오는 없다는 취지로 장계를 봉하여 발송하고 배지陪持 편에 일곱 번째 편지를 부쳤다. 중국에 갔다 돌아오는 상사 서능보徐能輔[1]와 서장관 유장환兪章煥[2]이 압록강을 건너서 돌아왔으므로 함께 찾아가 만나 보았다. 제주에서 표류한 4인까지 함께 넘겨 주고 나왔다. 서능보가 말하길 "표류객이 소주蘇州와 항주杭州의 번성함을 극찬하며 말하기를, '강을 따라 좌우에는 단청을 한 누대와 채색 칠을 한 전각들이 가옥家屋을 접하여 살고 있는데, 200리에 뻗쳐 있었으며 강 위에는 유람선과 생가笙歌 소리가 끊이지 아니하여, 번화하고 화려함이 말로 표현하기가 어려웠습니다. 먼저 소주와 항주를 보았고, 뒤에 연경燕京을 보니, 먼저 연경을 보고 그 뒤에 봉황성鳳凰城을 본 것과 같았습니다'"라고 하였다. 이어서 말하기를, "형이 국경을 나가는 것은 한번 볼 만한 구경거리를 만나는데 생각이 있을 것입니다. 그런데, 다만 심양만을 보고 연경의 훌륭한 것은 보지 못할 것이니, 매우 한스럽습니다"라고 했다. 내가 말하기를 "대감께서 비록 내가 연경을 보지 못할 것을 조롱하지만 표류객들이 대감을 보게 되면 반드시 대

1 서능보徐能輔(1769~1835): 본관은 대구大丘. 자는 치량穉良. 1802년 문과에 장원하였으며, 1808년 평안도암행어사로 나갔다가 1810년 홍문관수찬弘文館修撰이 되고, 이어 교리校理가 되었다. 1811년 홍경래洪景來의 난이 일어나자 관서순무사關西巡撫使 이요헌李堯憲의 종사관이 되어 활약하였다. 그 뒤 승지를 거쳐 1816년 강화부유수가 되고, 1828년 이조판서에 승진하였다. 1830년 다시 이조판서가 되어 우부빈객右副賓客을 겸하다가 좌참찬에 이르렀다.

2 유장환兪章煥(1798~1872): 본관은 기계杞溪. 자는 운여雲汝이고 호는 이재頤齋·난실蘭室이다. 1826년 문과에 급제하였으며, 1829년에는 진하서장관進賀書狀官으로 중국에 다녀왔다. 그 뒤 요직을 지냈다. 또, 1858년 이후에는 강화유수·도총부도총관·의정부우참판에 임명되

었고, 1862년 임술민란壬戌民亂이 일어난 뒤 충청도관찰사가 되어 민심수습과 치인유지에 힘썼다. 고종 즉위 후에도 고위직에 등용되었으며, 1864년 사은 겸 동지정사謝恩兼冬至正使로 중국에 다녀왔다. 1867년 기로사耆老社에 들어갔고, 시호는 효정孝靖이다.

3 원문은 승承이나 오자이므로 승丞으로 바로 잡는다

감이 나를 보는 것과 같게 여길 것입니다"라고 하자 그대로 서로 크게 웃었다.

十一日, 行查對. 查對官·主倅及魚川丞[3]同參, 以別無差誤之意, 封發狀啓, 陪持便付七天書. 回還上使徐台能輔·書狀官俞友章煥, 還渡江出來, 故並往見. 濟州漂人四人, 同爲順付出來矣. 徐台言"漂人盛道蘇杭州之勝曰, '沿江左右, 丹樓彩閣, 接屋而居, 連亘二百里, 江上畵舫, 笙歌不絕, 繁華佳麗, 難以形容. 先觀蘇杭而後觀燕京, 則如先觀燕京而後觀鳳城也' 云" 仍言"兄之出壃, 意在一遭壯觀, 而只觀瀋陽, 未觀燕京之勝, 可歎也" 余曰, "大監, 雖嘲我之未觀燕京, 而漂人之視大監, 必當如大監之視我矣" 仍相與大笑.

강남풍경

8월 12일

통군정에 오르다

양쪽 사신들이 왕래하면서 하루 종일 서로 방문하였다. 밤에 유운여俞雲汝(俞章煥을 가리킴)와 함께 통군정統軍亭에 올랐다. 통군정은 성 북쪽 모퉁이에 있는데 아주 잘 지어진 고첩靠堞[1]으로서 지세地勢가 뛰어났다. 삼강三江이 북쪽, 서쪽, 남쪽 등 삼면으로 둘러 있었으며, 오직 동쪽만이 육지와 이어져 있었는데, 관청과 마을들이 들쭉날쭉하게 즐비하였으며, 강 건너에는 호족胡族의 산들이 늘어서 배치되어 있는데 지형이 또 험준하였으며 달빛이 씻은 듯하고 강빛은 마전한 것과 같았으니 참으로 장관이었다. 포졸舖卒에게 성첩에 기대서 횃불을 들게 하니 강가의 모든 섬들이 일제히

1 고첩靠堞: 서로가 의지하고 있는 성첩城堞이라는 말이다.

통군정統軍亭(북한우표)

횃불로 응답하여서, 30여 리에 뻗치게 되었으니, 또 한 장관이었다. 닭이 운 뒤에야 돌아와 잤다.

十二日, 兩使臣往來, 尋訪以終日. 夜與俞雲汝, 偕登統軍亭. 亭在城北隅, 而傑搆靠堞, 形勢雄偉. 三江環抱於北西南三面, 惟東面連陸, 而官廨閭里, 櫛比參差, 隔江胡山, 羅列鋪置, 地勢又陡絕, 月色如洗, 江光如練, 眞壯觀也. 使舖卒倚堞擧炬, 沿江諸島, 一齊應炬, 連亘三十餘里, 亦壯觀也. 鷄鳴後還寢.

사대査對하였다. 배지陪持가 돌아오는 편에 열 번째 편지를 보았다. 그러나 아홉 번째 편지는 아직도 오지 않았으니 매우 괴이하다. 돌아오는 사신 일행들과 함께 떠나서 출발하였으니 대개 서씨 어른은 그 백씨伯氏의 상사喪事를 만나서, 한 차례 놀 수가 없게 되어 서둘러 행장을 재촉해서 길에 오른 까닭이었다. 객지에서 나그네를 전송하게 되니, 또한 서글프기에 충분했다. 객관에 나가 앉아서 고을 수령과 함께 방물方物의 밀봉을 고친 뒤에 취승정聚勝亭에 올라 갔으니 곧 선조宣祖[1]께서 서쪽으로 피란을 했을 때의 행궁行宮이었다.

十三日, 査對. 陪持回便見十天書. 而九天書尙不來, 可恠. 回還使臣一行, 並離發, 蓋徐台遭其伯氏喪, 不得一遊, 促裝登途故也. 客裏送客, 亦足悵然也. 出坐客舘, 與主倅, 方物改封褁後, 登聚勝亭, 卽宣廟西狩時, 行宮也.

1 선묘宣廟: 조선왕조의 선조대왕宣祖大王의 묘호廟號, 곧 선조대왕을 가리킨다.

8월 14일

시험 문제를 내고 채점하다

비가 온종일 그치지 않았다. 파발마 편에 아홉 번째 편지를 보았다. 올 때에는 곽산郭山에서 시詩와 부賦 각 3개씩 출제出題하여 각기 그 경내에 있는 유생儒生들에게 시부詩賦를 지어서 바치게 하고 시권詩券을 걷어서 보내도록 하였는데, 오늘 비로소 시권이 왔다. 날마다 평가하여 곧바로 강을 건너는 날이 되면 방을 내걸고 도로 보내 간략하게 합격자에게 상격賞格[1]을 베풀 수 있을 것이다. 비록 전례에 없는 일이라고 하여도 객지에서 소일거리 삼기에는 충분하다.

十四日, 雨, 終日不止. 撥便見九天書. 來時自郭山, 出詩賦各三題, 使各其境內儒生製呈, 收券以送矣, 自今日始來. 故逐日考閱, 直到渡江日, 出榜還送, 略施賞格. 雖是無例之事而亦足爲客裏消遣之資也.

1 상격賞格: 공로의 대소에 따라 상을 주는 격식을 말한다.

8월 15일

망궐례望闕禮를 행하였다. 유씨劉氏인 청지기가 반드시 심양瀋陽에 따라 들어가려고 하였다. 그런데 다만 의복이 준비되지 않았을 뿐만 아니라 입 하나가 더 늘어나게 될 형편이었다. 실로 안타깝기는 하였지만 부득이 여기서부터는 짐을 챙겨 돌아갈 길을 떠나게 되니 가고 머무는 마음이야 어찌 윗사람이나 아랫사람이 차이가 있겠는가. 그가 돌아갈 때에 여덟 번째 편지를 부쳤다. 벽동 수령碧潼守令인 오치훈吳致勛이 와서 만났다. 파발마 편에 첫 번째 편지를 보았으며, 대낮에 상사上使를 모시고 취승정聚勝亭에 올라가서 하루 종일 있다가 돌아왔다. 다만 돌아오는 부사副使의 관棺이 출발하지 아니하였으므로 마침내 기악妓樂을 한 번 볼 수가 없었으니 매우 한스러웠다.

十五日, 行望闕禮. 劉傔必欲隨入瀋陽而非但衣服之未備, 添一食口. 實爲可悶, 不得已自此治送, 去留之懷, 何間上下也. 其歸付八天書. 碧潼倅吳致勛來見. 撥便見一地書, 午陪上使, 登聚勝亭, 竟日而歸. 第以回還副使喪柩之未發, 竟不得一觀妓樂, 可恨.

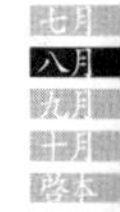

8월 16일

아홉 번째 편지를 부쳤다

파발마 편에 아홉 번째 편지를 부쳤다.

十六日, 撥便付九天書.

8월 17일

고을 수령과 함께 복물을 검사하였다

고을 수령을 입회入會하게 하여 복물卜物[1]을 수색하여 검사하였다. 파발마 편에 두 번째 편지를 보았다.

十七日, 主倅眼同,[2] 搜驗卜物. 撥便見二地書.

1 복물卜物: 마소에 실은 짐. 주로 중국에 보내는 선물을 이른다.

2 안동眼同: 한 가지 사항에 함께 입회入會하여 처리하는 것. 또는 함께 입회하여 처리하는 사람.

8월 18일

기녀들의 기예를 보다

강무당講武堂에 나가서 기녀妓女들이 말 달리는 것을 보았다. 풀이 우거진 길이 진흙탕이라서 그 재주를 다 마음껏 펼치지 못하였으니 매우 아쉬웠다. 검무劍舞를 구경하고 어두워서야 돌아와 잤다.

十八日, 出講武堂, 觀妓女馳馬. 蕪路泥濘, 不能盡其才, 可歎. 觀釰舞, 乘昏歸宿.

쌍검대무雙劍對舞
(신윤복, 간송미술관)

8월 19일

강을 건넌다는 장계狀啓를 밀봉하여 발송하고, 열 번째 편지를 부쳤다. 날이 밝자 일행이 일제히 압록강 강가로 나가니 이 고을 수령이 노자를 주었으며, 또 전별하는 자리를 열었는데, 다섯 고을의 수령들이 모두 왔다. 한 잔 술을 마신 뒤에 배를 타니 언덕 위에 있는 사람들이 모두 작별을 서글퍼 하였다. 출발할 때에 세 번째 편지를 보았다.

압록강, 중강中江, 삼강三江을 잇달아 건넜다. 대개 강이 세 줄기가 있었으니 곧 옛날에 마자수馬訾水라 일컬었던 곳이다. 상류의 나루에서 길이 마이산馬耳山 아래로 나 있어서 구불구불하게 길을 10여 리쯤 가면, 중강中江의 동쪽은 우리나라에 속하였는데 섬 안에는 거주하는 백성이 많았다. 그 서쪽은 저 나라에 속하는데, 언덕 위에는 갑옷을 입은 군대가 수직守直하는 막사가 있었다.

요양遼陽 동쪽이 옛날에는 위만조선衛滿朝鮮에 속하였다가 중간에는 발해국渤海國에 속하였다. 그런데 강희康熙시대에 방책防柵을 설치한 이후로는 압록강에서부터 책문柵門에 이르기까지 100여 리는 그 지역을 텅 비워서 청淸나라와 우리나라의 두 경계로 갈라 놓았으니 허다한 옥토沃土가 다만 호랑이와 표범의 소굴이 되고 있었다. 이따금 산길이 구불구불 이어져 있다. 그런데 여전히 닭 우는 소리와 개 짖는 소리가 들렸으니 대개 삼강三江 이후로는 땅에 가득한 갈대만이 한 번 바라보면 끝이 없었으며, 하나의 가는 길이 풀 사이에 구불구불 나 있었다. 그런데 모두 길이 험악하고 또 진흙투성이라 수레바퀴가 기울거나 수레 축이 부러지기도 하였으며, 수없이 나는 모기들이 사람의 얼굴에 모여드는데 물리칠 수가 없었다.

의주義州의 군졸軍卒이 강가에 뒤떨어져 있고 호위하고 가는 창을 든 군대만이 앞에 있었는데 창을 든 군대도 책문柵門 밖에서 하직하고 돌아갔으니 일행 중에 대동하여 오는 사람은 다만 이른바 방하인房下人 5명일 따름이었으니, 곧 마두馬頭는 용천龍川 김일록金一祿이고, 서자書者는 선천宣川 임일충林一忠이며, 일산봉지日傘捧持는 정주定州 장형득張亨得이고 좌견左牽은 용천龍川 박익검朴益儉이며 농마두籠馬頭는 철산鐵山 백윤경白允京이었다.[1]

구련성九連城[2]을 지났으니 일명 산사령山査嶺이다. 《대명일통지大明一統志》[3]에 이르기를, "구련성은 금金나라의 알로斡魯[4] 장군이 아홉 개의 성城을 합라전合懶甸이란 곳에 만들어서 고려高麗와 함께 서로 마주보고 있었으니, 나가서는 전투를 하고 들어와서는 수비한다고 한 것이 곧 이곳이다"라고 했는데, 아직도 그 자리를 구분할 만하였다. 무릇 완안完顔처럼 억세고 사

1 마부 명색은 역마를 책임지는 마두馬頭, 마두 반대편에서 말을 이끄는 좌견左牽, 짐 실은 말을 이끄는 농마두籠馬頭를 비롯한 일산봉지日傘奉持, 서자書者 등이었다

2 구련성九連城: 만주 압록강 연안에 있는 옛 성. 의주義州의 맞은편에 있는 작은 촌락으로 한漢나라 때에는 안평구, 당唐나라 때에는 '박작성'이라 하였고, 금金나라 때에는 9성을 이어 쌓았다.

3 대명일통지大明一統志: 중국 명明나라의 지지地誌. 이현李賢 등의 봉칙찬奉勅撰(임금의 명을 받들어 편찬)이며, 1461년(天順 5)에 완성하였다. 《대원일통지大元一統志》를 본떠서 명나라의 중국 전역과 조공국朝貢國의 지리를 기술한 총지總志이며, 각종 지도를 게재한 다음, 풍속·산천 등 20항목으로 나누어 설명하고 있다. 1456년(景泰 7)의 《환우통지寰宇通志》(119권)를 요약한 것이라는 말을 입증하듯이 기술이 간략하고 정확하지 않으나, 당시의 얼마 안 되는 지지로서 중요하다.

4 알로斡魯: 완안알로完顔斡魯를 말함. 금金나라 시조始祖의 아들이다.

나운 사람으로 동국을 방어하기에 이처럼 애를 썼으니, 고려의 병력이 대단했던 것을 미루어 알 만하였다. 역참驛站에 설치된 막에 도착해서 점심밥을 먹었다. 여기 이후로는 곧 상방上房[5]의 주방에서 제공하는 것이었다.

밥을 먹은 뒤에 길을 떠나서 금석산金石山을 지났다. 일명 송골산松鶻山이라고도 하는데 산에 황석黃石이 많기에 이 이름이 붙여진 것이다. 온정평溫井坪에 도착해서 머물러 잤다. 온정은 길 옆에 있는데 돌로 난간[6]을 만들었다. 물줄기가 마치 게거품처럼 끓어 오르고 온기가 후끈후끈하여 사람들이 많이 무리를 지어 목욕하였다. 의주義州의 군관들이 먼저 도착해서 전막氈幕(모직물로 된 장막)을 설치하였다. 천막은 안평대군安平大君[7]이 연경燕京으로 들어갈 때에 만든 것인데, 지금에도 깁고 꿰매서 여전히 보전되어 온다고 했다. 장막의 아래에 악감握坎(천막 안 화덕구덩이)[8]을 설치하여 연

5 상방上房: 선종禪宗에서 주지住持를 일컫는 말. 본디 산상山上의 절을 일컫던 말인데, 주지가 거처하는 곳이 절에서 가장 높은 곳에 있었으므로 훗날 주지를 지칭하는 말로 변하였다.

6 석란石欄: 돌로 된 난간欄干. 돌난간.

7 안평대군安平大君(1418~1453): 조선 초기의 왕족·서예가. 이름은 용瑢, 자는 청지淸之, 호는 비해당匪懈堂·매죽헌梅竹軒. 세종의 셋째 아들이다. 서예와 시문詩文·그림·가야금 등에 능하고 특히 글씨에 뛰어나 당대의 명필로 꼽혔다. 1428년 안평대군에 봉해졌다. 1452년 단종이 즉위하자 수양대군은 사은사謝恩使로 명나라에 다녀온 뒤 황표정사를 폐지하였다. 안평대군은 이의 회복을 위하여 힘썼으나 1453년 계유정난으로 황보인·김종서 등이 살해된 뒤 자신도 강화도로 귀양 갔다가 교동喬桐으로 옮겨져 사사되었다.

8 악감握坎: 미상.

압록강

탄을 때고, 막사幕舍 위에는 또 발사茇舍[9]를 설치하여 비바람을 방비하였다. 사방에 그물을 설치하였으며 불을 밝히고 피리를 불어서 호환虎患을 방지하였다. 이날 밤에는 밤새 비가 내려서 적시었으므로 평안하게 잘 수가 없었다. 이날에는 아침에 35리를 다니고 저녁에 35리를 다녔으니 합쳐서 70리를 다녔다.

十九日, 封發渡江狀啓. 付十天書. 平明, 一行齊出鴨江頭, 主倅有贐, 又設餞席, 五邑倅齊來. 一酌後乘船, 岸上諸人, 皆有凄黯惜別之意. 臨發見三地書. 連渡鴨江中江三江. 盖江有三條, 卽古所稱馬訾水也. 從上游渡, 路出馬耳山下, 迂行爲十餘里, 中江以東屬我國, 島中多有民居. 以西屬彼國, 岸上有甲軍守直幕矣. 遼陽以東舊屬衛滿朝鮮, 中屬渤海國. 康熙設柵以後, 自鴨江, 至

9 발사茇舍: 군대가 풀을 제거하고 야영野營함.

안평대군 글씨

柵門百餘里, 空其地, 以隔兩界, 許多沃土, 只作虎豹之窟而往往山回路轉, 依然聞鷄鳴犬吠也, 盖三江以後, 滿地蘆葦, 一望無際, 一條細路, 盤紆草間. 而旣險且濘, 輪傾軸折, 無數飛蚊, 坌集人面, 不勝揮却也. 灣府軍卒并於江頭落後, 只有護行槍軍在前, 而槍軍亦於柵外辭歸. 行中帶來者, 只所謂房下人五名而已, 卽馬頭龍川金一祿·書者宣川林一忠·日傘捧持定州張亨得·左牽龍川朴益儉·籠馬頭鐵山白允京也.

過九連城, 一名山査嶺. 大明一統志云, "九連城金將斡魯, 築九城於合懶甸, 與高麗相對, 出戰入守"云. 卽此地, 而猶可卞其形址也. 夫以完顔之强捍, 禦東國, 若是其勤, 則麗朝兵力之盛, 可以推知也. 到站所設幕, 午炊. 自此以後, 卽上房廚房所供也.

飯後發行, 過金石山. 一名松鶻山, 山多黃石故名. 到溫井坪, 止宿. 井在道周, 繚以石欄. 泉脉沸如蟹眼, 煖氣騰騰, 人多分隊澡浴. 灣上軍官先到, 設氈幕. 幕是安平大君入燕時所造者, 至今補綴尙存云. 幕底握坎熾炭, 幕上又設茇舍, 以備風雨. 四圍設網, 熾火吹角, 以防虎患. 是夜雨下. 終夜沾濕, 不能穩睡. 是日朝行三十五里, 夕行三十五里, 合行七十里.

七月
八月
九月
十月
跋

8월 20일

비가 내려서 하루종일 그치지 않았다. 빗속에 출발하니 비가 갠 뒤에 질척거림이 더욱 심해서 거의 여러 번 넘어지고 자빠질 뻔했다. 탕자성湯子城을 지났으니, 탕지湯池는 곧 물이 끓는 못이 있으므로 이름 붙인 것이었다. 들 가운데에는 성터가 있는데, 숲과 나무 가운데에 돌로 만든 홍예虹蜺(무지개 모양으로 만든 교량橋梁)가 있다고 하니, 곧 명나라 때 짓고 거기에 지휘사指揮使를 설치한 곳이었다. 또 총수葱秀를 지나자, 산봉우리들이 빼어났으며 물과 돌이 맑고 고와서 평산平山의 총수령葱秀嶺과 흡사하였으나, 자못 그보다는 나았다. 명明나라 예겸倪謙[1]이 칙명勅命을 받들고, 평산平山을 지나다가 총수령을 보자 이르기를 "이 땅과 서로 비슷하다"고 하였으므로 이 사실로 말미암아 이름으로 삼은 것이라 한다. 상용산上龍山[2]을 지나갔으니 또한 기이하고 험준해서 볼 만하였다. 책문柵門에 도착했으니, 곧 이른바 가자문架子門이었다. 상용산의 낙맥落脉이 여기에 이르면 불끈 일어나서 우뚝하게 봉황산鳳凰山과 마주하여 서 있다. 그것으로써 책문의 황무지를 개척하는 진지를 만들었는데, 몇 자쯤 되는 엉성한 목책木柵들이 어떤 것은 남아 있고 어떤 것은 없었다. 세 간의 작은 문을 띠풀로 덮었으니 경계가 되는 곳이

1 예겸倪謙(1415~1479): 명明나라 때 응천부應天府 상원上元 사람. 자는 극양克讓, 호는 경조후인經鋤後人. 시호는 문희文僖. 정통正統 연간의 진사進士, 남예부상서南禮部尚書를 지냈다. 서실 이름은 정존헌靜存軒. 저서에 《조선기사朝鮮紀事》, 《예문희집倪文僖集》이 있다.

2 상용산上龍山: 《계산기정薊山紀程》에 "상용산은 봉황산鳳凰山의 끝 줄기다. 산 위에 소나무가 있는데 오종종하고 키가 크지 않았다"라고 했다.

매우 허술하였다. 대개 다만 경계를 정하는 곳이고, 도적을 방어하는 곳은 아니었으니, 참으로 이른바 '버들가지를 꺾어서 울타리를 삼은 것'이었다.

대개 목책은 만리장성으로부터, 만리장성 밖을 따라 달단韃靼을 경계로 하여, 동남쪽으로 흑해黑海를 포함하고 봉황성鳳凰城에 이르렀는데 바다까지의 거리가 거의 만 리나 뻗쳐 있었다. 봉황성鳳凰城에서 영고탑寧古塔까지는 모두 6개의 변문邊門이 있었으니 첫 번째를 책문柵門, 두 번째를 애양문靉陽門, 세 번째를 감창문鹻廠門, 네 번째를 영액문英額門, 다섯 번째를 왕청문汪淸門, 여섯 번째를 위원문威遠門이라 하였다. 구불구불한 거리가 2,000여 리나 되었는데 모두 압록강으로 경계를 삼고 있었으니 다른 문도 이와 같다고 한다. 애양문은 우리나라 창성昌城[3] 등의 땅과 거리가 멀지 않으며 지형이 또 매우 평탄하나, 그 나머지 여러 변문은 모두 외지고 험하여 인적이 드물다고 했다.

만약 방어하는 계책을 논하여 창성을 요충지로 삼으면 의주義州와의 간격이 없을 듯하다. 책문이 옛날에는 봉황성 동쪽의 5리쯤 되는 곳에 있었다가, 근 백 년 전에 여기에 옮겨서 설치했다고 한다. 대개 봉황성이 사람은 많으나 땅이 좁기 때문에 그 경작과 목축할 곳을 넓히려고 하였다. 듣자니 병인丙寅(1746)년간에 저들 중에는 또 책문을 물리자는 의논이 있어서 청나라에 주청하기까지 하였으나, 일이 다행히도 그만두

3 《연원직지燕轅直指》에는 "柵自長城北邊, 循口外界韃靼, 東南包黑河白山, 過鳳城而距于海, 延袤亦幾萬里"라 했다. 내용이 매우 유사하다.

七月 八月 九月 十月 跋求

게 되었다고 한다.[4] 그러한데 지금에는 백성들이 불어나고, 시가지가 펼쳐지자 멋대로 책문을 넘어서, 목축을 하며 물고기를 잡거나 사냥을 하고 있었으니, 후일 변문邊門에서 생기는 폐단에 대해서는 염려가 없을 수가 없었다. 또 얼핏 듣건대, "최근에 종실宗室이 불어나자, 여러 곳에 나누어 봉하려 하나 노는 땅이 많이 없는 것을 매번 걱정하게 되어서 책문 밖에 진지鎭地를 설정하여 봉토封土를 나누자는 의논이 있기에 이르렀으나, 심양장군瀋陽將軍이 직접 가서 살펴보기는 하였으나 일이 마침내 합의가 이루어지지는 못했다"고 한다. 몇 해 전에 내가 백두산에 올라가서 목극등穆克登의 정계비定界碑를 읽었는데 정계비의 옆에 목책木柵을 죽 세운 것이 아직도 남아 있었다. 이제 또 여기에 도착해 보니 그것이 동일한 제도라는 것을 알 수 있었다.

봉성장군鳳城將軍이 책문의 여닫기를 주관하고 있었다. 그런데 성장城將이 마침 심양으로 가서 돌아오지 아니하였으며, 가장假將[5]이 나와서 문을 열어 인마人馬를 점고하고 대열을 정돈시켜 들였다. 장계를 봉하여 발송하는데, 열한 번째 편지를 부쳤다. 책문 안에는 성장이 앉아 있는 곳과 술이나 음식을 파는 저자가 있었는데, 합쳐서 40~50채 쯤 되었다. 책문 안의 땅은 산천이 막힘이 없고 들판이 기름지어서 물고기를 잡거나 땔감을 모으며 농사를 짓고 양잠을 하기에 알맞

4 책문을 물리자는 의논[退柵]: 영조 23년(1747)에 일어난 청나라와의 국경 문제를 말한다.

5 가장假將: 전장戰場에서 어느 장수將帥의 결원이 있을 때, 그 보충으로 정식 임명이 있기까지 주장主將의 명령으로 임시로 그 직무를 맡아보던 장수다.

으며, 또 연경의 재물과 의주義州의 상인商人이 왕래하면서 교역을 하던 곳이니 옷과 먹거리의 낙토樂土라고 참으로 이를 만하였다.

거주하는 백성은 만주 사람은 많고 중국 사람은 적다. 풍속은 상업을 우선으로 하고 농업을 뒷전으로 여겼고, 음식은 젓가락으로 먹고 숟가락으로 먹지 않으며, 의복은 고동[褔]을 쓰고 옷고름을 쓰지 않고, 앉을 때에는 반드시 의자를 사용하고 거처는 구들을 맞게 지었으며, 창호지는 밖에다 바르고 문짝은 안에다 걸고, 소는 코를 뚫지 않고서도 다스렸으며, 말은 갈기에 장식하지 않았어도 길들일 수가 있었다. 말을 타는 자는 신분이 귀하더라도 견마꾼이 없었고, 담배를 피우는 사람은 어른을 만나도 숨기지 않았으며, 여자는 머리를 묶었는데 꽃을 비녀에 꽂았고, 한족 여자는 전족을 하고서 궁혜弓鞋[6]를 신었으니 이것이 모두 이역 땅에 와서 처음 보는 것들이었다. 사람을 만나면 저 사람들은 말을 해도 우리 쪽에서는 알아들을 수가 없고, 우리가 말을 해도 저들은 알아들을 수 없었으니, 이것은 입과 귀가 다 병든 것이었다. 물건을 보아도 다만 이름을 알기가 어려울 뿐만 아니라 또 이것을 어디에다 쓰는 것인지 몰랐으니, 이것은 마음과 눈이 다 함께 병든 것이어서 도리어 한바탕 웃을 만한 것이었다. 집을 세내서 들어간 곳에 장막을 온돌 위에다 설치하고서 밤에 편안하게 잤다. 이

6 궁혜弓鞋: 《계산기정》에는 "한녀漢女가 신는 혜鞋는 앞뒤가 뾰족하고 활처럼 휘어져서 발가락과 발꿈치가 들어가지 않으면 땅에 닿지 않으니, 이른바 '궁혜弓鞋' 다"라고 했다.

날에는 50리를 다녔다.

二十日, 雨, 終日不止, 冒雨發行, 雨餘泥濘, 尤甚, 幾至顚仆者, 屢矣. 過湯子城, 有湯池, 故名焉. 野中有城址, 林木中有石虹蜺云, 卽皇朝所築, 而置指揮使地也. 又過葱秀, 峰巒秀拔, 水石淸麗, 洽似平山之葱秀, 而殆過之矣. 皇朝倪文僖謙, 奉勅, 過平山, 見葱秀, 謂與此地相類, 仍以爲名云. 過上龍山, 亦奇峻可觀. 到柵門, 卽所謂架子門也. 上龍山落脉, 到此陡起, 屹然與鳳凰山對立. 以作柵門開荒之鎭, 而數尺踈柵, 或存或無. 三間小門, 庇以茅草, 定界之地, 極其虛踈. 盖只所以定界, 而非所以禦寇也, 眞所謂折柳之樊也. 盖柵自長城, 循口外界韃靼, 東南包黑海, 至鳳城而距于海, 延袤幾萬里而自鳳城, 至寧古塔, 凡有六邊門者, 一卽柵門, 二曰靉陽, 三曰鹻廠, 四曰英額, 五曰汪淸, 六曰威遠. 逶迤二千餘里, 皆以鴨水爲界. 而他門亦皆如此云. 靉陽門與我國昌城等地, 相距不遠, 地勢又甚坦夷, 其餘諸邊門, 皆荒僻險絶, 人跡罕到云. 若論防守之策, 則昌城之爲要害, 似無間於灣府也. 柵門舊在鳳城東五里許, 近百年前移設於此. 盖以鳳城, 人多地狹, 欲廣其耕牧也. 聞丙寅年間, 彼中又有退柵之議, 至於奏請矣, 事幸得已云而見今民物蕃息, 街市布列, 恣意踰柵, 蓄牧漁獵, 日後邊門之生獘, 不能無慮也. 又似聞近來宗室蕃衍, 散封於各處, 而閑地每患無多, 至有柵外設鎭分封之議. 瀋陽將軍, 親往看審, 而事竟不諧云. 年前余登白山, 讀穆克登定界碑, 碑傍列植木柵, 尙有存者. 今又到此見之, 可驗其同一制度也. 鳳城將主柵門開閉而城將適往瀋陽未還, 假將出來開門, 點閱人馬, 整隊而入. 封發狀啓, 付一地書. 柵內有城將所坐, 及酒食店市肆, 共四五十家矣. 大抵柵內之地, 山川開敞, 田原肥饒, 宜於漁樵農桑, 而又是燕貨灣商, 往來交易之地, 眞可謂衣食之樂土也. 居民則滿多而漢小[7]. 風俗則先商而後農, 飮食則以箸不以匙, 衣服則用樞, 不用紐, 坐必有椅, 居則稱坑, 窓紙外塗, 門扇內揭, 牛不穿鼻而制, 馬不絡頭而馴. 騎馬者, 雖貴而無牽, 吸煙者, 遇尊而不屛, 女子束髮而簪花, 漢女尖足而弓鞋, 此皆異域初眼目也. 逢人則彼言而我不能聽, 我言而彼不能聽, 是口與耳, 俱病也. 見物則不但名色之難知, 又未知適用於何處, 是心與眼, 俱病也, 還發一笑. 貰家入處, 設帳於坑上, 夜宿安穩. 是日行五十里.

7 소少의 오자로 보인다.

백두산 경계비白頭山境界碑

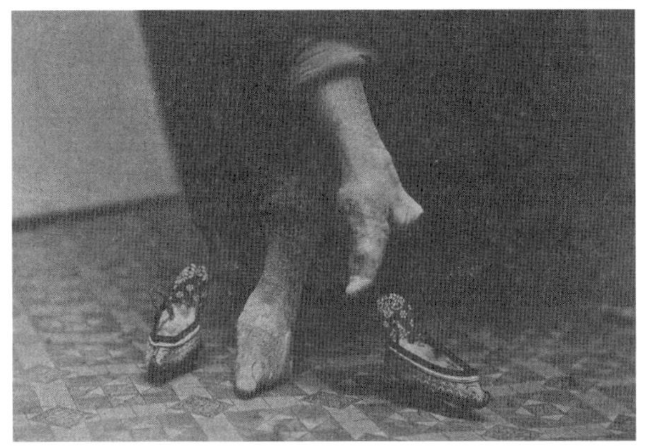

궁혜弓鞋·전족

봉황성

8월 21일

관제묘에 가다

비가 개고 날이 맑았다. 밥을 먹은 뒤에 관제묘關帝廟[1]를 가서 보았다. 관제묘는 마을 뒤 가까운 곳에 있었는데 관제묘 안에서는 또 벽하원군碧霞元君[2]에게 제사를 지내고 있었다. 고염무顧炎武[3]의 《산동고고록山東考古錄》에 "벽하원군은 태산신泰山神의 따님이었다"[4]라고 한 것을 살펴 보건데, 《박물지》에서 "문왕이 꿈에 한 아낙을 보았다는 말"과 《수신기》에서 "후한後漢 호모반胡母班이 태산부군泰山府君[5]을 위해서 사위인 하백河伯에게 편지가 이르게 했다"는 일을 인용해서 증명을 하였다. 사당은 곧 사찰이었는데 승려 한 명만이 있었다. 문관門官인 관수關壽와 세관稅官인 부택富澤은 모두 청나라 사람으로 글줄이나 제법 알고 있었으며,

1 관제묘關帝廟: 중국 삼국시대 촉한蜀漢의 장수 관우關羽의 영령을 모시는 사당祠堂이다.

2 벽하원군碧霞元君: 중국 동북부 산악山岳지방에서 널리 민간신앙의 대상이 되고 있는 신神이다.

관제묘關帝廟

또 산동山東의 문사인 채인장蔡麟章은 구름처럼 이리저리 떠돌아다니다가 이곳에 이르러서 학생들을 교수敎授하였다고 하는데, 문장에 능하고 글씨를 잘 쓰는 자였다. 조카 구하龜夏가 그와 함께 반나절 동안 필담을 하였는데 내일에도 찾아오기로 약속을 하였다. 그러므로 절 안을 두루 관람한 뒤에 처소로 돌아왔다.

二十一日, 雨霽日晴. 飯後, 往觀關帝廟. 廟在村後咫尺, 廟中又祀碧霞元君. 按顧炎武山東考古錄, "碧霞元君, 泰山神之女也" 引博物志文王夢見一婦人之說, 及搜神記後漢胡母班爲泰山府君, 致書于女婿河伯事以證之. 廟卽寺刹, 而只有一僧. 門官關壽·稅官富澤, 皆淸人, 而頗識文字, 又有山東文士蔡麟章, 雲遊到此, 敎授生徒, 而能文善書者也. 龜姪與之, 筆談半晌, 約以明日來訪. 故遍觀寺中後, 歸寓.

3 고염무顧炎武(1613~1682): 중국 명말·청초의 사상가. 자는 영인寧人이고, 호는 정림亭林이다. 명나라 말기, 당시의 양명학이 공리공론을 일삼는 데 환멸을 느끼고 경세치용經世致用의 실학에 뜻을 두었다. 실증적實證的 학풍은 청조의 고증학을 연구하는 데 많은 도움을 준다. 대표 저서에 《일지록日知錄》, 《천하군국이병서天下郡國利病書》 등이 있다.

4 고염무顧炎武의 《산동고고록山東考古錄》에 "世人, 多以碧霞元君, 爲泰山之女"라 했다.

5 태산부군泰山府君: 중국中國 태산泰山의 산신山神. 사람의 수명壽命과 복록福祿을 맡는다고 하여 도가道家에서 모신다.

벽하원군碧霞元君

8월 22일

산동의 큰 장사치 이야기

비가 하루종일 그치지 않았기 때문에 유숙하였다. 수행원들이 저자로 가 놀다가 돌아와 말하기를, "사씨謝氏 성을 가진 사람은 곧 산동山東의 큰 장사치였습니다. 자신이 수만금을 벌어서 산동에서 황성皇城과 산해관山海關과 심양을 거쳐서 봉황성에 이르기까지 물건을 팔지 않은 것이 없었습니다. 약관의 나이에 장사를 해서 20년이 지난 뒤에 비로소 한 차례 집으로 돌아오자 그 아내가 몰라 봐서 통성명을 한 뒤에야 서로 깜짝 놀라고 기뻐했습니다. 그 아내가 금세 성을 내며 말하기를, '당신이 20년이나 집을 버려 두고 밖으로 나가서 나 혼자 빈 규방을 지키게 하고 후사를 잇는 희망을 끊어지게 한 것은 다만 재물을 위한 까닭입니다. 나는 당신의 재물을 쓰고 싶지 않소' 라고 하고 창고 안에 있는 재물을 꺼냈으니 모두가 남편이 해마다 보낸 것이었습니다. 표를 봉하여 기록한 것을 모두 돌려주니, 그 남편이 그제야 부끄러워하는 것 같았으나, 오히려 재물에 대한 정을 못 잊어서 또 나가 근 십 년이나 행상 노릇을 하였습니다. 그 아내가 서울로 가서 황제에게 말하여, 그 남편과 함께 다시 모여 살게 하기를 청원하니, 황제가 서글프게 여겨서 칙령을 내리자 10년 만에 한 번 집으로 돌아왔다고 합니다."

심하구나! 사씨 성을 가진 사람의 어리석음이여. 장사를 해서 재물을 버는 것은 의식衣食을 풍족히 하여 아내와 자식을 보호해 주는 계책에 불과한 것이다. 저 사씨 성을 가진 자는 일생동안 먹고 입을 것이 이미 부족할까 걱정하지 않아도 되었거늘 오히려 다시 친척을 떠나고 무덤을 버리며 처자의 양육도 돌아보지 않고, 후사를 잇는 것의 중요함을 생각지 않았으니 도리어 홀로 무슨 마음이었던가. 옛사람들이 말하기를, "탐욕스러운 사나이는 재물에 순사殉死한다"[1]라고 한 것은 진실로 까닭이 있는 것이다.

二十二日, 雨終日不止, 又爲留宿. 從人輩, 往市上遊玩而歸, 言"有謝姓人, 卽山東大賈也. 身致屢萬金. 自山東, 歷皇城·山海關·瀋陽, 至鳳城, 無不居貨. 弱冠行商, 過二十年後, 始一歸家, 其妻不識也, 通姓名後, 始相驚喜. 其妻旋恚曰, '子所以二十年棄家出外, 使我獨守空閨, 望絕嗣屬者, 只爲財貨故也. 吾不欲用子之財貨' 仍出庫中財貨, 皆其夫之逐年所送者也. 封標以識之, 盡以還, 其夫始若慚愧, 猶不忘情於財貨, 又出行商近十年. 其妻赴京上, 言乞與其夫重會, 皇帝惻然飭令, 十年一還家云." 甚矣! 謝姓人之愚也. 行商居貨, 不過是豊衣食庇妻子之計. 彼謝姓者, 一生喫着, 已不患不足, 而猶復離親戚, 棄墳墓, 不顧妻子之養, 不念嗣屬之重, 抑獨何心. 古人云, "貪夫殉財, 良有以也"

1 《사기史記》·〈백이열전伯夷列傳〉에 "貪夫徇財, 烈士徇名"이라 했다.

8월 23일

봉황성 구경

비가 개고 날씨가 밝았다. 의주 이교吏校가 돌아갈 것을 알리기에 열두 번째 편지를 부쳤다. 여기부터 영송관迎送官[1]의 색리色吏인 성포成包와 통역관[通官]인 문덕영文德永, 한풍韓豊, 신태伸泰가 뒤따라서 왔으니 전부터 있었던 일이었다. 길을 떠나는데 태평거太平車를 세내어서 탔다. 노새 두 마리에 멍에를 씌웠다. 도로가 매우 험해서 모래나 돌이 아니면 진흙투성이였으며, 높은 고개가 아니면 큰 냇물이었다. 그러나 평지와 같이 밟고 지나갔으니, 견고하고 치밀한 수레의 제작과 익숙한 수레의 조정을 대개 알 만하였다. 상사 어른은 지름길로 곧바로 숙참宿站으로 갔으나, 나는 봉황성을 구경하기 위해서 10여 리를 돌아서 여행을 하였으니, 나를 따르는 자가 또한 많았다.

안시성安市城을 지나서 책문까지의 거리는 5리였는데, 성터가 멀쩡했다. 어떤 이는, "동명왕東明王의 옛 성이다"라고 하였으며, 어떤 이는 "고구려 양만춘楊萬春이 당唐나라 군대와 맞섰던 곳이다"라고 하였다. 《일통지一統誌》에서는 "안시성은 개주盖州 동북쪽 70리 지점에 있다"라고 하였는데 그렇다면 이곳은 안시성의 옛 터가 아닐 것이니, 모두 믿을 수가 없다. 성 안에는 10여 길이나 층층 바위가 있었으니, 고장대古

1 영송관迎送官: 외국의 사신이 올 때에는 나가 영접하고 돌아갈 때에는 전송의 구실을 맡은 관리다.

將臺라고 하는데, 찬운암攢雲巖이라는 글자가 새겨져 있다. 그러나 갈 길이 바빠서 들어가 볼 수는 없었다. 옛 책문을 지나서 안시성까지는 거리가 7리라고 한다. 그러나 그 터가 있는 곳은 알 수가 없었다.

점店의 남쪽으로 1리쯤에 숲은 무성하고 집들이 말끔했으니, 통역관[通官] 서계문徐季文의 집이었다. 그 조부인 서종익徐宗益의 분묘가 집 뒤에 있었는데, 굽은 담장과 상설[2]들은 곱고 화려한 것이 매우 많았다.[3] 봉황산을 지나자 산의 모습이 우리나라의 수락산水落山과 같았는데, 산봉우리의 형세가 붓대를 꽂은 듯 깎아 질렀으며, 돌 빛이 푸르고 윤기가 돌아서 쪽빛 옥과 같았다. 산 아래에는 자그마한 벽돌집이 있으니, 산신山神과 용왕龍王을 모시는 곳이었다. 산중에는 대령사大寧寺와 관음굴觀音窟과 조양사朝陽寺와 약왕묘藥王廟와 낭랑묘娘娘廟가 있다고 하나, 갈 길이 바빠서 들어가 구경할 수는 없었다. 봉황성에 도착하니, 확 트인 들판이 꽤나 넓었으며, 앞으로는 봉황산을 마주하여 풍수가 매우 좋았다.

《일통지一統誌》에 이르기를 "성城은 본래 예맥濊貊 땅인데, 한漢나라 때에 현토군玄菟郡에 속해졌고, 진晉나라 때에는 평주平州에 예속되었다가 수隋나라 때에는 고구려高句麗에 속하였고, 당唐나라 때에는 안동도호부安東都護府[4]에 속했었는데, 발해 대씨渤海大氏가 동경용원부東京龍原府[5]를 설치했으며, 요遼나라 때에는

[2] 상설象設: 일반 무덤 앞에 사람이나 짐승의 형상을 본떠 만든 석물石物이다.

[3] 《계산기정薊山紀程》에 "옛 책문점柵門店 남쪽으로 10리쯤에 이르니 숲이 새파랗게 우거지고 가옥이 말끔한데, 통관通官 서계문徐季文의 집이다. 그 삼촌의 집이 봉황산 아래에 있고 그 조부의 집이 그 아래에 있는데 원장垣墻과 상석象石이 곱고도 매우 많았다"라고 했다.

[4] 안동도호부安東都護府: 고구려 멸망 후, 당나라가 고구려의 옛 땅에 둔 최고 군정기관軍政機關이었다.

[5] 동경용원부東京龍原府: 발해 5경의 하나. 발해의 제3대 문왕文王이 중경 현덕부에서 755년경 상경 용천부로 천도했다가 785년경 이곳으로 천도하여, 794년 제5대 성왕이 다시 상경으로 천도할 때까지 발해의 수도였다.

개주진국군開州鎭國軍이라 하였고, 금金나라 때에는 석성현石城縣으로 삼았으며, 원元나라 때에는 동령로東寧路에 속하게 하였고, 명明나라 때에는 봉황성보鳳凰城堡로 삼았다"고 하니 지금도 그것을 따르고 있다.

심양瀋陽 동북쪽에서 올라선창兀喇船廠까지는 그 사이가 수천 리다. 봉황성은 교통의 요충지인데, 그 입구에다 성수위城守尉[6]를 두었다. 변문의 목구멍 같아서 우리나라 사람이 출입하는 것을 전담하여 관리하였다. 평지에 높이가 열 길 남짓 되는 성을 쌓았는데 주위가 가지런하고 반듯하였으며, 여러 개 벽돌을 쌓아서 성첩을 만들었다. 큰 도로의 북쪽 수백 보 떨어진 지점에 절이 있다. 대웅전 안에다 패를 세웠는데 패의 길이가 집과 나란했으며 그 안을 파내서 만수무강萬壽無疆이라 글을 썼다. 사면四面에다 난간을, 계단 위에는 계극棨戟[7]을 설치하였는데 이것은 황제의 원당願堂[8]이라 하였다 한다. 저자의 가게들이 번성해서 보는 사람의 눈을 어지럽게 하는 것을 이루다 기록할 수가 없었다. 저자마다 각각 당호堂號가 있었으니, 인화당仁和堂, 만보루萬寶樓, 취보장聚寶莊이라는 종류가 이것이었다. 내가 수레에서 내려서 점사店舍에서 조금 쉬고 수행하는 사람들이 상화병霜花餠[9]을 사서 올려서 허기를 채웠다. 조카 구하龜夏가 성 안으로 들어가서 구경을 하고 돌아와 말하기를 "성 안이 번창한 것이 도리어 성 밖만도 못합니다"라고 하였다. 남문南門을

6 성수위城守尉: 연행록燕行錄에서 흔히 '봉황성장鳳凰城將' 또는 '봉성장군鳳城將軍'으로 부른 직책이다.

7 계극棨戟: 비단으로 싸거나 기름칠을 한 나무 창. 관리들이 쓰던 의장儀仗으로 외출할 때 앞에서 인도하는 데 사용하거나, 문과 뜰 앞에 세웠다.

8 원당願堂: 죽은 사람의 진영眞影과 위패位牌를 모시고 원주願主의 명복을 기원하던 법당法堂. 궁중宮中의 것은 내원당內願堂이라고도 한다.

9 상화병霜花餠: 밀가루에 술을 넣고 반죽하여 발효시킨 다음 그 안에 팥이나 깨, 고기, 나물 등을 넣고 둥글게 빚어 찐 음식. 주로 여름에 먹는다.

집서문集瑞門, 동문東門을 영희문迎曦門이라 하는데, 서쪽과 북쪽은 문이 없었다. 성 안에 조선관朝鮮館[10]이 있는데, 유원관綏遠館이라 했으니, 지난날 사신으로 가는 사람들이 반드시 여기에서 머물러 잤으나, 현재는 가는 길이 여기를 거치지 아니하여서 없앴다고 한다.

또 용봉사龍鳳寺라는 절이 있으니, 정전正殿은 누대樓臺로 만들어서 누대 위에는 불상을 안치하고 누대 아래에는 온돌을 만들었다. 봉성장鳳城將의 아헌衙軒은 그다지 높고 넓지는 않았다. 북쪽의 풍속은 사람 옆으로 비껴 세우는 벽제辟除를 하지는 않는데, 유독 봉성장만은 우리나라의 사정을 익히 알고 있어서 다닐 때에는 반드시 우리나라 사람들에게 소리 질러 길 아래로 비껴 세웠다.[11] 조금 쉰 뒤에 삼차하三叉河[12]를 건넜으니 물이 깊어서 말의 배까지 차올랐는데 잇달아 대여섯 번을 건너게 되었다. 길가에 비碑가 하나 있는데 의로운 무덤[義塚][13]이란 두 글자가 쓰여 있었다. 일찍이 의기 있는 부자가 있었는데 먼 데에서 온 사람이 이곳에서 죽으면 자기 재산을 털어 장례를 치러 주었다고 한다. 이대자二台子를 지났는데, 중국의 풍속에서는 대臺를 대台라고 많이 불렀다. 이대二台는 곧 이대二臺이니 네 번째 누대 다섯 번째 누대라고 하는 종류와 같은 것도 모두 그러하다. 건자포乾子浦[14]에 도착해서 머물러서 잤으니 가난한 마을이 대여섯 집에 지나지 않았는데 산을 등지고 물가에 임하고 있으

10 조선관朝鮮館: 《계산기정》에 "조선관은 거리 동쪽에 있다. 집이 황폐하고 퇴락하여 먼지가 층계와 주춧돌에 쌓였다. 문의 현판에 본래는 '조선관朝鮮館' 세 글자가 있었다는데 지금은 볼 수 없다. 앞에는 경우궁景祐宮이 있는데 곧 청조淸朝의 원당願堂이고 그 뜰에는 순치順治 7년(1650)에 세운 비석이 있다"라고 기록 되어 있다.

11 홍대용洪大容의 《담헌서湛軒書》에 "북쪽 풍속은 사람을 비켜 세우는 법이 없는데, 오직 봉성 사람들만은 우리나라 사정을 익히 알고 있어서, 성장城將이 지나갈 때면 반드시 우리나라 사람들을 소리 질러 길 아래로 비켜 세웠다[北俗不辟人, 惟鳳城人習知我國事, 城將行, 必呵下我人也]"라는 기록이 있다.

12 원삼차하三叉河: 《계산기정》에 "봉황성의 이후는 길이 산골짜기 속으로 들어가는데 이른바 동팔참東八站이 여기서부터 시작된다"라고 기록되어 있다.

13 의총義塚: 《계산기정》에 "무령현無寧縣을 지나 5리쯤 가니 길 곁에 황량한 무덤 하나가 있는데, 높이와 크기가 다른 무덤보다 배나 되고 짧은 빗돌을 세워 크게 '의총義塚' 두 자를 썼기에 물으니 '떠돌며 구걸하는 아이들의 시체를 다른 데 묻을 만한 곳이 없으므로 본 고을에서 의총을 만든 것' 이라고 한다"라 나온다.

14 건자포乾子浦: 《계산기정》에 "밤중이 다 되어서 주막에 닿았다. 북방의 습속으로는 방을 캉[炕]이라고 하는데 그 구조

는 거재 유생居齋儒生의 식당 같이 동쪽과 서쪽으로 마주 보고 있다. 또 벽 사이에 감실龕室을 뚫어놓고 신상神像을 모신다"라는 기록이 있다.

며, 나무들이 무성하게 가려서 살 만한 곳이었다. 이날에는 50리를 다녔다.

二十三日, 雨晴日朗. 灣上吏校告歸, 故付二地書. 自此, 有迎送官色成包·通官文德永·韓豊·伸泰隨後而來, 卽前例也. 發行, 貰乘太平車. 駕以二騾, 道路極險, 非沙石則泥濘, 非峻嶺則大川. 而如履平地, 車制之堅緻, 御車之閑熟, 盖可知也. 上使丈從捷路, 直趍宿站, 而余則爲琓鳳城, 迂回十餘里作行, 從余者亦多. 歷安市城, 距柵門五里, 而城址完然. 或云東明王舊城, 或云高麗楊萬春距唐兵處也. 一統誌云, "安市城在盖州東北七十里" 然則此非安市舊址也, 皆未可信也. 城中有層巖十餘丈, 稱古將

대령사

臺, 刻攢雲巖云. 而行忙不得入觀. 歷舊柵門, 距安市城七里云, 而不知基址所在處. 店南里許, 林木葱蒨, 屋宇齊整, 通官徐季文家也. 其祖徐宗益墳墓在其家後. 曲垣象設, 鮮麗甚多. 歷鳳凰山, 山形如我國水落, 而峰勢戍削如揷筆, 石色蒼潤如藍玉. 山下有小甎[15]屋, 爲山神及龍王位. 山中有大寧寺·觀音窟·朝陽寺·藥王廟·娘娘廟云, 而行忙不得入觀. 至鳳城, 開野頗廣, 前對鳳凰山, 風水極好. 一統誌云 "城本濊地, 漢屬玄菟郡, 晉隸平州, 隋屬高句麗, 唐屬安東都護府, 渤海大氏置東京龍原府, 遼曰開州鎭國軍, 金爲石城縣, 元屬東寧路, 皇明爲鳳凰城堡" 今因之. 自瀋陽東北, 至兀喇船廠, 其間數千里. 鳳城綰轂, 其口置城守尉. 如邊門之咽喉, 專管我人之出入也. 築城於平地, 高可十餘

15 전甎은 전甎의 오자로 보인다.

조양사

仞, 而周圍齊正, 累甓爲堞. 大路北數百步有寺. 殿中立牌, 長與屋齊. 坎中而書萬壽無疆. 四面設闌干, 階上設棨戟, 是皇爺願堂云. 市肆繁富, 纈人眼目, 不可勝記. 每市各有堂號, 仁和堂·萬寶樓·聚寶莊之類, 是也. 余下車, 小憩於店舍. 從人買進霜花餠以饒飢. 龜姪輩, 往觀城內而歸, 言"城內繁富, 反不如城外"云. 南門曰集瑞門, 東門曰迎曦門, 西北則無門. 城內有朝鮮館曰綏遠館, 前日使行, 必止宿於此, 今則路不由此, 故廢之云. 又有龍鳳寺, 正殿爲樓, 上安佛像, 下爲炕. 鳳城將衙軒, 不甚高廠. 北俗不辟人, 獨鳳城將習知我國事, 行必呵下我人也. 小憩後, 過三叉河, 水深及馬腹, 連渡五六. 路傍有碑, 書義塚二字. 曾有富人義氣者, 遠地人, 死於此地, 出財力收葬云. 過二台子, 華俗多以臺爲台. 二台卽二臺, 如四臺五臺之類, 皆然. 抵乾子浦, 止宿, 殘村不過五六戶, 而背山臨流, 樹木蒙翳, 可居之地也. 是日行五十里.

8월 24일

비가 내렸다. 일찍 출발하였는데 빗줄기가 뿌려대다 그치다 하였다. 사대자四臺子를 지나서 백안동伯顏洞에 도착하니, 곧 원元나라 백안伯顏[1]이 군대를 주둔한 곳이라 한다. 마고령麻姑嶺을 지나서 송참松站[2]에 이르러 책문에 들어선 뒤에는 다만 개오동나무와 구기자나무만을 볼 수가 있었다. 그런데 여기에 이르러서 비로소 길 좌측에 소나무 두 그루가 있는 것을 보았으므로 송참이라는 이름을 얻게 된 것이라고 한다. 당唐나라 태종太宗이 고구려를 정벌할 때에 설인귀薛仁貴와 유인원劉仁願이 여기에 군대를 주둔하였다. 그러므로 또 설유참薛劉站이라고 부르기도 하는데 설리참雪裏站으로 이름이 변했으니, 우리나라 방언에 소나무를 솔이라 하므로 또 송참松站이라 부르기도 한다고 하며, 명明나라 때 진동보鎭東堡를 설치했다고 한다. 들 가운데에 칠성사七聖祠[3]가 있었다. 소장령小長嶺을 지나서 옹북하甕北河에 이르면 일명 삼가하三家河라고도 한다. 수원이 분수령에서 압록강으로 흘러 들어가므로 고기를 잡는 자들이 말 위에 타거나, 작은 배로 몰래 여기에 이르러 물고기를 잡아가는데, 여기에서 의주까지는 육로로 190여 리이고, 수로로는 100리에 지나지 않는다고 한다. 이 물이 양쪽의 물을 끼고서 구불구불

1 백안伯顏(?~1340): 14세기 중국 원元나라 말기의 권신. 카이두Khaidu(해도海都)와 싸워 무공을 세우고, 무종武宗·인종仁宗·영종英宗·태정제泰定帝 밑에서 요직을 역임하였다. 태정제가 죽은 후에는 반대파를 누르고 무종의 장자인 명종明宗, 아우인 문종文宗을 즉위시키고 전권을 휘둘렀다. 그러나 그 때문에 원망을 사서 실각한 끝에 유배지로 가던 중 병사하였다. 음독자살했다는 설도 있다. 중국에서 가장 수가 많은 장張·왕王·유劉·이李·조趙의 5성姓 사람들을 살해하고자 할 정도로 한인漢人·한문화를 철저히 배격하였다.

흐르는데 모두 여덟 번을 건너야만 비로소 이곳을 건너게 되고 재차 팔도하八渡河[4]를 건너고 세 번째로는 사초하蛇梢河를 건너고 네 번째로는 용봉산龍鳳山의 앞 강을 건너게 되며, 다섯 번째로는 반절대하半截臺河를 건너고 여섯 번째로는 반절대半截臺 앞의 강을 건너며, 일곱 번째로는 답동하沓洞河를 건너고 여덟 번째로는 초구하草口河를 건너는데, 그것이 실제로는 큰 냇물이고 강은 아니었다. 《시경詩經》의 주註에는 "하河는 북방에 흐르는 물의 공통된 이름이다"[5]라고 했다. 그러므로 여기에서 북경까지는 모두 하河라는 말을 가지고 냇물의 이름을 지었다고 한다. 비 갠 뒤에 물이 크게 넘쳐서 조그마한 배를 타고 건넜다. 대장령大長嶺을 넘었는데 산세山勢가 매우 높았다. 유가하劉家河에 도착해서는 또 배로 건너서 황가장黃家庄에서 점심을 먹었으니, 황가장은 또한 큰 마을이었는데 온 마을이 모두 황씨 성을 가진 사람이라고 한다. 말에게 먹이를 준 뒤에 팔도하八渡河에 도착했으니 이곳이 두 번째 건너는 나루인데 특별히 팔도하라고 부르는 것은 모를 일이었다. 하수河水를 건널 즈음에 큰 비가 갑자기 쏟아져서 간신히 나루를 건넜는데, 비가 온 뒤라서 진흙길이 바다처럼 넓어서 거의 수레를 도로 돌릴 뻔한 것이 여러 차례였다. 지난번에 노새 두 마리의 힘이 아니었더라면 낭패를 면하기 어려웠을 것이다. 금계하金鷄河와 범가장范家庄[6]에 이르고, 이도방신二道

2 송참松站: 《계산기정》에 "마고령麻姑嶺을 지나서 설류점이 있다. 당 태종太宗이 요遼를 정벌할 적에 설인귀薛仁貴와 유인원劉仁願이 여기서 용병을 하였기 때문에 그렇게 이름을 붙인 것이다. 또 명明 나라 때에는 진동보참鎭東堡站이라고 불렀다. 한 쌍의 소나무가 가지를 뻗치고 있는데 몇 백 년이 되었는지 모른다. 그래서 일명 송참松站이라고도 한다"라 나온다.

3 칠성사七聖祠: 황제黃帝를 중심으로 하는 일곱 득도자得道者를 받드는 사당을 말한다.

4 팔도하八渡河: 《계산기정》에 "팔도하는 장항獐項 아래에 있다. 어떤 사람은 금가하金家河라고도 한다. 산협의 길이 우회해서 재를 넘거나 골짜기를 안고 가는데, 물을 도합 여덟 차례 건넌다. 팔도하도 곧 그 한 줄기 물이다"라고 했다.

5 《시경詩經》, 〈주남周南〉, '관저關雎'의 주註에 "하수河水는 북방北方에 흐르는 물의 공통되는 이름[河, 北方流水之通名]"이라 했다.

6 범가장范家莊: 《계산기정》에 "앞으로 10여 리를 가면 범가장에 닿는다. 마을에는 범 문정范文正의 후예가 살고 그 문에는 범가의창范家義倉이라는 현판이 있다고 한다"라고 나온다.

方身에 이르니, 날이 이미 저물어 깜깜해졌다. 홋불을 잡고 10여 리를 가다가 어렵사리 통원보通遠堡에 도착해서 머물러 잤으니, 곧 옛날의 진이보鎭夷堡였다. 천총天聰[7] 때에 여기에다 진지를 설치하였다가, 숭덕崇德 연간에 봉황성으로 옮겼다고 한다. 이날에는 55리를 다녔고 저녁에는 35리를 다녔으니 합쳐서 90리를 다녔다.

二十四日, 雨. 早發, 雨勢或灑或止. 過四臺子, 至伯顔洞, 卽元伯顔駐兵處云. 過麻姑嶺, 至松站, 入柵後, 只見樌杞. 而到此, 始見路左有雙松. 故因以得名云. 唐太宗征高麗時, 薛仁貴劉仁願, 駐兵於此. 故又稱薛劉站, 而變爲雪裏站, 我國方言以松爲率, 故又稱松站云. 明時置鎭東堡云. 野中有七聖祠. 歷小長嶺, 至甕北河, 一名三家河, 源自分水嶺, 流入鴨綠江, 漁採者, 乘馬上, 小船, 潛行至此, 捉魚以去. 此去義州, 旱路百九十餘里, 水路無過百里云. 此水挾兩水而曲折, 凡八渡, 始渡於此, 再渡於八渡河, 三渡於蛇梢河, 四渡於龍鳳山前河, 五渡於半截臺河, 六渡於半截臺前河, 七渡於沓洞河, 八渡於草口河, 而其實則大川而非河也. 詩註, "河, 北方流水之通名也" 故自此, 至北京, 皆以河名川云. 雨餘, 水勢大漲, 乘小船而渡. 踰大長嶺, 嶺勢極峻. 至劉家河, 又以舟渡, 中火黃家庄, 亦大村而一村, 都是黃姓人云. 秣馬後, 至八渡河, 此是第二渡, 而特稱八渡河, 未可知也. 渡河之際, 大雨驟至, 艱辛越津, 而雨後, 泥濘如海, 幾至反車者, 屢矣. 向非兩騾之力, 難乎免矣. 至金鷄河·范家庄, 至二道方身,

7 천총天聰: 청淸 태종太宗 애신각라·황태극愛新覺羅·皇太極의 첫 번째 연호로서 1627~1636년의 8년간 사용되었다.

日已昏黑. 秉燭行十餘里, 艱抵通遠堡, 止宿, 卽古之鎭夷堡也. 天聰中設鎭于此, 而崇德間, 移之鳳城云. 是日, 朝行五十五里, 夕行三十五里, 合行九十里.

8월 25일

저물녘에 출발해서 석우石隅를 경유하여 화상장和尙庄[1]에 이르니 자그마한 사찰寺刹이 길 옆에 있었다. 말에서 내려 사찰을 쭉 구경하였는데 사찰에 아미타상 3좌座를 봉안하였으나, 한 사람의 중도 없었다. 늙은 글방 선생이 글 배우는 아이들을 가르치는데, 어떤 아이는 글짓기를 하고 어떤 아이는 글씨 쓰기를 익혔으니 꽤나 사랑스러웠다. 답동沓洞에 이르니 지형이 평탄하고 질퍽거려서 버려진 수전水田과 흡사하였다. 어떤 이는 "답동이라는 이름은 우리나라 사람이 붙인 것 같다"[2]라고 하였다. 매번 봄철에서 여름철로 넘어갈 때가 되면 진흙탕이 바다와 같아서 이곳을 지나는 사람과 말이 넘어지는 일이 많다라고 한다. 초하草河를 건너니 바로 팔도하八渡河의 가장 높은 상류였다. 길가에 옛 성이 있는데 거사성居士城이라 불렀다. 초하구草河口[3]에서 점심을 먹었는데 또 한 사람의 선생이 학생들을 가르치고 있었다. 스스로 산동山東의 추鄒 아무개라 일컬었다. 그의 시집을 찾아 살펴 보니, 과연 일깨울 만한 경구警句가 많았다. 그와 함께 필담을 나누니 글을 꽤나 잘 지었는데, 끝에다 시詩 한 편을 썼다.

1 화상장和尙莊: 《계산기정》에 "석우石隅 10리를 지나면 길 오른쪽에 퇴락된 불당佛堂이 하나 있는데, 아미타소상阿彌陀塑像 셋이 놓여 있다"라고 했다.

2 김창업金昌業의 《연행일기燕行日記》에 나온다.

3 초하구草河口: 초하구艸河溝의 오기誤記로 보인다.

붓 휘둘러 땅에 쓰는 건 과연 다른 뜻 아니라
다만 뱃 속에 하나의 마魔가 있기 때문이네.
청심환 한 알을 빌려다가,
만 리 길 여행객의 은혜 듬뿍 얻으려네.

揮毫落地果無他　只爲腹中有一魔
乞得淸心丸一点　遊人萬里沐恩波

약을 구걸하는 것은 밉살스러웠으나 시어詩語는 볼 만하였다. 구씨 조카(구하龜夏를 가리킴)에게 그 자리에서 화답해서 시를 주게 하였다.

서로 만나 애석함은 다름 아니라,
예로부터 문장은 방해가 있어서네.
부끄러운 건 나그네 주머니 물 같으니,
서강이 안 트이면 바퀴 자국[4] 물결 같네"

相逢嗟惜儘無他　自古文章有障魔
但愧行人囊似水　西江未決轍魚波

이어서 환약 하나를 주었다.

말에게 먹이를 먹인 뒤에 분수령分水嶺을 넘었으니, 분수령은 높지는 않고 평평한 언덕이 구불구불 하였다. 그 분수령의 산맥이 북쪽에서 남쪽으로 뻗었는데, 물이 그 맥의 양쪽 방향으로 흘렀다. 동쪽의 물은 모두 동북쪽으로 흘러서 압록강으로 들어갔고, 서쪽의 물

[4] 학철부어涸轍鮒魚를 가리킨다.

은 모두 서북쪽으로 흘러서 요하遼河로 들어갔다. 일찍이 보니 우리나라의 백두산 앞 산록에는 분수령이 있었는데 곧 목극등穆克登이 경계를 정한 곳이었다. 그런데 분수령의 동쪽으로 내리는 물은 두만강이 되었고 분수령의 서쪽으로 내려간 물은 압록강이 되었으니, 내가 눈으로 본 곳이었다. 그런데 여기에서 또 분수령을 보게 되었으니, 대개 백두산의 앞 산기슭은 떨어진 곁가지가 조맥祖脈을 떠나서 서북쪽으로 가서 요동의 여러 산이 되어 동서쪽으로 펑퍼짐한 것이 1천여 리인데, 모두 여기서부터 지나간 산맥이었다.

고가령高家嶺과 유가령劉家嶺을 넘어 연산관連山關에 도착해서 머물러 잤으니 곧 옛날의 아골관鴉鶻關이었는데 높은 고개와 겹겹 산은 구불구불 뻗어 있었으므로 연산連山이라 한다. 30여 개의 집들이 큰 냇물을 끼고 거주하는데 집집마다 큰 나무를 쪼개서 울타리를 만들어 매우 튼튼하고 치밀하게 하였으니 대개 호랑이를 막기 위해서였다.[5] 옛날에는 관문이 있어서 나그네를 기찰하였는데 어떤 이는 이르기를 "성화成化[6] 연간에 설치하였다. 여기서부터는 지름길이 있어서 심양을 거치지 않고서도 곧바로 산해관에 갈 수가 있다. 성화 16년(1480)에 우리나라가 조공가는 길을 바꿀 것을 요청하였으나, 병부상서兵部尙書 유대하劉大夏가 말하기를 '조선의 조공길이 아골관에서 서너 개의 큰 진지를 돌아야 산해관에 도착하게 되는 것은 역대

5 김창업金昌業의 《노가재연행일기老稼齋燕行日記》에 "집집마다 큰 나무를 쪼개어 울타리를 만들어 매우 튼튼하였다. 이는 아마 호랑이를 막기 위함인 듯하다"라 했는데, 박래겸이 이 부분을 참고한 것으로 보인다.

6 성화成化: 명나라 제8대 황제 헌종憲宗 주견심朱見深의 연호로 1465~1487년의 23년간 사용되었다.

7 《계산기정》에 나온다.

왕의 깊은 뜻이다'라 하여 드디어 허가하지 않았다"[7] 고 한다. 또 듣자니 "심양에서 밖으로 100리쯤에 있는 우가장牛家庄까지 남쪽을 향해 쭉 가면 동팔참東八站을 거치지 않고서도 곧바로 책문에 다다를 수가 있다. 종전에는 먼저 온 군관軍官들이 혹은 이 길을 경유하였으나 그 후에 심양장군瀋陽將軍이 금지하여 막아서 통과할 수 없게 되었다"고 한다. 이날에는 아침에 25리를 다녔고 저녁에는 30리를 다녔으니 합쳐서 55리를 다녔다.

유대하劉大夏

二十五日, 晩發, 歷石隅, 至和尙庄, 有小刹在道傍. 下馬歷玩, 寺奉阿彌塑像三座, 無一僧. 而有老學究, 訓誨學童, 或綴文, 或習字, 而頗有可愛者矣. 至沓洞, 地勢平而沮洳, 恰似水田之廢者. 或曰, "沓洞之號, 似是我國人所命也" 每當春夏之交, 泥濘成海, 人馬之過此者, 多致顚沛云. 渡草河, 乃八渡河之最上流也. 道傍有古城, 號居士城. 中火草河口, 又有一學究教授生徒. 而自稱山東鄒[缺]云. 覓覽其詩集, 果多警語. 與之筆談, 頗能文而末書一詩曰, "揮毫落地果無他, 只爲腹中有一魔. 乞得淸心丸一点, 遊人萬里沐恩波" 乞藥則可憎, 而詩語則可觀也. 使龜姪卽席和贈曰, "相逢嗟惜儘無他, 自古文章有障魔. 但愧行人囊似水, 西江未決轍魚波" 仍以一丸與之. 秣馬後, 踰分水嶺, 嶺不高, 平陂逶迤. 而嶺脉自北而南, 水出兩傍. 以東則皆東北流, 入鴨江, 以西則皆西北流, 入遼河. 曾見我國白頭山前麓, 爲分水嶺, 卽穆克登定界處. 而嶺東水則爲豆滿江, 嶺西水則爲鴨綠江, 余之所目覩處. 而今於此, 又見分水嶺, 盖白頭山前麓, 落旁枝離祖, 西北行爲遼東諸山, 東西盤礴千餘里, 皆自此過脉也. 踰高家嶺·劉家嶺, 至連山關, 止宿, 卽古之鴉鶻關, 峻嶺疊嶂, 逶迤連亘. 故曰連山. 有三十餘家, 夾大溪而居, 皆劈大樹爲籬, 極其堅緻, 盖防虎也. 古有關門, 譏察行旅, 或云, "成化年間所置, 自此有捷徑, 不由瀋陽而可直走山海關. 成化十六年, 我國奏請改貢路, 兵部尙書劉大夏, 以爲朝鮮貢路, 自鴉鶻關, 迂回三四大鎭, 始抵山海關, 此祖宗微意也, 遂不許" 云. 且聞自瀋陽外百里牛家庄, 向南直行, 則不由東八站, 而直抵柵門. 從前先來軍官, 或由此路, 其後瀋陽將軍禁遏不得通云. 是日, 朝行二十五里, 夕行三十里, 合行五十五里.

8월 26일

낭자산에서 묵다

아침 일찍 출발하였다. 5리 쯤을 가자, 산 하나가 우뚝 솟았는데 위에는 낭랑묘娘娘廟[1]가 있었다. 뜰에는 작은 비석이 서 있고 앞에는 석탑石塔이 있어서 숲 나무 사이에 어른거렸다. 그런데 이때 짙은 안개가 하늘에 잔뜩 끼어서 지나가다가 들를 수가 없었다. 또 15리를 가자 회령령會寧嶺 아래에 이르게 되었는데 쳐다보니 큰 고개가 앞을 가로막았다. 수레를 놓아 두고서 말을 타고 올라갔는데, 고개가 매우 높고 험하였으며 나무가 산에 가득하였다. 그 옆에는 세 개의 돌 봉우리가 늘어서 있는데, 그 벽면이 꽤나 기이하고 험준하였으니 형제암兄弟巖[2]이라 불린다고 했다. 꼭대기에는 관제묘關帝廟가 있었다. 대개 책문부터는 마을마다 관제묘가 있었으니, 길 가에 붉은 칠한 집을 보게 되는데 모두 관우關羽의 사당이다. 고개가 더러는 마천령磨天嶺이라 불리기도 하고, 대고령大高嶺이라 불리기도 하니, 바로 요동遼東의 험한 관문關門이다. 서남쪽에 있는 긴 골짜기에는 석탑 하나가 서 있는데 석탑 아래의 길이 바로 호랑곡虎狼谷이다. 일찍이 《가재집稼齋集》[3]을 보니, "요동遼東에서 천산千山까지는 사흘 밤이 걸렸는데 탑 아래 길로 나가서, 사신의 행차와 서로 만나게 되었다"고 했다. 고개에서 내려와 첨수하甛水

1 낭랑묘娘娘廟: 중국에서, 도교 계통의 여신을 모시는 묘. 받드는 여신에는 주신主神인 벽하원군 외에, 자식을 점지하여 주는 송자 낭랑送子娘娘, 순산을 비는 최생 낭랑催生娘娘 등이 있다. 《계산기정薊山紀程》에는 "연산連山을 지나 서쪽으로 5리 남짓한 곳에 산봉우리 하나가 우뚝 솟아나 있는데, 그 위에 낭랑묘가 있다. 이것은 총림叢林 속의 사당이다. 길은 산 아래로 났는데 돌 층계길이 돌면서 껴안고, 왼쪽으로 거대한 내의 흐름을 둘러싸고 있다. 돌배나무와 개암나무가 깊이 우거져 삼[麻]이 늘어선 것 같다"라고 나온다.

2 형제암兄弟巖: 부령도호부富寧都護府의 남쪽 19리에 있다. 두 바위가 마주 보고 솟아 있는데, 하나는 크고 하나는 작기 때문에 이렇게 이름이 붙여진 바위이다.

3 가재집稼齋集: 김창업金昌業의 문집을 말한다.

河를 건너서 첨수참甛水站에서 점심을 먹었다. 인가人家가 대략 수백 집이 되며, 땅이 비옥하고 샘물은 맛이 좋으며 살림살이가 꽤나 풍족하였다. 대개 팔참八站 사이에 있는 물은 몹시 짠데, 이 물만은 유독 맛좋고 시원해서, 그 때문에 이름을 얻게 되었다고 한다. 첨수甛水에서 1~2리를 가면 서쪽 가에 석벽을 보게 되는데, 가로 펼쳐진 것이 병풍과 같으며, 너비가 100보에 가깝고, 위 아래가 모두 5층인데 한 층의 높이가 몇 길이나 되었으니, 이것은 곧 청석령靑石嶺에서 뻗은 낮은 산기슭이라고 한다. 높기로는 비록 회령會寧만은 못하나, 위험하기로는 그보다 더했다. 정상에는 빗돌 하나가 있는데 글자가 닳아서 읽을 수가 없었다.[4] 여기에 이르면 수많은 돌들이 험하여 말이 발을 디딜 수가 없으므로 도보로 고개를 내려왔다. 거의 다 내려오자 절벽에 나 있는 길이 3리 내지 4리나 되었다. 또 몇 리를 가게 되면 고개 하나를 넘게 되니 이것이 소석령小石嶺이다. 두 고개 사이는 평지였다. 북쪽으로 길 하나가 나 있으니 곧 요동으로 가는 지름길이라 한다. 양쪽의 고개가 험하다 들었기에 처음에는 모두 벼랑을 잡고서 절벽을 타고 가는데 한 걸음을 옮길 때마다 헐떡대게 되어 숨을 쉴 수가 없었다. 옛날에 어떤 절의 도사가 행인의 어려움을 생각해서 드디어 바윗돌의 모서리를 팠으니 이에 길이 모두 구불구불하지만 다시는 전날과 같은 험함은 없게 되었다고 한

4 김경선金景善, 《연원직지燕轅直指》에는 "다시 수 리를 가서 첨수참에 이르렀다. 서쪽 편으로 석벽石壁이 있는데 병풍같이 상하가 대개 5층으로 되어 있고, 돌빛이 제법 기이하니 곧 청석령靑石嶺에서 뻗은 등성이이다. 여기에서 점심을 먹었다. 또 10리를 가서 청석령에 닿으니, 높이가 거의 회령령과 같고, 돌빛이 온통 푸르기 때문에 그렇게 이름하였다. 길 옆에 옛 비석이 있는데 글자가 마멸磨滅되어 알 수가 없었다"라고 나온다.

다. 저녁에 낭자산娘子山[5]에 도착해서 머물러 잤다. 마을들이 즐비하고 저자도 볼 만한 것이 많았다. 세상에서 전하기를 "당 태종太宗이 고구려를 정벌하러 왔다가 군대가 패하여 밤중에 도망했는데 닭 우는 소리를 듣고 조그마한 오두막집에 찾아가니 어떤 여인이 맞아 들였다. 날이 밝자 살펴 보니 돌덩어리 하나만을 보게 되었는데 벼슬과 발톱이 닭과 같았다. 그러므로 드디어 그곳을 낭자산娘子山이라 이름 붙이고 계명사鷄鳴寺를 세웠으니, 지금은 마을의 서남쪽으로 3리에 있으며, 빗돌을 세워서 그 일을 기록했다"[6]고 한다. 이날에는 아침에 40리를 다니고, 저녁에 35리를 다녔으니, 합쳐서 75리가 되었다.

二十六日, 早發. 行五里許, 一山特出, 上有娘娘廟. 庭豎短碣, 而前有石塔, 隱暎於林木間. 而是時大霧漫天, 不得歷入. 又行十五里, 至會寧嶺底, 仰見大嶺當前. 捨車乘馬而上, 嶺甚峻險, 樹木漫山. 傍有三石峰羅立, 壁面頗奇峻, 稱爲兄弟巖云. 絕頂有關帝廟, 蓋自柵門, 村村有關廟, 路傍見朱丹其屋者, 皆是也. 嶺或稱磨天, 或稱大高, 乃遼左之大關阨也. 西南長谷, 立一石塔, 塔下之路, 乃是虎狼谷也. 曾見稼齋集, "自遼東, 往千山, 經三夜, 出塔下路, 與使行相會"云. 下嶺, 渡甛水河, 中火甛水站. 民戶畧數百家, 土肥泉甘, 生理頗饒. 蓋八站之間, 水多苦鹹, 而此水獨甘洌, 因以得名云. 自甛水, 行一二里, 望見西邊石壁, 橫張如屛, 廣近百步, 高下凡五層, 層高數丈, 此卽靑石嶺之餘麓也.

5 낭자산娘子山: 여기에 대해서는 《계산기정薊山紀程》과 김경선金景善의 《연원직지燕轅直指》에도 비슷한 내용이 보인다.

6 김경선金景善의 《연원직지燕轅直指》에 "낭자산狼子山의 옛 이름은 낭자산娘子山이다. 당 태종이 고구려를 칠 때 군대가 패하여 밤에 도망가다가 문득 닭 울음소리를 듣고 찾아가서 한 작은 집에 닿았는데, 한 여자가 기쁘게 영접하였다. 날이 밝아 살펴 보니, 모옥과 여자는 간 데 없고 다만 돌 하나가 있는데, 벼슬과 엄지발톱이 닭 모양과 같았다. 드디어 그 산을 이름하여 낭자산이라 하고, 계명사를 짓고 비석을 세워 그 일을 기록하였다고 한다. 그 위에 올라가니 퍽 그윽하고 널찍한 맛이 있다고, 성신聖申이 보고 돌아와서 하는 말이 이와 같았다" 라고 했다.

七月 八月 九月 十月 啓本

高峻, 雖不如會寧, 而危險則過之. 絕頂有一石碑, 字漫滅, 不可讀. 到此, 亂石犖确, 馬不能着蹄, 故徒步下嶺. 幾盡, 有絕壁夾路者, 三四里. 又數里, 踰一嶺, 是爲小石嶺. 兩嶺之間, 爲平地. 北有一路, 卽是遼東捷路云. 聞兩嶺險隘, 初皆攀崖緣壁, 一移步之間, 輒做喘不息. 昔有寺中道士, 慮行人之艱難, 遂鑿巖石之稜, 於是, 路皆曲轉, 不復若前日之險云. 夕抵娘子山, 止宿. 閭井櫛比, 市肆亦多可觀者. 俗傳唐太宗征麗, 兵敗夜遁, 聞鷄聲, 尋到一小屋, 有女延接. 天明視之, 只見一塊石, 冠距類鷄, 遂名其地曰, 娘子山. 建鷄鳴寺, 今在村西南三里. 有碑記事云. 是日, 朝行四十里, 夕行三十五里, 合爲七十五里.

8월 27일

요동성을 두루 보다

비가 내렸다. 오늘 요동을 지나게 되었는데 상사 어른이 전에 이미 한번 보았다며 성 안으로 들어가지 않으려 했다. 그래서 나는 곧 아침 식사를 하고 먼저 출발하니 일행 중에 처음 온 사람들은 거의 모두 다 나를 따라서 왔다. 마천령摩天嶺을 넘었는데, 마천령의 높이는 조그마한 언덕에 불과했다. 마천령의 서쪽에는 주필산駐蹕山과 마제산馬蹄山이 있었으니 곧 당나라 태종이 요동을 정벌할 때에 지나간 길이었다.[1] 삼류하三流河[2]를 건너면 낭자산娘子山부터는 모두 다섯 개의 큰 물을 건너게 되는데, 이곳을 삼류하라고 이른다. 물이 동북쪽으로 흘러서 태자하太子河로 들어간다고 한다. 태자하의 도로가 진흙으로 매우 질퍽거렸으니 타고 있는 수레가 진흙길에 빠져서 멈추었다. 네 다섯 마리의 말을 사용해서 빠진 것을 빼낼 때에 상사 어른은 이미 앞서 지나갔다.

왕상령王祥嶺[3]을 넘었으니 "명나라 때의 효자 왕상王祥[4]이 여기에서 거처한 일이 있으므로 이름을 얻었다"고 하며 다른 이름으로는 차유령車踰嶺이라고 한다. 옆에는 골짜기 하나가 있었으니 호랑곡虎狼谷[5]과 길이 합쳐지는 곳이었다. "지형이 차츰 평탄해지므로 짐을 싣고 가는 수레가 회령會寧과 청석靑石의 험한 길을 피

1 《계산기정》에 "마천령은 낭자산狼子山 북쪽에 있는데, 높이가 하나의 산 언덕에 지나지 않았으니 이름과 실제가 너무나 어울리지 않는다. 마천령 서쪽에 주필산駐蹕山과 마제산馬蹄山이 있는데 당 태종이 요동을 정벌할 때 지나간 길이다"라고 했다.

2 삼류하三流河: 《계산기정》에 "앞으로 30여 리를 가면 큰 물이 셋이 있다. 이것을 삼류하라고 부른다. 삼강三江 이북은 강물이 크거나 작거나 다 하河라고 부른다"라고 했다.

3 왕상령王祥嶺: 《계산기정》에 "세상에 전해지기로는 진晉 나라의 태부太傅 왕상王祥이 살던 땅으로 영嶺 아래의 물이 곧 얼음을 깨고 잉어를 잡은 곳이라고 하는데, 진실로 허황된 말이다"라고 했다.

4 왕상王祥: 진晉나라 때 왕상이 계모를 위하여 얼음을 깨고 잉어를 잡아 봉양한 효행으로 유명하다.

하여서 이 길을 경유하여 30리나 돌아간다"고 한다. 석문령石門嶺[6]을 넘으니 길가에 서 있는 빗돌은 바로 석문령의 길을 닦은 빗돌이었다. 강희康熙 무술년戊戌年(1718)에 세웠는데 "화주化主인 비구 현래玄來가 돈을 내어 길을 닦고 송조기宋肇基가 글씨를 썼다"라고 했다.[7]

책문에서 백탑보白塔堡까지를 동팔참東八站[8]이라고 하는데, 석문石門의 동쪽은 산천과 계곡이 험하고 좁아서 온종일 골짜기 속을 거쳐 가게 되었는데 석문을 나와야만 비로소 앞이 환히 트이면서 하늘과 들판이 서로 이어져서 분분湓湓하고 탕탕蕩蕩하여 개골산을 올라가서 동해를 바라보는 것과 같았다. 오직 요양遼陽의 백탑白塔[9]만이 안개와 구름 속에 솟아 있는 것이 보였으니, 북쪽으로 가는 길 중에 제일가는 장관이었다.[10] 왕보대王寶臺[11]에 도착하니 마을의 서북쪽에 바위가 있는데 모습이 대臺를 쌓은 것과 같았다. 어떤 이는 이르기를 "왕보王寶는 곧 왕팔王八이니, 세상에서 자라를 왕팔이라고 부르는데, 이곳에는 별봉鱉峰이 있기 때문에 이름을 붙였다"고 한다. 점심을 먹은 뒤에 먼저 출발하였는데 비를 만나서 진흙길이 매우 험난하였다.

고려총高麗叢[12]을 지났으니 곧 옛날의 동령위東寧衛였다. 생각건대 고려 사람이 옛날에 살던 곳이었던가? 최현崔晛[13]의 기록에 "고려촌의 아이들은 어려서

5 호랑곡虎狼谷: 《계산기정》에 "첨수하甜水河의 남쪽으로 멀리 바라보면 흰 탑이 우뚝 서 있고, 그 탑 밑에서부터 길 하나가 중간에서 갈라진 데가 있으니, 그것이 곧 이른바 호랑곡虎狼谷이다. 여기서부터 낭자산狼子山에 도달하기까지 20리를 우회해 가면 길이 곧 평탄해진다. 무거운 수레로 청석靑石을 피하는 것은 다 이 길로 해서 간다고 한다. 역참驛站에는 기와집이 빽빽이 들어서 있고 가게가 연달아 있다"라고 나온다.

6 석문령石門嶺: 《계산기정》에 "석문령 마루터기의 석벽이 딱 벌리고 있는 것이 문짝을 훤하게 열어 놓은 것과 같았다. 고개에 올라와 앞을 바라보니, 산봉우리가 둘러서 있는 것은 전연 보이지 않고, 다만 흙무더기와 돌덩어리가 아득하게 둘러 막고 있을 뿐이다"라고 나온다.

7 이 부분은 《연원직지燕轅直指》에 "또 4리를 가서 석문령石門嶺에 이르니, 고개 좌우에 석벽石壁이 입을 딱 벌린 듯이 길을 끼고 있는데 형상이 문을 열어 놓은 것 같았다. 강희康熙 무술년(1718, 숙종 44)에 이 길을 닦는데 화주化主 비구比丘가 재력財力을 내어 도왔다. 비석을 세워 이를 기록하였는데, 송조기宋肇基가 글씨를 쓴 것이다"라고 나온다.

8 동팔참東八站: 압록강鴨綠江과 산해관山海關 사이에 있었던 여덟 군데의 역참驛站. 우리나라 사신이 중국에 왕래하던 교통로였다.

고려 말을 하며, 장성하게 되면 고려의 의상衣裳과 관복冠服을 많이 사용한다"고 하였는데, 현재는 그렇지 않다. 태자하太子河의 상류에 도착해서 목창木廠[14]을 바라보자 배와 돛대[舟楫]가 빽빽이 서 있는 것과 같았으니 또한 장관이었다. 요동과 심양 사이에는 나무가 매우 귀하였으니, 이것은 모두 우리나라의 폐사군廢四郡[15]과 책문 밖의 나무를 몰래 베어 내어 뗏목을 만들어서 떠내려 보낸 것이라고 한다. 심양으로 가는 길은 본래 목창木廠의 남쪽으로 나 있었다. 그런데 "하수가 가로 흘러서 곧바로 건널 수가 없었으니 반드시 요동성 아래를 경유해야 하는데, 겨울에 얼음이 얼게 되면 목창을 경유한다"고 했다. 요동성을 살펴 보니 성의 둘레가 6리고 높이가 3장 5척인데, 4개의 문에 옹성甕城을 설치하였으니 동문을 유원문綏遠門이라 하고, 남문을 풍락문豐樂門이라 하며, 서문을 순안문順安門이라 하고 북문을 공극문拱極門이라 하였다. 사방의 모서리에는 모두 포루砲樓가 있는데 바라보면 아득하였다. 도로가 바르고 곧게 사통팔달하였으며, 저자가 길을 끼고 있는데 오색이 황홀하였으니 또 봉황성에 빗댈 것이 아니었다.

대개 요동지역이 진秦나라와 한漢나라 때에는 내복內服[16]에 속하였다가 진晉나라 때에 모용씨慕容氏[17]에 점거 당했고, 후연後燕 때에는 고려高麗로 들어갔으며 당唐나라가 요동遼東을 이기자 그 지역을 요주遼州로

9 백탑白塔: 요동遼東의 백탑白塔을 말한다. 요양遼陽의 구요동성舊遼東城 광우사廣祐寺에 있는 높이가 수십 장이나 되는 탑인데, 당나라 태종이 요동을 경략할 때 울지경덕尉遲敬德에게 명하여 건립한 것이라고 한다. 《연행록선집》, 민족문화추진회, 1976 참조. 박지원의 〈요동백탑기遼東白塔記〉에 자세히 나온다.

10 이 부분은 홍대용洪大容의 《담헌서湛軒書》에 다음과 같이 나온다. "책문에서 백탑보白塔堡까지를 동팔참東八站이라고 한다. 석문石門의 동쪽은 산골 길이 험하고 깊어서 온종일 골짜기 속을 지나게 되었는데, 석문을 나서면 비로소 앞이 환하게 탁 트이면서 하늘과 들이 연속되어 가없이 넓고 넓은 들판인데, 오직 요양의 백탑만이 연기와 구름 속에 우뚝 서 있는 것이 보였으니, 북행北行 길 중에 제일가는 장관이었다"라고 했다.

11 왕보대王寶臺: 《계산기정》에 "바윗돌이 층지어 걸려 있는 것이 돌 축대를 쌓은 것 같은데, 석문령石門嶺 서쪽 5리 지점에 있다. 어떤 사람이 말하기를, '왕보王寶는 곧 왕팔王八로, 중국어의 발음이 비슷하다. 속칭 왕팔은 자라이다. 이곳에 별봉鱉峯이 있기 때문에 그렇게 말한 것이다' 라고 한다. 냉정冷井이 길 곁에 있는데 호된 추위에도 얼지 않는다"라고 나온다.

12 고려총高麗叢: 《계산기정》에 "다른 한 명칭은 고려총高麗

삼았으며, 요遼나라 때에는 동경東京으로 삼고, 원元나라 때에는 요양로遼陽路로 삼았으며, 황조皇朝 때에는 정요군定遼郡을 설치하였고 순치順治 10년(1653)에는 요양부遼陽府를 설치하였는데 강희康熙 4년(1665)에는 고쳐서 봉천부奉天府로 삼았다. 방성수위防城守尉 1명, 방어防禦 8명, 파이좌두巴爾佐頭 1명, 효기교驍騎校 9명, 필첩식筆帖式 1명, 창관倉官 1명, 지인知印 2명을 두었고, 거느렸던 만주와 몽고 군사는 합쳐서 650명이었으니, 그 성은 곧 청淸나라 세조世祖가 지은 것이었다.[18] 옛날의 요양성은 목창木廠 서쪽에 있는데 여기에서의 거리가 수십 리로 서로 바라볼 수 있는 곳이다. 홍무洪武 임자壬子(1372)에 도지휘都指揮 마운馬雲과 섭왕葉旺이 원나라의 남은 터에 수축하였고, 성을 지키는 관원이 옛 요양에 머물러 있었다. 성곽과 마을들이 신요양新遼陽에는 미치지 못한다고 한다. 동문東門을 경유하여 들어가니 웅장한 성첩城堞과 번성한 저자가 모두다 산해山海 동쪽의 큰 도회지였으니 전쟁의 자취를 오히려 상상해볼 수가 있었다. 영안사永安寺[19]는 동문 안에 있는데 규모가 굉장하고 훌륭하며 그 안에는 수백 개의 보살을 안치하였다고 한다. 그러나 갈 길이 바빠서 직접 가서 볼 수는 없었다. 몇 리쯤을 가니 서문西門이 나왔는데, 석교石橋 하나가 있었다. 태자하太子河의 한 물줄기가 성 아래에 이르러서는 흐르던 물이 고여서 해자가 되었으니, 이

塚이다. 고려 사람으로 포로가 되었다가 돌아가지 않은 자들이 죽어서 이곳에 묻힌 것 같다. 길 왼쪽에 10여 개의 무덤이 있는데 무덤 앞에 간혹 비석을 세우고 돌 향로를 마련한 것도 있다. 혹시 그것들이 고려총일까. 왕보대王寶臺 북쪽 5리 지점에 있다"라고 나온다.

13 최현崔晛(1563~1640): 조선 중기의 문신. 본관은 전주全州. 자는 계승季昇, 호는 인재訒齋. 정구鄭逑와 고응척高應陟의 문하에서 수학하였다. 1592년 임진왜란 때 의병을 일으켜 도처에서 공을 세웠고, 1608년 동지사冬至使의 서장관書狀官으로 명나라에 가서 황제로부터 《은자대학연의소대전銀字大學衍義昭代典》을 받았다. 1627년 횡성사람 이인거李仁居의 모반에 관련되었다는 혐의를 받고 투옥되었으나 왕의 특명으로 곧 석방되었다. 저서로는 《인재집》이 있다.

14 목창木廠: 《심전고心田稿》에 "태자하太子河를 건너 목창木廠을 지났다. 거민들이 자못 번성한데 톱으로 자른 대들보감 목재들을 잘라 집채처럼 높이 쌓아 놓았다. 일찍이 듣건대, 이곳 사람들이 강을 따라 상류에서 우리나라 폐사군廢四郡 지역에서 나무를 몰래 찍어 내어 강물이 불기를 기다려 떼를 만들어 떠내려 보내는데 더러는 잘못하여 압록강을 따라 흘려내려 보내면 의주 사람[灣人]들이 그 이익을 얻는다고 한다"라고 나온다.

것이 바로 웅정필熊廷弼[20]이 만든 것이었다. 다리의 북쪽에는 관제묘關帝廟[21]가 있었으니 날 듯한 용마루와 층층으로 된 기둥이 높직하게 허공에 솟아 나와 있었다. 금벽金碧이 반짝반짝 빛나고 채색이 휘황찬란하였으며, 매우 정교하게 아로새겨져 있었으니 "숭상하여 받드는 장소가 없는 곳이 없기는 하였으나, 마땅히 이곳을 관동關東의 최고로 삼아야 한다"라고 하였다. 정전正殿은 높아서 구름으로 들어간 것과 같았으며, 문 안의 좌우에는 각각 이층 누각이 있는데, 좌측에는 종을 매달고 편액을 용음루龍吟樓라 하였으며, 우측에는 북을 매달고 편액을 호명루虎鳴樓라 하였다. 처마 아래의 긴 복도에는 산동山東 사람이 와서 머물고 있는 이가 많았으므로 그들과 필담을 해 보니, 바로 장사치들이었다. 장사치들은 머물러야 했기 때문에 양한적과 서로 섞여 다녔으니 양한적養漢的[22]은 곧 우리나라의 창녀娼女다.

방향을 틀어 백탑白塔[23]으로 향하였다. 탑이 성의 서쪽에 있는데 모두 8면이었고, 13층이었다. 아래에 있는 돈대墩臺 또한 3층이었고 높이가 36장丈이었으며 둘레가 17~18칸[間]이라 하였으니, 탑면의 옛날 파넣었던 동비銅碑에 기록된 것이 이와 같았다라고 했다. 13층인데 층마다 모두 처마가 있었으며, 처마마다 모두 풍경이 매달려 있고 위에는 철륜鐵輪을 설치하고, 쇠끈을 가지고 묶어 맸으며, 맨 꼭대기에는 철

15 폐사군廢四郡: 사군四郡은 여연閭延·우예虞芮·무창茂昌·자성慈城을 말한다. 사군은 조선 세종 때 개척하여 여진족을 막기 위해 설치된 것이었으나, 1455년에 여연·우예·무창의 3군을 폐하였고, 1459년에 자성마저 폐하여, 이후 폐사군으로 불리웠다. 숙종 때 이곳에 사진四鎭을 설치하여 방비를 굳건히 하고자 하였으나 개간·봉수封守의 어려움과 초피貂皮·산삼 등의 손실 등의 폐단이 있다 하여 중지되었다.

16 내복內服: 천자天子가 직할하는 사방 천리의 지역. 복服이란 천자의 일에 복무한다는 의미로, 내복은 사방 천리의 왕기王畿 이내 지역이기 때문에 그렇게 지칭하고, 왕기 이외의 지역은 외복外服이라 한다.

17 모용慕容: 고대 선비족鮮卑族의 하나. 요서지방遼西地方에서 살다가 3세기 경부터 중국 동북부로 옮겨 가, 전연前燕, 후연後燕, 서연西燕, 남연南燕 따위의 나라를 세웠다.

18 여기에 대해서는 《연원직지》에 "신요동성은 곧 지금의 요성遼城이다. 세상에서 전해오기를, 청나라 세조世祖가 축조한 것인데, 강희康熙 4년(1665, 현종 6)에 요동을 고쳐 동경東京이라 하고 요양주遼陽州로 승격하였다. 방성 수위防城守尉 1명, 방어防禦 8명, 파이 좌두巴爾佐頭 1명, 효기교驍騎校 9명, 필첩식筆帖式 1명, 창관倉官 1명, 지인知印 2명을 두고, 거느린 군사는 몽골 군사와 만주 군사를 합쳐 650명이라 한다. 성의

주鐵柱를 꽂고 철주에는 쇠로 만든 구슬 다섯 덩어리를 꿰었는데 크기가 5석石이나 되는 항아리와 같았다. 제 4층에 벽계류광碧溪流光이라는 4자의 글씨를 크게 썼는데, 날씨가 청명한 날에는 천리경으로 볼 것 같으면 글씨를 분간할 수가 있다고 한다.

8면에는 면마다 층마다 모두 부처를 새겼으니, 대개 벽돌과 석회를 사용해서 조각하여 완성했는데, 완전히 살아 있는 부처와 같았다. 탑의 뒤에는 큰 절이 있었으니, 이름을 광유사廣裕寺[24]라 하였으나 거의 다 망가졌다. 앞에는 중수重修 비가 있었으니 곧 정덕正德 연간에 세운 것이었으나, 현재에는 모두 떨어져 나가서 읽을 수가 없었다. 최현崔晛이 일찍이 그 비문을 보고서 말하기를 "당 태종이 고려를 정벌할 때에 울지공尉遲恭에게 명령하여 이 탑을 세웠다"라고 했으니 이치가 어쩌면 그럴 법 하기는 하나, 그렇다면 비문도 의심나는 것을 전하는 말이었다. 어떤 이는 이르기를 "이성량李成樑[25]이 세운 것"이라 하는데 잘못된 것이며, 세상 사람들은 더러 그 비를 가리켜서 화표주華表柱[26]라고 하나, 도리어 가소로웠다. 화표산華表山은 요동성 밖 가까이에 있는데, 화표주華表柱는 마을 사람이 사는 집 안에 있다고 한다.[27] 구경을 다하고서 작은 강을 건너니, 날이 이미 어두웠으므로 홧불을 잡고 7~8리를 가서는 또 배로 태자하太子河를 건넜다. 그 수원水源이 변외邊外에 있는 길림오랄吉林烏喇의 살목선산薩

둘레는 20리, 사면이 반듯한데 태자하太子河 한줄기를 끌어다가 둘러 호壕를 만들었다"라고 나온다.

19 영안사永安寺: 《계산기정》에 "영안사는 성 안의 북쪽 거리에 있다. 앞뒤에 불전佛殿이 마련되어 있는데 불전 가운데는 100여 개의 보살이 놓여 있다. 불전 앞에 비석을 세우고 기록했는데, 이 절은 회순제懷順帝가 창건한 것이다. 약국이 뒤에 있는데 안에 층진 궤에 약품을 저장하고 종이를 붙여 이름을 써 붙인 것이 우리나라 약국의 예와 같다. 상에는 갑에 넣은 여러 가지 책이 있는데 그것들은 의서다. 주인은 화편和扁을 아는 사람 같다"라고 나온다.

20 웅정필熊廷弼(1569~1625): 중국 명明 말기의 장군인데, 요동경략遼東經略으로서 후금後金에 맞서 요동遼東 방위防衛에 공을 세웠다. 그러나 1622년 왕화정王化貞이 그의 전략을 무시하고 후금을 공격하였다가 크게 패하자 광령廣寧을 포기하고 산해관으로 퇴각하였는데, 그 책임을 뒤집어쓰고 1625년 억울하게 처형되었다.

21 관제묘關帝廟: 《계산기정》에 "관제묘는 방책 안 북쪽 언덕에 있다. 그 곁에 불전佛殿이 서 있는데 단청이 눈부시다. 대체로 북방의 풍속이 신불神佛을 숭상하고 받들어서, 여기서부터 황성皇城까지는 마을이 있으면 반드시 관제묘가 있다"라고 나온다.

22 양한적養漢的: 창녀를 가리킨

穆禪山에서 나왔는데 상류 30리 쯤에는 석성石城이 있었으니, 세상에서 전하기를 "당 태종이 고구려를 칠 때에 고구려 태자가 성을 지키다가 성이 함락되자 태자하에 몸을 던져 죽었다"고 하며, 어떤 이는 이르기를 "연단燕丹이 연수衍水로 가서 죽었으니 연수는 곧 이 태자하다"라고 하나 누가 옳은지는 상세하지 않다. 영수사迎壽寺[28]가 태자하 북쪽 기슭 가까이 있었으나, 물이 질퍽거리고 길이 막혀서 4~5리를 우회해야 비로소 도착하게 되었으니 밤이 이미 2경이었다. 수행하는 자들이 뒤떨어져서 어떤 이는 3~4경이 된 뒤에야 비로소 도착하는 자가 있었다. 이날에는 아침에 40리를 다녔고 저녁에 40리를 다녔으니 합쳐서 80리를 다녔다.

二十七日, 雨. 今日當過遼東, 而上使丈前已一覽, 不欲入城內. 故余則蓐食先發, 一行中初行者, 幾皆從余而來矣. 踰摩天嶺, 嶺高不過邱垤. 嶺西有駐蹕山·馬蹄山, 卽唐宗征遼時, 所過路也. 渡三流河, 自娘子山, 凡渡五大水, 是謂三流河. 水東北流, 入太子河云. 河邊道路, 泥濘尤甚, 所乘車旋濘而止. 用四五騾, 拯拔之際, 上使丈已前過矣. 踰王祥嶺, 皇明時, 又有孝子王祥居此, 故得名云, 一名車踰嶺. 傍有一谷, 虎狼谷合路之地也. 地勢稍夷, 故任載之車, 避會寧·青石之險, 由此路迂回三十里云. 踰石門嶺, 路邊立碑, 乃石門嶺修路碑也. 康熙戊戌立, 化主比邱玄來, 出力治道, 宋肇基書云. 自柵門, 至白塔堡, 謂之東八站, 石

다. 양한養漢은 곧 정부情夫를 기른다는 뜻이다.

23 백탑白塔: 《계산기정》에 "순안順安 밖에서 비스듬히 북쪽으로 2리를 가면 백탑이 치솟아 있다. 탑은 8각에 13층으로 높이가 36장, 둘레가 17, 8칸이다. 탑면에 전에 파넣었던 동비銅碑에 기록된 것이 그러하다. ……중략…… 탑 위 넷째 층에 '벽한유광碧漢流光' 네 글자가 크게 쓰여져 있는데 날이 맑을 때 천리경千里鏡으로 볼 것 같으면 글자를 알아볼 수 있다는 것이다"라고 나온다.

24 본문에는 광유사廣裕寺로 되어 있으나 광우사廣祐寺의 오자로 보인다.

25 이성량李成樑: 이성량李成梁이 맞다. 명나라 요동 사람. 고조부 때 명나라에 귀화한 조선족 출신. 여송如松의 아버지다. 요동에서 여러 차례 대첩을 이루었다. 부귀함이 극에 달하여 교만하고 지나치게 사치하였다.

26 화표주華表柱: 한漢의 요동인遼東人 정령위丁令威라는 사람이 선술仙術을 익혀 학이 되어 요동의 성문에 왔다는 고사다. 《수신기搜神記》에 이르기를, "요동 성문의 화표주華表柱에 홀연히 한 백학白鶴이 앉아서 말하기를, '새여 새여 정령위여 집 나간 지 천 년 만에 이제 처음 돌아왔네. 성곽城郭은 옛날 그대로나 사람은 아니니 어찌 신선 안 배우고 무덤만이 쌓였는가'"라고 하였다.

27 《계산기정》에 "그 곁에 비석 하나가 서 있는데 구문석龜文石이다. 귀부龜趺로 받치고

門以東, 山谿險隘, 終日由谷中行, 出石門, 始豁然通曠, 天野相承, 渀渀蕩蕩, 如登皆骨而望東海. 惟見遼陽白塔特立烟雲中, 北行第一觀也. 抵王寶臺, 村西北有巖, 狀若臺築. 或曰王寶, 卽王八也, 俗稱鱉爲王八, 而此地有鱉峰, 故名云. 中火後, 先發値雨, 泥路尤艱險. 過高麗叢, 卽古東寧衛也. 意其高麗人舊居耶. 崔訒齋記, "高麗村兒童, 數歲作高麗語, 及長, 衣裳冠服, 多用高麗"云, 而今則不然也. 抵太子河上流, 望見木廠, 如舟楫簇立, 亦壯觀也. 遼瀋之間, 材木極貴, 此皆我國廢四郡及柵外木, 盜斫而作筏, 浮下者云. 瀋陽之路, 本出木廠之南. 而河水橫流, 不得直渡, 必由遼東城下, 冬月氷合, 則由木廠云. 按遼東城, 城周六里, 高三丈五尺, 而四門設甕城, 東曰綏遠, 南曰豐樂, 西曰順安, 北曰拱極. 而四角皆有砲樓, 望之如霞. 街路正直, 四通八達, 市肆夾路, 五色炫煌, 又非鳳城所比也. 盖遼地, 秦漢時屬內服, 晉爲慕容氏所擄, 後燕時入高麗, 唐克遼東, 以其地爲遼州, 遼時爲東京, 元爲遼陽路, 皇朝置定遼郡, 順治十年設遼陽府, 康熙四年改爲奉天府. 置駐防城守尉一·防禦八· 巴爾佐頭一·驍騎校九·筆帖式一·倉官一·知印二, 所領滿州·蒙古兵, 共六百五十名, 其城卽淸世祖所築也. 舊遼陽城在木廠西, 距此數十里, 相望之地. 洪武壬子, 都指揮馬雲·葉旺, 因元遺址修築之, 守城官員, 方住於舊遼陽. 而城郭閭里, 不及新遼陽云. 由東門而入, 城堞之雄壯, 市肆之繁麗, 儘是山海以東一大都會, 而戰伐之蹟, 尙可以想見也. 永安寺在東門內, 制度宏傑, 中安數百菩薩云. 而行忙不得往見. 行數里許, 出西門, 有一石橋. 太子河一派, 到城底瀦爲濠, 此乃熊廷弼所爲也. 橋北有關帝廟, 飛甍層楹, 高出半空, 而金碧

있는데 반들거리고 글자의 흔적이 없다. 세상에 전해지기로는 당나라 군대가 원정할 때 태종이 울지공尉遲恭에게 명해 이것을 세웠다고 한다. 어떤 사람은 말하기를, '이성량李成樑이 만든 것이다' 라고도 하고, 또 '동한東漢 이래로 이미 이 탑이 있었다' 라고도 하는데, 다 믿을 수 없다. 그리고 화표주華表柱라고 하는 것은 더욱 망녕된 말이다. 옛사람이 전하는 기록에는 '화표華表로 성문의 기둥을 만들어, 전에는 성 안의 한 민가에 그것이 있었으나 지금은 그 장소를 모르게 되었다' 는 것이다"라고 나온다.

28 영수사迎壽寺: 영수사는 오자로 보인다. 《계산기정》에 "영수사迎水寺는 일명 영수사永壽寺라고도 하는데, 중간에 퇴락하여 옛 자리에 중건重建하고 현판을 자항慈航으로 고쳤다. 가운데에 큰 불상 셋을 안치하였고 그 앞에는 불교책이 있는데 《열반경涅槃經》·《연화경蓮華經》 등이었다. 서쪽의 작은 감실에는 관제상關帝像을 모시고 있다. 절에는 두 승려가 있는데 일반 사람들과 섞여 살고 있었다. 다만 검정 옷에 소매가 넓고 옷섶은 심의深衣 같아서 평민이 입는 것과 약간 구별이 있었다. 자항사 남쪽에 동 재상董宰相의 묘소가 있는데 네모난 담을 쌓고 회칠을 했다"라고 했다.

晶熒, 繪綵輝耀, 雕鏤刻鏤, 窮極精巧, 蓋其崇奉之所, 無處無之, 而當以此爲關東之最云. 正殿, 高若入雲, 門內左右, 各有二層閣, 左懸鍾扁曰龍吟, 右懸鼓扁曰虎鳴. 廡下長廊, 多有山東人來留, 故與之筆談, 則乃賈客也. 以賈客留住之故, 養漢的, 相雜而行, 養漢的卽我國之娼女也. 轉向白塔, 塔在城西, 凡八面而十三層, 下臺亦三層. 高三十六丈, 圍十七八間. 塔面舊嵌, 銅砷所記如此云. 十三層, 層皆有簷, 簷皆懸鐸, 上設鐵輪, 以鐵索維之, 頂揷鐵柱, 柱貫鐵珠五顆, 大如五石罌. 第四層大書碧溪流光四字, 而天氣淸明日, 以千里鏡試之, 可卞云. 八面, 面面層層, 皆刻佛, 蓋用甎灰刻成而完若生佛. 塔後有大寺, 名廣裕而幾盡破落. 前有重修碑, 卽正德年間所立也, 今則剝落不可讀. 崔訒齋嘗

태자하太子河

見其文曰, "唐太宗征高麗, 命尉遲恭, 建此塔" 理或然也云云. 然則碑文, 亦傳疑之辭也. 或謂李成樑所建者, 非也. 世人, 或指爲華表柱, 還可笑也. 華表山近在遼城外, 而華表柱在於村人家中云. 觀畢, 舟渡小河, 日已曛黑, 執燭行七八里. 又舟渡太子河, 源出邊外吉林烏喇薩穆禪山, 上流三十里許, 有石城, 世傳唐太宗征麗, 麗太子守此城, 城陷投河而死, 或云, "燕丹走衍水而死, 衍水卽此河也" 未詳孰是. 迎壽寺在河北岸咫尺, 而沮洳路阻, 迂回四五里, 始抵, 夜幾二更矣. 從人輩落後, 或有三四更始達者. 是日, 朝行四十里, 夕行四十里, 合行八十里.

요양遼陽의 백탑白塔

8월 28일

진흙탕 때문에 곤욕을 치르다

아침에 안개가 짙게 끼었는데 출발하여 접관청接官廳[1]에 도착해서는 길에서 지나가는 요양遼陽의 관원을 만났다. 태평거를 탔는데 두 마리의 기마騎馬가 앞에서 인도하고 두 마리의 기마는 뒤에서 따를 뿐이었으니 우리나라 관장官長의 위엄에 비한다면 매우 단출한 것이었다. 또 여인을 거느리고 큰 수레에 함께 타고 대여섯 마리 노새에 멍에를 메웠는데 수레 앞에 앉은 자는 차환叉鬟[2]일 것으로 생각되고, 깊숙한 곳에 앉아 있는 자도 심하게 얼굴을 가리지는 않았다. 또한 다만 두 마리의 말 뿐이었는데 한 마리는 앞에 있고 한 마리는 뒤에 따를 뿐이었다. 접관청은 곧 심양장군瀋陽將軍이 변경을 순시할 때에 요양과 봉황성 장군들이 나와서 영접하던 곳이었다.[3] 요동의 들판이 차츰 넓어져서 한번 바라보면 끝없이 펼쳐져 있었다. 진흙길이 더욱 심해서 한 걸음도 앞으로 나가기가 어려우므로, 드디어 수레를 버리고서 말을 타고 삼도파三道把[4]에 도착했으니 "여기서부터 서북쪽으로 1백여 리를 가면 흥경興京이 있다. 곧 옛날의 건주위建州衛[5]인데 청나라 초기에 수도를 세웠던 곳이다. 조조肇祖·흥조興祖·경조景祖·현조顯祖의 4개의 능이 있는데 모두 영릉永陵이라고 하며, 개운산開運山 아래에 있다"

1 접관청接官廳: 《계산기정》에 "생각건대, 청나라 사람들이 벼슬이 갈려서 이곳을 지나가는 자는 반드시 여기서 신관新官을 영접한 것이니, 우리나라의 교귀정交龜亭이라는 이름과 같은 것이다"라고 나온다.

2 차환叉鬟: 주인을 가까이에서 모시는 젊은 하녀下女를 이른다.

3 이 부분은 《몽경당일사夢經堂日史》에 "뜬 뒤에 출발하여 접관청接官廳에 들렀는데, 심양장군瀋陽將軍이 변경을 순시할 때에 요양, 봉성장鳳城將이 참站에 나와서 영접하던 곳이다"라는 기록이 있다.

4 삼도파三道把: 《계산기정》에 "영락永樂 연간에 요동의 들판이 광활하여 가리는 곳이 없으므로 마침내 길 좌우에 갯버들을 심어서 경계를 정했다. 그리고 강희황제康熙皇帝는 또 길 가는 사람이 더위를 피하게 하기 위해 영을 내려 버들을 심도록 하였기 때문에 지금은 모지

라고 한다.

난니보爛泥堡에서 점심을 먹었는데, 땅이 더욱 질퍽댔으니 봄철의 눈과 여름 장마에 진창이 열 길[十丈]이나 된다. 수레와 말이 간혹 진흙 속에 빠지면 깊어서 빼낼 수가 없고, 혹은 조금 말라 있어도 그 안은 실제로 매우 질퍽거렸다. 당나라 태종이 고려를 칠 때에 진흙길 2백 리에 흙을 깔고 다리를 만들어서 건넌 곳이었다. 또 만보교萬寶橋[6]에 도착하니, 양 옆에 난간을 설치하고 옆에는 만보교라는 석 자를 쓴 비가 있었으니, 강희康熙 정해丁亥년에 세운 것이었다. 길을 가다가 원숭이로 재주를 부리는 사람을 만나서 말을 세우고 구경하였다. 원숭이가 펄쩍펄쩍 뛰면서 재주를 부리는 것이 광대들의 모습과 같았으니, 또한 우리나라에서는 못 보던 것이었다.

십리하보十里河堡[7]에 도착해서 머물러 잤다. 강물이 묘아령廟兒嶺에서 나와 사하沙河에서 합쳐지고 혼하渾河[8]로 들어갔으니 옛날 이름으로는 조류하稠柳河라는 곳이었다.[9] 여기서부터는 점차로 심경瀋京에 가깝다. 그러므로 집 짓는 양식이 꽤나 정교하였고, 사람과 사물이 번화繁華하여서 대략 남양南陽과 낙양洛陽 사이의 분위기가 있었다. 수레를 끌며 뒤 따르는 겸인傔人들이 밤이 깊은 뒤에 들어왔다. 이날에는 아침에 28리를 다녔고 저녁에는 27리를 다녔으니 합쳐서 55리를 다녔다.

라진 나무가 많다. 또 들판 가운데의 촌락은 사면에 언덕이나 산수풀의 의지가 없어 버들을 줄지워 심고 그늘을 둘러서, 각기 한 동네를 이루고 있다. 서북쪽으로 10리 가량에 흥경興京이 있다. 명나라 때의 건주위建州衛로 바로 누르하치奴爾哈赤가 기초를 닦은 곳이다. 이른바 조조肇祖·흥조興祖·현조顯祖의 네 능陵이 있는데 다 개운산開運山 아래 있다. 청나라 초기에 지키는 성을 마련하고 총관관摠管官을 두었다고 한다"라고 나온다.

5 건주위建州衛: 중국 명나라 성조 때에 남만주 길림 부근에 여진족을 다스리기 위하여 설치했던 지방 행정 단위.

6 만보교萬寶橋: 《계산기정》에 "다리는 무지개 사다리의 형상이다. 강희 연간에 놓은 것이다. 접관청接官廳을 지나 몇 마장을 가면 옛 봉화대가 있는데 높이가 두어 장丈이 된다. 위에는 높은 누각이 마련되어 있는데 안쪽 담 위로 높이 나와 있고 또 내다보는 곳이 많이 뚫려 있다"라고 나온다.

7 십리하보十里河堡: 《계산기정》에 "들판의 바람이 얼굴에 불어닥치는데 산협 길에서보다 배나 차갑게 느껴진다. 저녁에 어씨於氏 성의 집에 당도하였다. 주인집 벽에 신주판神主版 하나를 모셨는데 '어성삼대종친지위於姓三代宗親之位' 라고 쓰여져 있었다. 그런데 발이나 병풍이 가리워져 있지 않다"라고 했다.

8 혼하渾河: 《계산기정》에 "또 한 가지 이름은 야리강耶里江이

七月 八月 九月 十月 卷末

二十八日, 朝大霧, 發行, 抵接官廳, 路逢遼陽官員之過去者. 乘太平車, 有二騎導前, 二騎隨後而已, 比我國官長威儀, 極其簡率也. 又率其內眷而乘大車, 駕以五六騾, 坐車前者, 想是叉鬟, 而坐深處者, 亦不甚障面. 亦只二騎, 一在前·一隨後而已. 接官廳, 卽瀋陽將軍巡邊時, 遼陽·鳳城將迎接處也. 遼野漸闊, 一望無際. 泥濘尤甚, 寸步難進, 遂捨車乘馬, 抵三道把, 自此, 西北行百餘里, 有興京, 卽古建州衛, 而淸初建都處也. 有肇祖·興祖·景祖·顯祖四陵, 而皆號永陵, 在開運山下云. 中火爛泥堡, 地尤沮洳, 春雪夏潦, 泥濘十丈. 車馬或沒, 深不可拔, 或小乾而中實極濃. 唐宗征麗時, 泥濘二百里, 布土作橋, 以渡處也. 又行到萬寶橋, 兩傍設欄, 傍有碑刻萬寶橋三字, 康熙丁亥所立也. 路逢弄猿者, 立馬觀之. 猿踴躍呈技, 恰似倡優樣子, 亦我國之所未覩也. 抵十里河堡, 止宿. 河出廟兒嶺, 合沙河, 而入于渾河, 舊名稠柳河. 自此, 漸近瀋京. 故屋廬之制, 頗爲精巧, 人物繁華, 略有宛洛間氣像矣. 傔人之領車隨後者, 夜深後, 始入來. 是日, 朝行二十八里, 夕行二十七里, 合行五十五里.

다. 그 수원은 장백산長白山 서남쪽에서 나와 요하遼河와 함께 태자하太子河로 모여 바다로 들어가므로 산천을 셋으로 나눴다고 말한다. 넓이는 우리나라의 저탄渚灘만 하고 나무다리가 있는데, 심양에서 9리이다. 세상에 전해지기로는, '효종孝宗께서 심양에 계실 때 이곳에다 정자를 지으셨다'는 것이다. 《시강원일기侍講院日記》에 '호인胡人이 야판野坂 밭을 세자에게 주어 야채를 심었다'는 곳이 역시 이곳이다. 심는 것은, 오곡이 다 있으나 옥수수가 가장 많고 밭벼도 간혹 있었다"라고 나온다.

9 이 부분은 《연행기燕行紀》에 "십리하十里河는 성城의 북쪽 60리에 있는데, 수원水源이 묘아령廟兒嶺에서 나와 양가만楊家灣에 이르러 사하에 들어오고 합류하여, 혼하로 들어가는데, 옛 이름은 주류하稠柳河였으며, 명나라 때에는 호피역虎皮驛이 여기에 있었다"라고 했다.

8월 29일

광자사를 구경하다

지난 밤에 상사上使와 함께 한 가게에서 묵었다. 아침에 상사가 먼저 출발한 뒤에 장궤적藏櫃的[1]에게 요구해서 집을 두루 구경했는데 원림園林은 매우 넓고 또 매우 정교한데 뜰은 400~500승乘을 수용할 만하였고 뒤편 밭과 서쪽 마당은 또 삼사 배나 되었다. "장성점長盛店에 이르기까지 큰 돌이 길을 막고 있었는데 꽤나 푸르고 윤기가 도니 건융乾隆황제의 장사 때에 비석을 싣고서 여기에 도착하자 돌이 갑자기 가운데가 부러졌기 때문에 버려져서 여기에 있게 되었다"[2]고 한다.

점심 때에 백탑보白塔堡에 도착해서 점심을 먹었으니 일명 야리강耶里江이라 했다. 강에는 나무로 만든 다리가 있고 탑은 마을 모퉁이에 있는데 벽돌을 쌓아서 7층으로 만들었고, 층마다 모두 이중으로 된 처마에 나무 서까래를 가설하여 사방으로 통하는 문으로 삼았다. 그 가운데에 들어가서 올려다 보니, 텅 비어 있었다. 옛날에는 층마다 사다리가 있었는데 현재는 모두 무너졌다고 한다.[3] 이 탑도 매우 웅장하기는 했으나 요동탑을 본 때로부터는 볼 만한 탑이 없었으니, 참으로 이른바 "바다를 본 사람에게는 물이 되기가 어렵다"[4]라는 것이었다. "심양성瀋陽城의 사면을 빙

1 장궤적藏櫃的: 장궤적掌櫃的의 오자로 보인다. 보통 장고적掌庫的으로도 쓰는데 주인主人 또는 지배인支配人이라는 뜻이다.

2 《계산기정》에 "큰 돌이 길을 막고 가로 쓰러져 있는데, 물건이 자못 파랗고 윤기가 돈다. 연전에 건륭황제乾隆皇帝를 장사할 때 비석을 수송해 가는데, 이 장성점에 도달하자 중간이 부러져서 수레에서 떨어지므로 그대로 버리고 갔다는 것이다"라고 나온다. 번역은 고전번역원의 것을 따른다.

3 《계산기정》에 "탑은 백탑보 마을 안에 있는데, 벽돌을 쌓아서 7층으로 만들었다. 일곱 층은 다 겹처마인데 나무 서까래를 집 짓는 방법으로 걸어 놓았고, 아래는 사방으로 통하는 문인데 높이가 10장丈이 넘는다. 문으로 해서 들어가면 그 가운데가 텅 비어 위로 통해 있다. 옛날에는 소라껍질 형상의 사다리가 있어 방향을 바꿔 돌아가면 꼭대기 층까지 돌아 올라갈

둘러서 모두 이와 같은 탑이 있다"고 한다. 일찍이 듣건대 효종孝宗께서 심양에 있을 때에 이곳에 정자를 지었었는데《춘방일기春坊日記》에는 "소현세자昭顯世子가 이곳에다 채소를 심었다"라고 하였다.

혼하渾河에 당도하자 길 가에 삼의사三義祠가 있었으니, 곧 유비劉備와 관우關羽와 장비張飛의 소상塑像을 함께 봉안한 곳이었다. 건물이 꽤나 웅장하였으며 문 앞에는 벽돌로 쌓은 층계가 있었는데 꽤나 높고 탁 트여 있었다. 그러므로 말에서 내려 잠시 쉰 뒤에 배를 타고 혼하渾河를 건너서 먼저 광자사廣慈寺를 찾았다.[5] 절은 심양瀋陽의 남문南門 밖에 있는데 두 채의 누각이 있었다. 누각 안에는 큰 비를 세웠는데, 좌측에 있는 것은 만주滿洲의 글이었고 우측에 있는 것은 사찰을 건립한 전말을 기록하였으니 그 편액에 "칙건호국광자사비勅建護國廣慈寺碑"[6]라고 쓰여 있다.

그 비문에 이르기를 "성경盛京의 사면에다 각기 장엄한 보배로운 절을 건축하고 동서남북 네 절마다 큰 부처 1개, 좌우 부처 2개와 보살 8개, 사천왕 4위와 부도 1좌가 있다. '동쪽의 것은 지혜의 등이 밝게 비추는 바가 된다' 하여 이름을 영광사永光寺라고 하였고, '남쪽의 것은 널리 중생을 편안하게 한다' 하여 이름을 광자사廣慈寺라 하였으며, '서쪽의 것은 경건하게 황제의 수를 빈다' 하여 이름을 영수사迎壽寺라 하였고 '북쪽의 것은 올바른 불법을 퍼뜨린다' 하여 이

수 있었는데 30년 전에 갑자기 지진이 일어나 하룻밤 사이에 사다리가 다 무너져 버렸다는 것이다"라고 나온다.

4 《맹자孟子》, 〈진심상盡心上〉에 "넓은 바다를 본 사람은 웬만한 강물을 보고는 물같이 여기지 않는다고 한다[觀於海者, 難爲水]"라고 했다.

5 《심전고心田稿》에 다음과 같이 나온다. 광자사廣慈寺는 토성土城 밖 1리 되는 곳에 있다. 숲 속에 흰 탑이 아득히 보이고 절이 은연히 비친다. 절 안에는 푸른 유리감을 많이 마련하고 그 안에 금부처들을 모시었다. 가장 진기한 물건은 검붉은 구리로 만든 작은 종인데 황금으로 자루를 만들고 나무 갑 속에 간직해 두었으며, 의자, 탁자, 비석, 향로 등의 물건들이 매우 교묘하고 아름답다.

6 《계산기정》을 참고해 보면 광자사廣慈寺가 아니라 만수사萬壽寺로 되어 있고, 칙건호국광자사비勅建護國廣慈寺碑가 칙건호국만수사勅建護國萬壽寺로 되어 있다.

7 《계산기정》에 "뜰에는 비각碑閣이 있는데 거기에 기록된 글은 대략 이러하다. '성경盛京의 사면에는 다 장엄한 좋은 절을 세웠고, 절마다 그 안에 큰 불상 하나, 보살 여덟, 천왕天王 4위, 부도浮圖 1좌가 있다. 동쪽은 혜등낭조慧燈朗照라 하여 영광사永光寺이고, 남쪽은 보안중서普安衆庶라 하여 광자사廣慈寺이고, 서쪽은 건축성수虔祝聖壽라 하여 연수사延壽寺이고, 북쪽은 유통정법流通正法이라 하여 법륜사法輪寺

름을 법륜사法輪寺라 한다. 각각 큰 비를 세워서 영원히 후대後代에 남긴다. 대청大淸 숭덕崇德 8년 계미癸未 중춘仲春에 공사를 시작하여 순치順治 2년 을유乙酉 중하仲夏에 공사를 마쳤다.[7] 태학사 강림剛林[8]이 이 글을 짓노라"라 하였다.

훌륭한 불전과 휘황찬란한 단청은 이루 다 기록할 수가 없었다. 그러나 백탑은 사찰의 서쪽에 있는데 높이가 수십 길이나 되었고, 아래는 돌을 사용해서 새겼는데 네모나며, 위에는 벽돌을 썼는데 둥글었다. 동서남북 사면에는 사자 조각을 두루 새겼는데 수십 개의 벽돌을 합쳐서 사자 하나를 만들었고, 모서리에는 풍경風磬을 걸었다. 누런 옷을 입은 그곳 중이 수십 사람이었는데 모두가 서번西番의 라마승이었다.

두루 구경을 마치고서 토성土城의 문으로 들어갔으나, 성 안으로 들어가지는 않고 동쪽으로 가서 곧바로 삼의묘三義廟[9]를 찾았으니, 또한 유비와 관우와 장비를 함께 봉안한 곳이었으며 불사佛寺를 함께 하고 있었다. 대개 예로부터 심양사瀋陽使들이 거기서 머무르며 접대를 받던 곳이었다. 그곳 승려들은 다만 2~3명 뿐이었으므로 문득 빈 사찰과 같아서 매우 황량하였다. 그런데 문 밖에 둘러친 담장은 벽돌로 싼 돈대가 백 보나 되었고, 그 아래에 큰 냇물이 마구 흐르고 있었으니 황주黃州의 월파정月波亭과 비슷하였다.

밥을 먹고 산보하는 장소에 딱 알맞았으니, 이곳은

다.' 절에는 거처하는 승려[僧]가 7, 8명이 있는데 그중 누런 옷을 입은 자는 서번西蕃(티베트)의 라마승喇嘛僧이다. 불전 문 남쪽에 흰 탑이 있는데 둥그런게 은빛 독 같고 그 꼭대기는 뾰족하며, 철사로 어린 소나무의 형상처럼 조각해 놓았다." 라 나온다.

8 강림剛林(?~1652): 청나라 정황기正黃旗 사람. 성姓은 조이가씨爪爾佳氏. 천총天聰 연간의 거인擧人 출신. 국사원 태학사國史院 太學士를 지내고, 삼등남三等男의 작위를 받았다.

9 삼의묘三義廟: 《계산기정》에 "삼의묘는 조라산罩羅山 아래에 있는데, 한 소열제漢 昭烈帝의 상을 모시고 있고 왼쪽에는 관우關羽, 오른쪽에는 장비張飛가 나란히 말을 타고 있다. 삼의三義라고 하는 것은 이것을 두고 한 말인데, 대체로 그 소상이 조금도 닮은 데가 없다. 삼의묘 앞에는 한 사람이 머리를 풀어헤친 채 기둥에 매여 있고, 한 사람은 검으로 그를 찔러 칼날이 거의 그 머릿속까지 들어간 소상이 있다. 이것은 관운장의 적토마赤兎馬를 훔쳤던 자라고 한다.

약간 마음에 드는 곳이었다. 사당 안에는 나그네의 널[櫬]이 많았으니 대개 먼 데에서 온 관리와 장사꾼들 중에 객사한 자들을 으레 모두 이 사찰에 빈소를 남겨 둔 것이었다. 이에 앞서서 사찰을 돌아다니며 구경할 때에는 이런 것들을 여러 차례 보았더니 이제 또한 서너 개의 널이 있었다. 수행하는 사람들을 머무르게 해 대접할 곳이 없어서 어쩔 수 없이 벽을 사이에 두고 함께 있는 사람들이 많았다. 효기위驍騎衛 한 사람이 관 내부를 맡아서 지키고 있었으며, 장경章京[10] 한 사람과 통역관[通官] 두 사람이 성문의 안팎을 단속하고 있었다. 황제의 행차가 비로소 8월 16일에 정해졌다 했는데, 여기에 와서 들으니 19일로 미루어졌다 하는데 무슨 연유인지는 알지 못하겠다. 이날에 아침에는 40리를 다녔고 저녁에는 20리를 다녔으니 합쳐서 60리를 다녔다.

10 장경章京: 조선 후기 요동에 설치되었던 관명官名. 조선 또는 다른 나라에서 요동을 거쳐 북경으로 들어가는 사신을 파견할 때 휘하의 병사들을 차출하여 사신일행 및 재물을 호위하게 하였다.

二十九日, 去夜, 與上使, 同宿一店. 朝上使先發後, 要藏櫃的 卽我國主人之稱也, 遍觀家舍, 園林極其廣闊, 又極精緻, 庭可容四五百乘, 後圃西場, 又三四倍矣, 抵長盛店, 有大石當路, 頗蒼潤, 乾隆之葬, 輸碑石而到此, 石忽中折, 因棄之在此云. 午到白塔堡, 中火, 一名耶里江, 有木橋, 塔在村隅, 而築甎爲七層, 層皆重簷, 架以木椽, 爲四達之門. 入其中, 仰而視之, 空洞然. 昔有層梯, 今盡頹云. 此塔, 亦甚雄壯, 而自見遼東塔, 眼下無塔, 眞所謂觀海, 難爲水也. 環瀋城四面, 皆有如此塔云. 曾聞孝廟在瀋陽時, 作亭於此地, 春坊日記載昭顯世子, 種菜於此地云. 行到渾河, 路傍有三義祠, 卽劉關張塑像, 並奉處也. 殿宇頗雄麗, 門前甎築層臺, 頗高敞. 故下馬暫憩後, 乘舟渡渾河, 先訪廣慈寺. 寺在瀋陽南門外. 有二閣, 閣內竪大碑, 在左者滿洲書, 在右者記建寺顚末, 題其額曰, 勅建護國廣慈寺碑, 其文曰, "盛京四面, 各建莊嚴寶寺, 每寺大佛一, 左右佛二尊, 菩薩八尊, 天王四位, 浮屠一座. 東爲慧燈所照, 名曰永光寺, 南爲普安衆庶, 名曰廣慈寺, 西爲虔祝聖壽, 名曰迎壽寺, 北爲流通正法, 名曰法輪寺, 各立穹碑, 永垂來禩. 大淸崇德八年癸未仲春, 起工, 順治二年乙酉仲夏, 告竣. 太學士剛林撰." 佛殿之宏傑, 丹碧之輝煌, 不可勝記. 而有白塔在寺西, 高數十丈, 下用石刻而方, 上用甎築而圓, 四面遍刻獅子, 而合數十甎爲一獅, 角掛風鈴. 有居僧黃衣者數十人, 皆西番喇嘛僧也. 周覽畢, 入土城門, 不入城內, 循城而東, 直訪三義廟, 亦劉關張, 並奉處, 而兼爲佛寺. 盖自前, 瀋陽使所住接處也. 居僧只爲數三人, 便同空剎, 極其荒涼. 而門外循墻, 列築甎臺, 近百步, 其下大川橫流, 彷彿黃州之月波亭. 而正合飯後散步之地, 是爲稍可意處也. 廟內多旅櫬, 盖遠地仕宦人及賈客, 客死者, 例皆留殯於寺剎. 前此遊觀寺剎時, 亦屢見之, 今亦有三四櫬. 從人輩無處留接, 不得已隔壁共處者多矣. 驍騎衛一人守直館內, 一章京·二通官檢飭門內外矣. 皇帝啓鑾, 始定以八月十六, 而來此聞, 退定以十九日, 未知何故也. 是日, 朝行四十里, 夕行二十里, 合行六十里.

<심양관도첩>
소현세자와 봉림대군이 머물렀던 심양관 그림(명지대학교 LG연암문고).

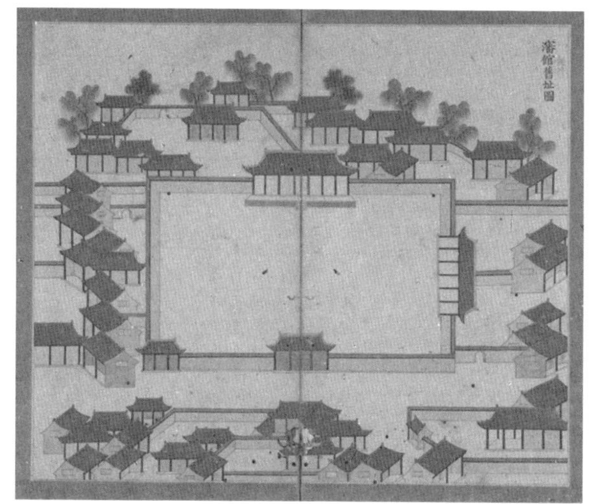

백탑보白塔堡, 영수사迎壽寺, 법륜사法輪寺, 영광사永光寺, 광자사廣慈寺(위 왼쪽부터)

8월 30일

궁궐을 구경하다

상사上使와 함께 공복公服[1] 차림으로 예부禮部에 나아가서 표문表文과 자문咨文을 바치고서 한 번 절을 하고 세 번 머리를 땅에 조아리는 예를 행하였다. 예부 낭중禮部郞中인 복극정아福克精阿[2] 등이 물건을 바쳤는데 하인들이 뒤섞여서 위아래가 거의 등급이 없었다. 예를 마친 뒤에 예부의 관리들이 두 사신과 함께 직소直所로 가기를 청하였으니, 직소는 꽤나 정결하였다. 잠시 앉아서 필담을 나눈 뒤에 옷을 갈아 입고 나가서 궁궐[3]을 구경하려고 하였는데 네거리에서 서쪽으로 꺾어서 큰 골목으로 들어가면 청기와를 얹은 3개의 문이 있었다. 앞에는 빗돌 하나가 서 있는데, "친왕親王[4] 이하의 관리들은 여기에 이르면 모두 말에서 내려라"라고 써 있었다.[5] 드디어 말에서 내려 앞으로 가서 동화문東華門에 이르자, 문을 지키는 자가 막아서 들어갈 수가 없었으니, 대개 황제의 거가車駕가 가까운 곳에서 새로 단청을 수리하고 있었는데 잡인雜人들이 훼손시키거나 더럽히게 될까 두려워해서였다. 북쪽으로 돌아서 하나의 전문箭門으로 들어가자 팔각의 채루彩樓가 있었으니 곧 대정전大政殿[6]이었다. 돌로 축조된 조각들은 용과 뱀이 날아올랐으며 좌우의 익실翼室[7]은 (오색의 채색 기와를 해 얹었으니) 보는 사람의 눈을

1 공복公服: 관원의 정복으로, 당상堂上 정3품 이상은 홍색, 종3품에서 종6품까지는 청색, 정7품 이하 및 향리鄕吏는 녹색이다.

2 복극정아福克精阿(?~1835): 양황기鑲黃旗 사람으로 대대로 흑룡강黑龍江에 살았다. 건륭乾隆 49년에 군대를 따라 출정하였는데 파도로巴圖魯라는 호를 황제가 내려 주었다. 52년에 대만臺灣에서 전투를 하다 죽자 운기위雲騎尉에 추증되었다.

3 궁궐: 문덕이궁文德離宮을 가리키는 것으로 보인다.

4 친왕親王: 황제의 아들이나 형제를 이르는 말이다.

5 《계산기정薊山紀程》에 "십자각十字閣에서 서쪽으로 꺾어져 대호동大衚衕으로 들어가면 청기와를 얹은 세 문이 있고 그 양쪽 곁에는 붉은 목마가 설치되어 있으며 그 앞에 비석 1개가 서 있는데, '친왕 이하의 인원은 이곳에 와서는 말에서 내리라[親王以下至此下馬]' 라고 씌어져 있고 그 곁에는 만주 글자로 그것을 번역해 놓았다"라고 나온다.

아찔하게 하여서 이루 다 적을 수가 없었다. 문덕방文德坊과 대청문大淸門에 들어가서 봉황루鳳凰樓와 숭정전崇政殿을 마음껏 볼 수 없게 된 것이 한스러웠다. 다만 담장 너머로 바라보면서 서글프게 동문東門을 통해서 돌아왔다.

대개 심양이란 곳은 북위北緯 42도의 지점이고 하늘의 별인 석목析木[8]의 위치에 해당하며, 미수尾宿 10도의 위치에 들어가니[9] 곧 옛날 우공禹貢에 나오는 청주靑州 땅이었다. 그런데 현재에는 봉천부奉天府 승덕현承德縣이 되어 있었다. 당나라에서는 심주瀋州를 두었고 요나라에서는 흥료군興遼軍으로 고쳤으며, 원나라에서는 요양로遼陽路를 두었고, 홍무洪武 연간에 비로소 심양중위瀋陽中衛를 두었으며, 청나라 천명天命 10년(1625)에는 건주建州에서 근거지를 옮기고 성경盛京으로 격상시켰는데 서쪽으로는 광령廣寧까지 이르렀고, 동쪽으로는 책문까지 이르렀으며, 남쪽으로는 여순구旅順口까지 이르고 북쪽으로는 흑룡강黑龍江까지 이르렀으니, 남북으로는 3,000여 리였고 동서로는 2,000여 리여서 통틀어서 이부二府, 사주四州, 팔현八縣이었다.

천총天聰[10] 5년에 그 성城을 확충했으니 밖에는 토성土城이 있었고 토성의 안에는 해자垓子를 15장쯤 구축하였다. 내성內城은 주위가 9리里였고 높이가 3장丈 5척尺이었으며 두께가 1장丈 8척尺이었으니 말 5마리

6 대정전大政殿: 심양 고궁의 정전이자 동로의 중심 건물로 처음 건설되었을 때의 명칭은 대전大殿이었으나 1636년(숭덕 1) 독공전篤恭殿, 강희제 때 대정전으로 개칭改稱했다. 팔각형으로 된 특이한 구조라서 언뜻 보면 정자처럼 보이지만 엄연한 정전正殿이다. 유목민의 이동식 텐트를 본떠 지었다고. 황색 유리기와로 지붕이 덮여 있으며 정면의 두 기둥에는 도금한 용조각이 감겨 있다. 누르하치, 청태종, 순치제가 이곳에서 즉위식을 거행했다.

7 익실翼室: 몸체. 집의 대청大廳 좌, 우편에 딸려 있는 방房이다.

8 석목析木: 성차星次: 별자리의 이름이다.

9 서경순徐慶淳의 《몽경당일사夢經堂日史》에 "선창船廠은 심양과 영고탑 중간에 있다. 북위北緯 42도 지점이고 천성석목天星析木의 자리에 해당되며 미수尾宿 10도의 위치에 들어간다"라고 했다.

가 달릴 만하였다. 문루門樓가 모두 3층이었다. 안팎을 벽돌로 쌓았는데, 쇠를 깎아 세운 것처럼 단단하였다. 거리를 향하여 3층의 누각이 있었는데 규모가 웅장하고 화려했으며, 그 아래에는 네 개의 홍예문虹霓門이 십자十字 모양으로 열렸는데 왕래하는 사람들이 모두 북문으로 드나들었다. 성이 사방으로 2리쯤 되었고 매 방향마다 2개의 문이 있어서 다 합치면 8개의 문이었으니 남쪽은 덕성문德盛門과 천우문天祐門, 북쪽은 복승문福勝門과 지재문地載門, 동쪽은 무근문撫近門과 내치문內治門, 서쪽은 회원문懷遠門과 외양문外攘門이었다. 문로門路가 종횡으로 성城 안을 관통하여 우물 정[井]자 모양과 같았다. 그런데 남쪽과 북쪽의 두 길이 상동문上東門과 상서문上西門 두 길과 교차되는 곳에는 모두 십자누각十字樓閣이 있었으니[11] 동쪽은 종루鍾樓였고 서쪽은 고루鼓樓였다. 행궁行宮은 두 누대 사이의 약간 남쪽에 있었는데 남향이었으며, 전각은 모두 푸른 기와와 누런 기와로 번갈아 덮여 있었으니, 대개 그 웅장한 규모와 빛나는 그림은 일일이 이름을 붙여서 말할 수가 없었다. 그런데 8면에 2층 높이로 솟아 널찍한 것은 곧 대정전大政殿으로 조하朝賀할 때 황제가 계시는 곳이었다. 궁전의 동쪽에 세운 패문牌門을 문덕방文德坊이라 하였으니 곧 동화문東華門이었고, 서쪽에 세운 패문을 무공방武功坊이라 하였으니 곧 서화문西華門이었으며, 양쪽 방坊 사이에 남쪽

10 천총天聰: 청나라 태종 문황제太宗 文皇帝의 연호, 서기 1627~1636년이다.

11 이의현李宜顯의 《경자연행잡지庚子燕行雜識》에 "이곳은 성경盛京이라고 하는데 성은 방형方形으로 2리가 되는데, 한쪽에 각각 문이 2개가 있어서 모두 8개의 문이 있다. 또한 문로門路는 가로세로로 성 안을 꿰뚫어서 마치 정井자 모양을 하고 있다. 남과 북의 두 길이 동과 서 두 길과 서로 교차되는 곳에는 모두 십자누각十字樓閣이 서 있다"라는 기록이 있다.

을 향해서 만든 문을 대청문大淸門[12]이라 하였으니, 이것은 바로 정문正門으로, 세 개의 문인데 문무文武의 양반은 양 옆에 있는 문으로 출입하였다. 동화문東華門 안과 대청문 동쪽에는 태묘太廟[13]가 있었는데 천명天命 이후 5세의 화상畵像을 봉안하고 있었고, 대청문大淸門 안에 있는 궁전을 숭정전崇政殿[14]이라 하였는데, 이곳은 바로 정사政事를 처리하는 곳이었다. 뒤에는 봉황루鳳凰樓[15]가 있는데 3층으로 높직하였으며 북쪽에 있는 청령궁淸寧宮[16]은 곧 침전寢殿이었다. 관저궁關雎宮은 동쪽에 있고 인지궁麟趾宮은 서쪽에 있었으며 숭정전崇政殿의 좌우에는 또 태후太后와 황후皇后의 두 궁이 있다고 한다. 그런데 외부인을 통행시키지 않아서 그 상세한 것은 알 수가 없다. 건륭乾隆[17] 병인丙寅(1746)년에 오조실록五朝實錄을 숭모각崇謨閣에 간직하였고, 계묘癸卯(1783)년에는 사고전서四庫全書를 문소각文溯閣[18]에 간직하였다고 한다. (성의 안팎에) 인가人家가 합치면 5,000~6,000호나 되어서 복잡한 사람들과 풍부한 재물들이 황성皇城과는 서로 막상막하가 된다고 한다. 대개 순치順治 연간 이후로부터는 이곳을 살펴보아 근본이 되는 곳으로 삼아 삼경三京의 안팎을 서로 견제하였고, 팔기八旗의 정예가 모두 모였다. 몸이 군적軍籍에 예속이 되었으면 곧 비록 수재秀才라 하더라도 반드시 결습[19]을 착용하였으며, 또, 이름이 관직 명부에 올랐으면 비록 한인漢人이라 하더라도 만주어

12 대청문大淸門: 심양 고궁의 정문으로, 오조문午朝門이라고도 부른다. 황색의 유리기와 지붕으로 되어 있으며 정면 5칸 중에 가운데의 3칸이 출입에 사용되었다.

13 태묘太廟: 정면 3칸의 전각殿閣. 원래는 도교의 건축인 경우궁景佑宮이었으나 1778년(건륭 43)에 선양의 태묘를 여기로 옮기고 청 황실의 선조인 조조肇祖·흥조興祖·경조景祖·현조顯祖의 신위를 모셨다. 동서 양쪽에 배전 3칸이 있다.

14 숭정전崇政殿: 청태종이 사신을 접견하던 장소였으며 청나라 역대 황제들이 제사를 지내기 위해 심양 고궁에 머물 때 이곳에서 정사를 돌봤다. 정면 5칸이며 전각 밖의 정원 좌우에 비룡각飛龍閣과 상봉각翔鳳閣 7칸이 있었다.

15 봉황루鳳凰樓: 원래 이름은 상봉루翔鳳樓였으며, 청녕궁 내원의 문루이다. 3층으로 되어 있으며 심양 고궁에서 가장 높은 전각이다. 입관 전에는 황제가 주연을 베풀던 장소로 사용되었으며, 입관 후에는 실록·옥첩·어진·옥새 등을 보관하던 공간이 되었다.

16 청령궁淸寧宮: 원래 이름은 정궁正宮이었으며 청태종이 즉위하기 전에 왕부王府가 있던 자리였다. 청령궁에는 청태종과 황후가, 부속전각인 관저궁關雎宮·인지궁麟趾宮·연경궁衍慶宮·영복궁永福宮은 청태종의 후궁과 궁녀들이 거처했는데 이 중 영복궁에서는 효장문황후孝莊文

를 익혀서 군민軍民이 하나가 되고 만주 사람과 중국 사람들이 서로 합쳐지게 되었으니 그 깊은 생각을 볼 수가 있었다. 심양은 평소에 맛있는 음식이 많다고 일컬어졌으니 당귀채, 모래무지, 금린어錦鱗魚에, 술로는 이화백梨花白, 죽엽청竹葉靑, 사국공포도주史麯公葡萄酒[20] 등이 있다고 한다.[21]

거처로 돌아온 뒤에 태학 조교太學 助敎인 무공은繆公恩이 와서 만나 보았다. 호는 매해楳澥이며 시詩에 능하고 그림을 잘 그리며 문장을 하는 선비였다. 석애石厓 조만영趙萬永[22] 어른이 일찍이 그의 명성을 몹시 칭찬하였기에 여기에 도착한 뒤 곧바로 만나려고 했었다. 그런데 이제 다행히도 그분이 먼저 찾아와 무릎을 대고 마주 앉아 필담을 하니, 마치 옛날 친구처럼 서로 잘 알게 되었다. 바로 그 자리에서 절구 시 한 편을 써서 보여주기에 나도 상사上使와 함께 그 자리에서 화답하였다. 잠시 뒤 예부정랑禮部正郎인 각라항안覺羅恒安이 와서 보았는데, 종실宗室의 먼 친척 뻘인데 예부의 관리가 되었다. 객사客使에게 와서 문안을 한 것이다. 그와 필담을 나누었는데 겨우 성명姓名만 기록하였다. 얼마 뒤 하직을 하고 떠났다. 무공은이 이르기를 "인견하라는 황제의 어지御旨로 황제의 명을 받아 내일 장차 서쪽으로 가는 어가를 맞이하게 되어서 갑자기 하직하고 떠나게 되었으니 도리어 서글픕니다"라고 하였다. 저녁에 구하龜夏 조카에게 가서 그

皇后(1613~1688)가 살면서 순치제를 낳았다.

17 건륭乾隆: 청淸 고종高宗의 연호年號(1736~1795)

18 문소각文溯閣: 사고전서를 보관하기 위해 1781년 (건륭 46)에 세워진 정면 6칸의 전각이다. 자금성의 문연각文淵閣을 본떠 지었다.

19 결습決拾: 활을 쏠 때에 쓰는 제구諸具이다.

20 사국공포도주史麯公葡萄酒: 《열하일기》에는 사괴공史蒯公으로 기록되고, '박영철본'에는 사국공史國公으로 기록 되었으며, 《계산기정》에는 사국공史國公으로 기록 되어 있다.

21 《계산기정》에는 "심양은 본래부터 별미別味가 많기로 알려졌으니, 당귀채當歸菜·금린어錦鱗魚에 이화죽엽청梨花竹葉靑을 뿌린 것과, 사국공포도주史國公葡萄酒 및 녹용고鹿茸膏·산사병山査餠 같은 것이 그것이다. 배추와 파도 우리나라 종자보다 배나 크다"라고 나온다.

22 조만영趙萬永(1776~1846): 본관은 풍양豊壤, 자는 윤경胤卿, 호는 석애石崖, 시호는 충경忠敬. 1816년 전라도 암행어사로 나갔다. 1819년 부사직副司直으로 있을 때 딸이 익종비翼宗妃가 되자 풍은부원군豊恩府院君에 봉해지고, 풍양조씨가 정계에 나서게 되자 중심인물로서 안동김씨安東金氏와 권력투쟁을 하였다. 1821년 금위대장禁衛大將, 한성부판윤, 의금부판사義禁府判事 등 요직을 지냈다. 1845년 궤장几杖을 하사받고 돈령

부영사敦寧府領事가 되었다. 글씨에 능하였고, 영의정에 추증되었다. 저서로는 《동원인물고東援人物考》 등이 있다.

23 완琓은 완玩의 오자로 보인다.

에게 사례를 하게 했다. 오늘부터는 사신使臣 이하부터 통역을 맡은 수행원에 이르기까지 모두에게 매일 제공되는 물건이 있는데 중국의 예부에서 나누어 주는 것이라 했다.

三十日, 與上使, 俱公服, 詣禮部, 呈表咨文, 行一拜三叩頭. 禮部郞中福克精阿等捧納, 而下隷雜踏, 上下殆無等級. 禮畢後, 禮部官, 要兩使臣, 偕往直所, 直所頗精潔矣. 暫坐筆談後, 改服而出, 欲琓[23]宮闕, 自十字街, 西折入大衚衕, 有靑瓦三門, 前立一碑書"親王以下至此皆下馬" 遂下馬而前, 至東華門, 門者拒焉, 不得入, 盖以皇駕在邇, 新修丹雘, 恐致雜人傷污故也. 迤北而入一箭門, 有八角彩樓, 卽大政殿也. 石築之雕鏤, 龍蛇之飛騰, 五色彩瓦, 左右翼室, 眩人眼目, 不可勝述. 恨不得入文德坊·大淸門, 縱觀鳳凰樓·崇政殿, 而只隔墻望見, 流悵而歸, 由東門還, 盖瀋陽之地, 北極出地四十二度, 當天星析木之次, 入尾宿十度之分, 卽古禹貢靑州之地. 而今爲奉天府承德縣也. 唐置瀋州, 遼改興遼軍, 元置瀋陽路, 洪武始置瀋陽中衛, 淸天命十年, 自建州徙據, 陞爲盛京, 西至于廣寧, 東至于柵門, 南至于旅順口, 北至于黑龍江, 南北三千餘里, 東西二千餘里, 統二府四州八縣. 天聰五年, 增拓其城, 外有土城, 土城之內, 築壕十五丈, 內城周九里, 高三丈五尺, 厚一丈八尺, 可馳五馬. 門樓, 皆三層, 內外甎築, 堅若削鐵. 當街, 有三層樓, 制度壯麗, 下開四虹門, 爲十字樣, 往來者, 皆從此北入. 城方二里許, 每方有二門, 共八門, 南曰德盛天祐, 北曰福勝地載, 東曰撫近內治, 西曰懷遠外攘, 門路縱橫, 橫[24]貫城中, 如井字狀. 而南北兩門路, 與上東上西兩門路交界處, 皆有十字樓. 東是鍾樓, 西是鼓樓. 行宮在於兩樓之間, 稍南而南向, 殿閣皆以靑黃瓦交, 盖其制度之雄傑, 繪畫之焜燿, 有不容一一名言. 而八面二層, 高聳敞豁者, 卽大政殿, 朝賀時所御處也. 殿之東建牌門曰文德坊, 卽東華門也, 西建牌門曰武功坊, 卽西華門也, 兩坊之間, 向南爲門曰大淸, 此乃正門, 而三其門, 文武兩班, 由翼門出入. 東華之內·大淸之東, 有太廟, 奉天命以後五世畫像. 大淸之內, 有殿名曰崇政, 此乃聽政之所. 後有鳳凰樓, 三層歸然, 北有淸寧宮, 卽寢殿也. 關雎宮在東, 麟趾宮在西, 崇政左右, 又有太后·皇后兩宮云. 而不通外人, 未得其詳. 乾隆丙寅, 貯五朝實錄于崇謨閣, 癸卯藏四庫全書於文溯閣云. 內外人家, 合爲五六千戶, 民物之繁庶, 財貨之殷富, 幾與皇城相甲乙云. 盖自順治以後, 視此爲根本之地. 三京之表裏, 相制, 八旗之精銳, 咸聚, 身隷軍籍, 則雖秀才, 必着决拾, 名登朝籍, 則雖漢人, 亦習滿語, 軍民爲一, 滿漢相統, 可見其深長慮也. 瀋陽素稱多別味, 如當歸菜·鯔魚·錦鱗魚, 酒之梨花白·竹葉靑·史麯公葡萄酒之屬云. 還寓後, 太學助敎繆公恩, 來見. 號楳澥, 能詩工書, 文章士也. 石厓趙台萬永, 曾盛稱其名, 故到此後, 卽擬相逢, 今幸先訪, 促膝筆談, 如舊相識. 卽席書示一絕. 故余與上使, 亦皆卽席和之. 少頃, 禮部正郎覺羅恒安, 來見, 卽宗室之疎遠者, 而方爲禮部官, 故來存客使也. 與之筆談, 僅記姓名. 少頃辭去. 楳澥謂承引見之皇旨, 明將西行迎駕, 便卽辭去, 還爲悵然. 夕使龜姪, 往謝之. 自今日, 使臣以下, 至任譯從人輩, 皆有日供, 自禮部陪頒給云.

24 횡橫은 연자衍字로 보인다.

① 성경盛京(심양고궁)
② 심양 고궁, 문덕방
③ 심양 고궁, 무덕방
④ 심양 고궁, 숭정전
⑤ 심양 고궁, 관저궁
⑥ 심양 고궁, 청령궁
⑦ 심양 고궁, 봉황루
⑧ 양 고궁, 대청문
⑨ 심양 고궁, 대정전
⑩ 팔기군

④

⑤

⑥

⑦

⑧

⑨
神聖相承恍睹開國宏猷一心一德

正白旗
正黃旗
⑩

9월 1일

일식日食을 보다

아침에 일식日食이 있었다. "심양瀋陽의 여러 관원들이 예부에 모여서 북을 치면서 구식救食[1]을 한다"고 들었다. 하루 종일 큰 바람이 불었다. 이날에는 태학太學을 보려고 했으나 바람 때문에 나갈 수가 없었다. 오후에는 글짓는 선비인 장다사환張多賜歡이라는 자가 문필文筆이 다함께 훌륭해서 매우 사랑스러운 자였다. 손수 부채에다 난초를 그리고는 "노사老師의 수법입니다"라고 하였다. 나에게 뒷면에 글씨를 써 달라기에 조카 구하에게 난초 그림에 찬贊을 써서 그에게 주게 했다. 그랬더니 너무 감사해서 말로 다 못하겠다고 하면서, "짬이 나는 날에 다시 오겠다"고 약속하고 떠났다. 일찍이 "심양에는 문사文士가 많다"고 들었으니, 여관에 머물 때에 그들과 함께 날짜를 보내겠다고 생각했다. 그런데 여기에 와서 들으니 정위원程偉元[2]이 작고한 지가 이미 오래 되었으며, 반과여潘果茹와 원월元鉞과 김조근金朝覲[3]이 다함께 다른 곳에 벼슬 나가서 지방에 있다고 하니 서글픈 일이었다.

九月初一日, 朝, 日有食之. 聞瀋陽諸官, 會禮部, 奏鼓救食云. 終日大風. 是日欲觀太學, 風不得出. 午後有文士張多賜歡者, 文筆俱妙, 可愛者也. 手把畵蘭便面, 謂其老師之手法也. 要余書

1 구식救食: 일식이나 월식이 있을 때, 임금이 각사의 당상관과 낭관郎官을 거느리고 기도를 드리던 일이다.

2 정위원程偉元: 청淸 강소江蘇 소주蘇州 사람. 자는 소천小泉. 고악高鶚과 더불어 홍루몽紅樓夢 후속 40회를 보충하고, 활자본《홍루몽》을 간행하여 완질본을 갖추었다.

3 김조근金朝覲: 字平亭, 號鑾坡, 錦州義縣人, 隸漢軍鑲黃旗. 他於嘉慶四年己未1799年到沈陽應童子試, 畢業於沈陽書院, 師從繆公恩. 嘉慶十六年進士, 著有《三槐書屋詩鈔》金朝覲讀書的沈陽書院, 亦稱萃升書院, 就在大南門內. 因爲離皇宮很近, 金朝覲對當時的文溯閣很是敬仰, 讀書期間還做過一首五言古風《文溯閣》盛贊文溯閣的藏書 * 정위원의 제자로 알려져 있다.

背, 使龜姪, 書畫蘭賛以贈之. 稱謝不容口, 約以暇日更來而去. 曾聞瀋陽多文士, 謂當於留館之時, 過從消遣矣. 來聞程小泉偉元作故已久, 潘果茹·元鉞·金朝覲俱遊宦在外云, 可悵也.

9월 2일

비바람 때문에 머물러 있었다

비바람이 몰아쳐서 문을 나설 수가 없었다. 또 한 사람도 찾아 오는 이가 없기에 책을 보기도 하고 바둑을 두기도 하면서 시간을 때웠다.

初二日, 風雨交作, 不得出門. 又無人來訪, 或看書·或賭棊以竟晷.

9월 3일

이상한 장례 행렬을 보다

밥을 먹은 뒤에 태학太學[1]에 나아가자 바깥 문 편액에 "유학"이라 써 있었다. 말에서 내려 문으로 들어가서 [2] 푸른 도포로 갈아 입고 복건幅巾으로 바꿔 쓰고 흑화黑靴로 갈아 신고 전殿의 뜰에 들어가서 네 번 절을 마치고 방 안으로 들어가 봉심奉審을 하니 전殿 안에는 오성五聖[3]과 십철十哲[4]과 주자朱子를 봉안하고 있었다. 대개 강희황제康熙皇帝 이래로 육상산陸象山과 왕양명王陽明의 학문을 다함께 물리치고 오로지 주자朱子만을 숭상하여 성철聖哲의 반열에 주자 한 분만을 홀로 배향한 것은 그 존경하고 사모하는 독실함을 볼 수가 있었다. 공성孔聖의 신위神位에는 '지성선사 공자신위至聖先師孔子神位'라 쓰고 개독蓋櫝[5]은 없었으며, 전액殿額에는 강희황제의 필적으로 '만세사표萬世師表'라고 금빛으로 넉 자를 썼고, 옹정황제擁正皇帝의 필적으로 '생민미유生民未有'라고 금빛으로 넉 자를 썼으며, 건륭황제乾隆皇帝의 필적으로 '여천지참與天地參'이라고 금빛으로 넉 자를 썼고, 가경황제嘉慶皇帝의 필적으로 '성집대성聖集大成'이라고 금빛으로 넉 자를 썼다. 동서의 무廡에는 72제자와 한漢·당唐·송宋·원元·명明·청淸나라의 여러 유학자들을 봉안하였으며, 뜰에는 건륭황제乾隆皇帝 신해辛亥년의 중수비重

1 태학太學: 《계산기정》에 "태학의 바깥 문에는 '유학대전儒學大殿'이라는 현판이 걸려 있었다. 대전은 깊숙하여 속에 공성인孔 聖人의 위판位板이 안치되어 있는데 감독龕櫝을 덮었으며 전의 동쪽과 서쪽에 사성四聖을 배향配享하고 십철十哲을 종향從享하였다. 그리고 유자有子를 동쪽에, 주자朱子를 서쪽에 제배躋配하였고 동쪽과 서쪽 무廡에는 62신위神位를 마련하였다. 전당 안에 현판이 많은데 강희康熙(청 성조) 이하 네 황제의 글씨다"라고 나온다.

2 《계산기정》과 《심전고心田稿》에는 편액에 유학대전儒學大殿이라 쓰여 있으니, 《심사일기》는 무언가 착오가 있었던 것으로 보인다.

3 오성五聖: 공자孔子, 안자顔子, 증자曾子, 자사子思, 맹자孟子를 이른다.

七月 八月 九月 十月 卷末

修碑가 있었다.

그런데 한 사람도 수직守直하는 사람이 없어서 뜰 가운데에 쑥대가 무성하였으며 전내殿內에 먼지가 가득하였고, 명륜당明倫堂 위에는 소와 말 발자국이 있었고, 대성전大成殿 안에는 잡인雜人들이 마구 다니고 있었으니, 아! 공자는 만세萬世의 스승이신데도 받들어 모시는 절차가 이와 같이 무례하고 방자한 것인가. 대성전大成殿 뒤에는 숭성사崇聖祠가 있었으니 곧 계성사啓聖祠[6]의 제위諸位를 모신 곳으로 봄가을로 제사를 올리는데 2월과 8월의 상정일上丁日[7]에 시행 한다고 한다.

태학의 옆에는 건물 하나가 있는데 바깥문에는 심양서원瀋陽書院[8]이라고 쓴 현판이 걸려 있고, 또 안쪽 문에는 문창각文昌閣[9]이라는 3자가 쓰여 있다. 그 가운데에는 문창제군文昌帝君[10]의 신위가 있었고, 전각 가운데에는 17층의 사다리가 있으며, 사다리 위에는 붉은 누각[朱閣]이 있는데 아주 넓었으며, 3개의 감실龕室을 만들어서 가운데에는 문창文昌의 소상塑像을 받들었는데 좌우에는 각각 한 명의 모시는 자가 있었으며, 동쪽 감실에는 곧 괴성魁星[11]의 초상이었고, 서쪽 감실에는 곧 주의朱衣[12]의 초상이었으니, 모두 성관星官의 이름이라고 한다.

각문閣門을 나와서 조그마한 재실로 들어가니 호남湖南의 장사長沙 사람 진량陳亮으로 호는 유루庾樓라고

4 십철十哲: 안연顔淵, 민자건閔子騫, 염백우冉伯牛, 중궁仲弓, 재아宰我, 자공子貢, 염유冉有, 자로子路, 자유子游, 자하子夏를 이른다.

5 개독蓋櫝: 다른 책에는 감독龕櫝이라고 되어 있다.

6 계성사啓聖祠: 숭성사崇聖祠가 뒤에 바뀐 이름이니, 공자의 부친父親인 숙량흘叔梁紇을 제사 지내는 사당이다.

7 상정上丁: 일진日辰이 음력으로 매달 첫 번째 정丁자가 드는 날. 국가에서는 음력 2월과 8월의 상정일에 공자에게 제사를 올리는 석전釋奠을 봉행하였으며, 사가私家에서는 초상으로부터 27개월째 되는 달의 이날에 담제禫祭를 지냈음.

8 유득공柳得恭이 여기에 대해 시를 남긴 바 있다. 〈심양서원瀋陽書院〉에 "不見江南張秀才, 講堂深處獨徘徊. 當季別語工凄楚, 瀋水東流可再來"라고 했다.

9 문창각文昌閣: 《계산기정》에는 다음과 같이 나온다. 가운데에 문창제군文昌帝君의 신위神位가 있다. 누각 가운데 17층의 사다리가 있고 꼭대기에 붉은 누각이 훤칠하게 열려 있어 높다랗게 집들을 누르고 있다. 3개의 감실을 지어 그 가운데 것에 문창의 소상을 모셨고 그 좌우에 시중하는 사람이 있는데, 왼쪽은 진사의陳士義이고 오른쪽은 주승朱陞으로 손에는 책 한 갑을 받들고 있다. 동쪽 감실은 괴성상魁星像이고, 서쪽 감실은 주의상朱衣像인데, 다 선관仙官의 이름이라고 한다.

10 문창제군文昌帝君: 규성奎星을 달리 일컫는 말이다.
11 괴성魁星: 북두칠성의 첫째 별을 괴성이라 한다.
12 주의朱衣: 문학文學의 신으로 받들어져 왔다.

하였는데, 학생들을 가르치고 있었다. 그런데 눈과 눈썹이 청아淸雅하였으며 글솜씨가 원숙하였고 책이나 붓, 벼루도 매우 정돈이 잘되고 깨끗하였으니, 한번 보자마자 아름다운 선비라는 것을 알 수 있었다. 또 얼굴이 잘 생긴 소년이 옆에서 모시고 있었는데, 곧 그의 맏아들로서 문장을 잘하고 글씨를 잘 썼으니, 그 집안에 걸맞는 아이였다. 필담을 나누고 얼마 안 되어서 마침 나그네의 번거로움을 만났기에 약속을 잡아 놓고 일어났다.

성을 따라서 남쪽으로 가서 조선관朝鮮館으로 들어갔다. 담과 벽이 무너지고 잡초들이 무성하게 덮혀 있었는데, 그 자리에서 옛날 일이 생각나서 거의 심정을 추스르기가 어려웠다. 또 궁궐의 담을 따라서 서쪽으로 가다가 방향을 틀어 서북쪽 모퉁이로 난 네거리로 들어가 몇 곳의 책 가게를 찾았다. 쌓아 둔 책들이 절반은 소설이나 패사稗史들이었으니 볼 만한 것이 없었고, 또 동북쪽 모퉁이의 네거리를 경유해서 상동문上東門으로 나와서 거처로 돌아오니, 날이 이미 저녁 때가 되었다.

조카 구하가 뒤떨어져 있다가 쫓아 와서 말하기를 “모퉁이 하나를 돌자, 음악 소리가 들려서 그 집에 들어가니 곧 상갓집이었습니다”라고 했다. 지금 조문을 받고 있는데 음악을 연주하고 있다니 매우 놀라웠다. 잠시 동안 우두커니 서 있자니, 호상護喪 하는 사람이 나와서 글을 써서 보이기를 "여기에서 무엇을 보고 있으시오?"라고 하기에, 글로 써서 "나는 외국 사람인데 마침 성시城市를 유람하다가 문 앞에서 음악 연주하는 소리를 듣게 되었소. 여기 와서 머물러서 잠시 귀한 집의 고취 소리를 들으니 무슨 까닭인지 알 수가 없소"라고 대답하니, 호상하는 사람이 글을 써서 "이곳은 상사喪事가 있게 되면 다들 이처럼 처리합니다"라고 답했으며, 또 써서 "이것은 무슨 예禮와 관계가 됩니까?"라고 하니, 글로 "이것은 상사를 당했을 때의 음악입니다"라고 답하였다. 음악을 연주하여 시신을 즐겁게 해 주는 것은 송나라 때부터 이미 더러 있었으니 지금 사람을 책망할 것이 무엇인가. 부모의 상을 당한 사람을 길에서 만났는데 윗도리는 소복素服을 입었으나 모자와 바지와 신발은 모두 평소대로 하였으며 여자는 다만 꽃비녀를 꽂지 않았을 따름이었는데 한 달로 한 해를 대신하여 석 달만에 복을 벗는다고 했다.[13]

13 박지원의 《열하일기熱河日記》, 〈관내정사關內程史〉에도 상가喪家에서 풍악도 잡히고 투전판도 벌어지는 이색적인 상례喪禮에 대한 기록이 나온다.

初三日, 飯後詣太學, 外門扁曰儒學. 下馬入門, 改服青袍·幅巾·黑靴, 入殿庭, 四拜訖, 入室奉審, 則殿內奉五聖十哲及朱夫子, 盖康熙以來, 并黜陸王之學, 專尙朱夫子, 至於獨享聖哲之列者, 可見其尊慕之篤也. 孔聖神位書以"至聖先師孔子神位", 無櫝, 殿額有康熙筆, 萬世師表四金字, 擁正筆, 生民未有四金字, 乾隆筆, 與天地參四金字, 嘉慶筆, 聖集大成四金字. 東西廡, 奉

七十二弟子, 及漢唐宋元明淸諸儒, 庭有乾隆辛亥重修碑. 而無一人守直者, 蒿蓬, 蕪於庭中, 塵埃, 滿於殿內, 明倫堂上, 牛馬踐踏, 大成殿內, 雜人橫行, 嗚呼! 孔子萬世之師, 而崇奉之節, 若是其褻耶. 殿後有崇聖祠, 卽啓聖諸位, 而春秋釋菜, 亦以二八月上丁設行云. 太學傍有一閣, 외門扁日瀋陽書院, 又內門題文

강희황제

昌閣三字. 中有文昌帝君神位, 閣中有十七層梯, 上有朱閣, 軒敞, 設三龕, 中奉文昌塑像, 左右各有一侍者, 東龕卽魁星像, 西龕卽朱衣像, 俱是星官名云. 出閣門, 入小齋, 有湖南長沙人陳亮號庾樓者, 敎授生徒. 而眉目淸雅, 文筆爛熟, 書籍筆硏, 亦甚整楚, 一見可知爲佳士也. 又有一美貌, 少年侍側, 卽其胤而能文善書, 稱其家兒也. 筆談未幾, 適値客煩, 留約而起. 循城而南, 入朝鮮館. 墻壁頹毁, 蓬蒿蕪沒, 卽地懷古, 殆難定情. 又循宮墻而西, 轉而入西北隅十字街, 訪數三處册肆. 所儲者, 半是小說稗史, 無足觀者, 又由東北隅十字街, 出上東門, 還寓, 日已夕矣. 龜姪落後追來, 言轉一抹角, 聞鼓樂之聲. 入其家, 卽喪家也. 方受吊而作樂, 不勝駭愕. 佇立少頃, 護喪者, 出來書示曰, "在此看甚麽?" 答書曰, "外國人適遊覽城市, 聞門前鼓樂. 來住暫聽貴第鼓吹, 未知何故" 護喪者, 答書曰, "此地辦喪事, 均繫如此" 又書示曰, "是繫何禮?" 答書曰, "此喪樂也云" 作樂而娛尸, 自宋時, 已或有之, 則何責乎今之人耶. 路逢遭艱者, 上衣則服素, 而帽子與袴履, 皆不變, 女子則只不揷花而已, 以月代年, 三月而除服云.

9월 4일

무공은의 아들들을 만나다

수행하는 사람들이 함께 나가서 구경하였다. 그러나 나는 자주 나가는 것이 싫어서 객관에서 꼼짝 않고 있으려 하니 매우 무료함을 느끼게 되었다. 오후에 무공은의 아들 무도기繆圖箕가 느닷없이 문으로 들어와서 무릎을 맞대고 필담을 나눴는데 글과 글씨가 다같이 아름다웠으니 또한 그 집안의 아들이라고 칭찬할 만하였다.

또 그 아버지가 그린 난초 그림 한 폭을 소매에서 꺼내 보였다. 또 그의 둘째 아들 무경창繆景昌도 서화書畵를 잘 한다고 들었으므로 부채 두 자루를 주면서 그림을 그려 주기를 구하였다. 대개 무공은 부자는 모두 관직이 조교助教였는데 다함께 조선 사신의 관반館伴[1]이 되어서 날마다 객관 안으로 찾아오는 것이라고 말하였다. 조카 구하에게 가서 진량을 보게 하고 한 편의 절구 시를 써서 보내서 한번 만나 보기를 원한다는 뜻을 전하였다. 그가 돌아가게 되자 "다음날에 찾아와 만나겠다"고 약속을 하였다 한다.

初四日, 從人輩俱出遊玩. 余則嫌於數出, 塊坐客館, 甚覺無聊. 午後, 繆楳澥之胤圖箕, 闖然入門, 促膝筆談, 文筆俱佳, 亦可謂稱其家兒也. 又袖示其大人蘭畫一幅. 又聞其次子景昌善書

1 관반館伴: 외국 사신의 영접·접대 업무를 관장하는 영접도감迎接都監의 주무관主務官인 임시 관직이다.

畫, 故給二箑乞畫. 盖楳澥父子, 皆官助敎, 而俱爲朝鮮使臣館伴, 故逐日來館中云. 使龜姪往見陳庾樓, 因書送一絕句, 以致願見之意, 及歸, 約以明日來訪云.

9월 5일

여러 중국 인사들과 만나다

장다사환張多賜歡이 그 숙부와 함께 와서 나에게 바둑 대국을 요구했다. 그러나 내가 사양하고 홍생洪生에게 대국을 하게 하였는데 연거푸 두 판을 졌다. 바둑 두는 방법이 또한 우리나라와는 다른 점이 있었다. 오후에 진량陳亮이 그의 아들 진홍경陳洪京과 진홍관陳洪寬을 데리고 왔으니, 두 젊은이는 모두 풍채가 빼어나서 옥설玉雪인 것 같았다. 문장이 일찍 성취되어서 이미 큰 유학자가 되었는데, 진량이 어저께 2수의 시를 화답해서 주었으니, 또한 잘 지은 작품이었다. 교수敎授 유승겸劉承謙은 호가 계남溪南이었는데 무재茂才 팽조체彭兆棣와 무재茂才 곽청감郭淸鑒이 함께 따라왔으니 모두 호남湖南의 문사들이었다. 그런데 유승겸은 곧 일찍이 홍희재洪喜哉[1] 어른에게서 "그 사람이 함께 말을 나눌 만한 사람"이라고 들었으므로 전에 이미 만나 보기를 요구했던 사람이었다. 팽조체는 호가 체화인데 호남 형산衡山 사람으로 그의 아버지 팽준彭浚[2]은 호가 보신寶臣이며 장원급제를 하여서 일찍이 한림翰林을 거치고 바야흐로 봉천부奉天府의 학정學正으로 임명되었는데 마땅히 천자를 모시고 올 것이라 하였다. 그런데 (그는) 문장과 서화로 이름이 높은 사람이었다. 여러 사람들이 마주 앉아 필담을 나눴는데 물이 콸콸

1 홍희재洪喜哉: 희재喜哉는 홍기섭洪起燮(1776~1831)의 자. 조선 후기의 문신. 본관은 남양南陽. 1802년 문과에 급제하여 1810년 수찬이 되었으며, 1812년 교리로 승진하였다. 이듬해 사은정사謝恩正使 이상황李相璜과 함께 서장관書狀官으로 청나라에 다녀왔으며, 1818년 대사간, 1821년 대사성을 거쳐, 다시 대사간이 되었다. 1828년 부사 유정양柳鼎養, 서장관 박종길朴宗吉과 함께 동지정사冬至正使로 다시 청나라에 다녀와 예조판서가 되었다. 내의원 제조內醫院提調로서 왕세자가 병으로 죽자 양사兩司의 탄핵을 받았다. 1831년 대호군大護軍으로 재직 중 죽었다.

흘러 나오는 듯 하고 산이 높이 솟은 듯 하였으니 호남의 인사는 그 북쪽의 선비들과 다르다는 것을 알 수 있었다. 술과 안주를 대접해 주었다. 진량이 내 글씨를 청하므로 조카 구하를 시켜 부채 한 자루에 전서篆書를 써 주게 하고 저녁이 되자 이별하고 떠났다.

初五日, 張生多賜歡, 與其叔來, 要余對奕, 余辭焉, 使洪生對局, 連輸二局. 大抵奕法, 亦與我國有異也. 午後, 陳庾樓率其子洪京·洪寬而來, 二妙皆風儀秀朗, 玉雪如也. 文翰夙就, 已成巨儒, 庾樓和贈昨日詩韻二首, 亦佳作也. 劉敎授承謙號溪南·彭茂才兆棣·郭茂才淸鑒, 並隨來, 皆湖南文士. 而劉則曾因洪台喜哉, 聞其人可與語. 故前已要見者也. 彭號棣華, 湖南衡山人, 其大人

2 팽준彭浚(1769~1833): 호남의 형산衡山 사람이다. 자는 영기映旗이고 호는 보신寶臣이다. 1805년에 장원급제하여 한림원수찬翰林院修撰에, 1813년에 순천향시동고관順天鄕試同考官에 임명되었다.

팽준彭浚(1769~1833)

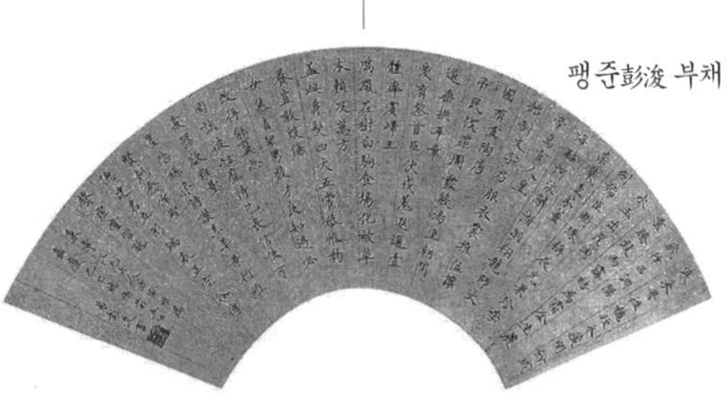

팽준彭浚 부채

浚號寶臣, 壯元及第, 曾經翰林, 方任奉天府學正, 隨駕當來云. 而文章書畫, 擅名者也. 諸人對坐筆談, 水湧山出, 可知湖南人士, 不并以北也. 饋以酒饍. 庾樓因請余筆蹟, 使龜姪篆, 贈一箋, 向夕別去.

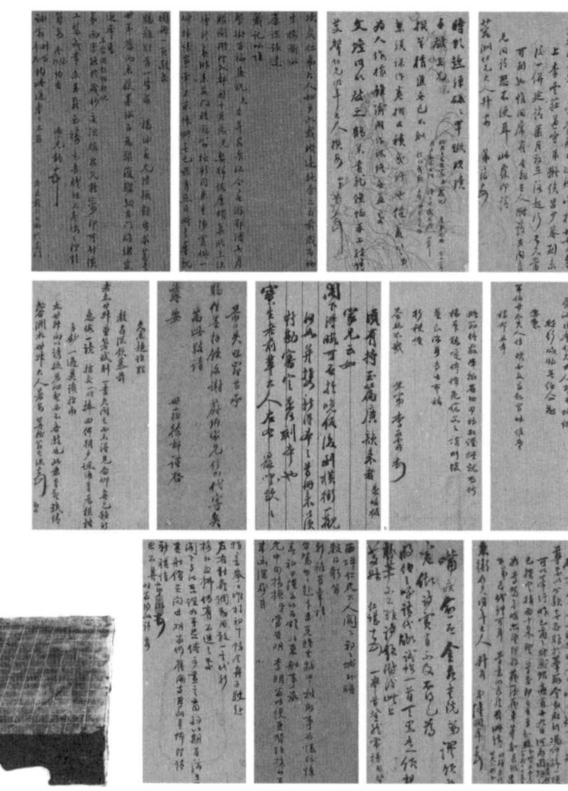

팽준彭浚 글씨

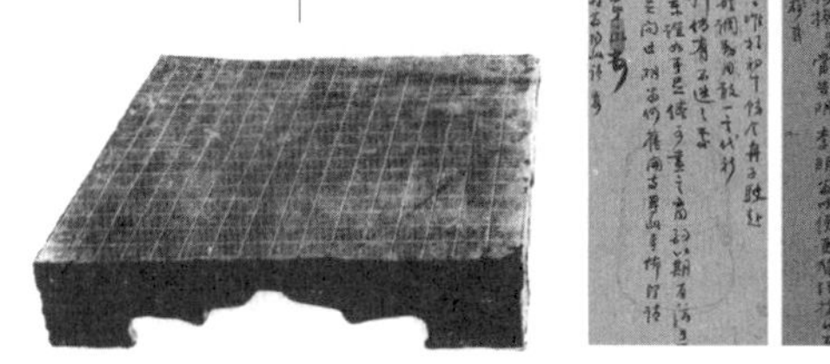

바둑

9월 6일

당자堂子를 구경하다

장다사환張多賜歡이 나에게 한번 그 집을 방문해 주기를 간청하기에 여러 명의 수행하는 사람들을 데리고 찾아 갔다. 이중문과 겹벽이었는데 수를 놓은 문과 조각을 한 담장은 아주 호사스러웠고, 방 안으로 들어가자 서화書畵와 궤안几案이 모두 눈을 어지럽게 할 만하였으니, 부잣집이라는 것을 알 수가 있었다. 장다사환의 아버지가 나와서 보았는데 그 사람됨이 꽤나 뛰어났다. "무과武科로 진출해서 일찍이 한군협령漢軍協領과 팔문제독八門提督이라는 3품직三品職을 지냈으며, 금년에 회갑回甲의 나이로 은퇴하여 쉬고 있다"고 했다. 차를 다 마시고 나서 그 자리에서 일어났다. 동북쪽 길을 경유하자 모서리에 건물이 날 듯하게 큰 길의 요긴한 곳에 있었다. 그 기와가 노랬으며, 그 담장은 붉어서 궁궐이나 사찰과 같았다. 그러므로 장생에게 물어보니 "이곳은 당자堂子[1]로 등대인의 제사를 지내는 곳인데 그 일이 매우 비밀스러워서 아는 사람이 없습니다"라고 했다. 그런데 어떤 사람은 "등대인鄧大人은 곧 대명大明의 이름난 장수였는데 전투로 죽은 뒤에도 영험한 반응이 매우 뚜렷하였으므로 소상塑像을 만들어서 제사를 지냈습니다. 그런데, 황제의 어가 또한 반드시 친히 제사에 임했습니다"라고 했으며, 어

[1] 당자堂子: 중국, 청조의 독특한 신을 받들기 위한 건물. 만주민족 고유의 샤머니즘의 국가적 제장으로, 정월 초하루에 황제 자신이 하늘을 숭배하는 것 외에 중요한 제의가 행해졌다. 사제에는 여자 무녀가 규정되어 있으며, 한인漢人의 참가는 허용되지 않았다. 청조가 수도를 옮길 때마다 반드시 설치해서, 북경에 있었던 국초 이후의 것은 1900년의 의화단사변으로 불타고, 이듬해 궁성의 남동쪽에 재건되었다. 팔각의 배천환전을 중심으로서 북쪽에 여러 신전 등이 있는데, 규모는 작아지고 있다.

떤 이는 "등대인은 곧 명나라 장수 유정劉綎입니다"라고 하기도 하고, 어떤 이는 "소상塑像은 머리가 없어서 제사를 지낼 때에는 불을 밝히지 않고 칠흑같이 깜깜한 밤에 제사를 지냅니다"라고 했다.

初六日, 張生多賜歡, 懇要余一訪其家, 故率諸從人往訪. 重門複壁, 綉闥雕墻, 窮極奢麗, 入其室, 書畵几案, 又皆眩眼, 可知其爲富室也. 張生之大人出見, 爲人頗俊邁, 謂以武科進, 曾經漢軍協領·八門提督三品職, 今年, 以回甲之年退休云. 茶罷後起身. 路由東北, 角有屋翼然, 臨大道之衝, 黃其瓦而朱其墻, 有似宮闕寺刹. 故問諸張生, 則謂是堂子, 而鄧大人妥靈處也. 其事極秘, 無人知者云. 而或云, 鄧大人卽大明名將而戰亡後, 靈應甚著, 故塑像而祀之. 皇駕, 亦必躬臨云. 或云, 鄧大人卽明將劉綎云, 或云, 塑像無頭, 而祭時不用燈燭, 漆夜行事云.

9월 7일

동자童子인 목명록穆明祿이라는 자가 와서 만났는데 이때 나이 17살이었다. 얼굴이 준수하고 문장이 이른 성취가 있었다. 그가 지은 과체시科體詩를 소매에서 꺼내 보였으며, 또 그 자리에서 7언절구 2수를 지어 보였는데, 재치가 있었으니 참으로 사랑스러웠다. 또 소매에서 긴 쪽지 너댓 폭을 꺼내서 글씨를 써 달라기에 붓을 놀려 써서 돌려 주니 장다사환張多賜歡이 또 두 사람을 데리고 왔다. 한 사람은 무공은의 조카인 연규聯奎였고, 한 사람은 문관 벼슬을 한 진삼덕陳三德이었는데, 자는 경선敬宣이고 호는 수우당守愚堂이었다. 반나절 동안 필담을 나눈 뒤에 마치고 갔다. 무도기繆圖箕는 두 아들인 무경문繆景文, 무경창繆景昌을 데리고 왔다. 무경창이 옷 소매에서 자신이 그린 두 자루의 부채를 전해 주었는데 그림을 그린 방법과 글씨 쓰는 방법이 다함께 기묘하였으니 문학에 재주있는 씨는 속일 수가 없는 것이었다.

初七日, 穆童子明祿者, 來見, 時年十七. 而眉目淸秀, 文華夙成. 袖示其所製科體詩, 又卽席製示七絕二首, 而才情淸敏, 眞可愛. 又袖長箋四五幅, 要余筆法, 故揮灑以還之. 張生多賜歡, 又携二客而來. 一是繆楳澥之姪聯奎, 一是陳文職三德字敬宣號守愚堂也. 半餉筆談後罷去. 繆生圖箕, 率其二子景文·景昌而來. 景昌袖傳其所畫二箑, 畫法·題字, 俱爲奇妙, 文學種子, 不可誣也.

9월 8일

진삼덕의 집에 방문하다

진삼덕陳三德이 한번 방문해 줄 것을 여러 차례 요청했기 때문에 수행하는 사람들을 거느리고 갔다. 웅장하고 화려한 집과 호사스러운 물건이 사람의 눈을 아찔하게 하였으니 또 장생(여기서는 장다사환을 가리킴)에게 빗댈 정도가 아니었다. 잠시 뒤에 술을 내왔다. 좋은 안주와 맛난 음식이 앞에 펼쳐져서, 점심 식사 때까지 이어졌는데, 모두 우리나라에서는 못 보던 것들이었다. 뒤이어 집안을 두루 구경하였는데, 후원後園에 이르자 진생陳生이 글로 써서 보이기를 "내실內室은 외부 사람이 못 들어가는 곳입니다. 그런데 우리들도 중국 사람이니 이제 선생에게는 친척에게 보여주듯 합니다"라고 하였다. 대개 진생의 선조는 명나라 조정에서 현달하였고, 청나라 조정이 들어선 뒤에도 여러 대 동안 벼슬이 끊어지지 않았다. "진생은 문직文職으로 진출하여 곧 빈자리가 나기를 기다리는데, 아직 벼슬을 하지는 못했다"고 한다. 그 사람됨이 꽤나 뛰어나서, 술이 취한 뒤에 고담高談하기를 마치 옆에 사람이 없는 것처럼 제멋대로 행동했다. 우리나라 사람의 의관衣冠을 보고서 매우 선망羨望하는 뜻을 가지고 있었지만 문장에 대한 지식이 조금 부족한 것이 애석했다. 아들이 하나 있었는데 이름은 진금陳錦이었고 꽤나 준수해서 사랑스러웠다. 해가 지자 숙소로 돌아오니, 글씨를 구하는 자가 또한 제법 많았는데, 나는 졸필로서 일일이 답하기가 어려웠으니 또한 괴로운 상황이라 이를 만하였다.

初八日, 陳敬宣屢要一訪, 故率從人齊進. 宮室之壯麗, 器用之奢靡, 眩人眼目, 又非張生之比也. 小頃進酒. 佳肴美饍, 羅列於前, 以至于午飯, 皆吾東之所未覩也. 仍又遍玩家舍, 至于後園, 陳生因書示曰, "內室非外人之可入處, 而俺亦中國人, 今視先生如視親戚"云, 盖陳生先祖, 顯達於明朝, 入淸朝後, 亦屢世, 仕宦不絕. 陳生以文職進, 方俟缺而未及仕云. 其爲人頗奇傑, 酒後高談, 傍若無人. 見我國衣冠, 顯有欽羨之意, 而惜其文識少短. 一子名錦, 頗淸秀可愛也. 日昃還寓, 求書者, 亦頗多, 以余拙筆, 難於酬應, 亦可謂苦狀也.

9월 9일

명절을 맞아 마음이 무거웠다

객지에 있는 중에 명절을 만나게 되니 마음이 더욱 저절로 답답하고 괴로웠다. 수행하는 사람들을 거느리고 성으로 들어가서 진량陳亮을 방문하였는데, "이미 그 두 아들과 문도門徒들을 거느리고 나가서 높은 데에 올라갔다"고 한다. 유승겸劉承謙을 방문해서 필담을 하고 돌아왔다. 예부의 통보로 비로소 "조선 사신들의 어가御駕를 영접하는 장소를 노변성老邊城으로 정했다[1]"는 것과 "어가가 11일에 노변성에 당도하니, 우리들은 당연히 이튿날에 나가야 한다"는 것을 들었으니, 대개 어가는 노변성을 거쳐서 먼저 흥경興京에 나아가 능을 알현한 뒤에 성경盛京에 나아가 능을 알현하기 때문이었다.

初九日, 客裏逢佳節, 懷緖益自無聊. 率從人入城, 訪陳庾樓, 已率其二子及門徒, 出去登高云. 歷訪劉承謙, 筆談而歸. 因禮部知委, 始聞朝鮮使臣接駕處所, 以老邊城定奪, 而皇駕十一日當到老邊城, 吾輩當於明日前進云. 盖皇駕由老邊城, 先詣興京謁陵, 後次詣盛京謁陵故也.

1 정탈定奪: 임금이 어떠한 사안에 대해 그 가부可否를 재결裁決하는 것을 이른다.

9월 10일

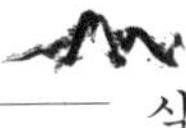

실승사와 만수사를 구경하다

아침 일찍 출발하여 성에 들어갔다가 외양문外攘門 밖의 큰 거리로 나아가니, 곧 삼학사三學士[1]가 정축丁丑(1637)에 절개를 지키다가 죽은 곳이었다. 그곳에서 옛 일을 떠올려 보니 나도 모르게 눈초리가 찢어지는 듯한 화가 났으며, 토성문土城門에서 몇 리를 나가서 실승사實勝寺[2]로 들어가니 곧 숭덕황제崇德皇帝[3]의 원당願堂이었다. 편액에 "자항보제慈航普濟"라 했는데, 웅장한 규모와 아름다운 장식이 행궁行宮보다 못할 것이 없었다. 천총天聰 9년(1635)에 원나라 순제順帝의 후예인 찰합이임단察哈爾林丹의 어머니가 흰 낙타에 국보國寶(옥새)와 마합갈라 금상嗎哈噶喇 金像과 금자金字로 된 라마경喇嘛經을 함께 싣고 여기에 도착했는데, 낙타가 누워서 일어나지 않으므로 드디어 이 누대를 세웠다고 한다.[4] 금벽錦壁이 찬란해 눈이 부셔 볼 수가 없었다. "그 아래 층에는 불상을 온통 걸어 놓았고, 그 위층은 숭덕황제崇德皇帝의 영정이 있다"고 하는데 열쇠로 여는 것을 허락하지 않아서 볼 수가 없었다. 그 동쪽 가의 작은 굴은 라마의 대사가 거기에 살고 있었고 그 나머지 굴에는 몽골의 여러 승려들이 흩어져서 살고 있었으니 또 특별한 하나의 작은 나라였다.

1 삼학사三學士: 병자호란 때 척화론斥和論을 주장하다가, 인조仁祖 15년(1637)에 청나라 심양에 끌려가 순절殉節한 홍익한洪翼漢(1586~1637)·윤집尹集(1606~1637)·오달제吳達濟(1609~1637) 세 사람. 각각 충정忠正·충정忠貞·충렬忠烈의 시호가 내려졌다.

2 실승사實勝寺: 중국 요녕성遼寧省 심양시瀋陽市 화평구和平區에 있는 라마교 사원. 정식 명칭은 연화정토실승사蓮花淨土實勝寺이며, 황제의 가묘家廟이기도 하였으므로 황사皇寺라고도 부른다. 후금後金이 국호를 청으로 바꾼 해인 1636년에 착공되어 1638년에 완공되었다. 청 왕조가 동북東北지방에 건립한 첫 번째 티베트불교(라마교)사원으로서 옹정제 때인 1726년 중수되었고, 1985년 산문山門·대전大殿·마하가라루[瑪哈噶喇樓]를 복원하였다.

실승사實勝寺에서 수백 보 못 미치는 곳에는 만수사萬壽寺가 있었으니 곧 강희황제의 원당願堂이었다. 그런데 편액에 '만수무강萬壽無疆' 이라고 하였는데 규모가 실승사의 것과 다를 것이 없었다. 뜰에는 쇠로 만든 화로가 있는데 높이가 한 길 남짓 될 만하였다. 심양성 밖에서부터 폭이 수백 보나 되는 길을 처음으로 만들었고, 서쪽 가에는 도랑을 파서 물을 흐르게 하였으

실승사
실승사 문 앞의 석상石像

며, 길의 좌우에는 버드나무를 심어서 곧바로 산해관山海關과 이어지게 하였다. 저 사람들이 이른바 '인도수引道樹'라는 것은 대개 심양으로 거동할 때 상감이 다니는 길이기 때문이었다. 근래에 또 새로이 도로를 닦게 되자, 어로御路는 곧 중간을 약간 높게 만들어서 사람들의 왕래를 금지하였다. 누런 나무와 누런 줄로 엇갈리게 가설하고 이었는데, 너비가 다섯 마리의 말이 달릴 만하였고, 양쪽 가의 협로夾路도 수레 두 대가 나란히 달릴 만한데 시종하는 신하가 호위하는 길로 삼았다. 또 그 밖의 양 옆에는 행인이나 수레와 말이 왕래하는 곳으로 삼았다. 교량도 모두 좌우로 나누어서 만들어져 있는데, 어떤 것은 전돌로 쌓았고 어떤 것은 나무로 만들었다. 난순欄楯[5]은 높았고 단청은 찬란하였으며, 협로의 좌우에는 20보마다 붉은 물통을 설치해서 말이 편리하게 물을 마시게 하였다. 또 20보마다 흙을 쌓아 작은 산을 만들어서 오르내리는 말이 편리하게 해서 곧바로 연경에 이르게 하였다고 한다. 어가를 영접하는 관원들 중에 오가는 사람들과 일상용품과 옷과 음식을 대는 사람들이 복잡하게 끊어지지 않아서 도로로 다니기가 어려웠다. 영안교永安橋에 도착하니 다리 가에 빗돌을 세워서 다리 이름을 쓰고 "숭덕崇德 4년(1639)에 비를 세웠다"고 썼는데, 돌이 푸른 빛에 윤이 났으며, 전각은 정밀하고 단단했다. 점심밥을 먹은 뒤에 마도교摩刀橋[6]에 당도해서는

3 숭덕제崇德帝: 청의 제2대 황제(재위, 1626~1643).

4 서호수徐浩修의 《연행기燕行紀》에는 실승사에 대해 다음과 같이 묘사하고 있다. 실승사는 외양문外攘門의 관장關墻 밖에 있다. 숭덕崇德 6년(1641, 인조 19)에 태종太宗이 작은 군사로 명나라 총독總督 홍승주洪承疇의 군사 13만 명을 송산松山과 행산杏山에서 깨뜨리고, 돌아와서 이 절을 세워 공적을 기록하였다 한다. 절 안에 마합갈라루嗎哈噶喇樓가 있는데, 천총天聰 9년(1635, 인조 13)에 원나라의 후예 찰합이림단察哈爾林丹의 어머니가 흰 낙타에 마합갈라 금불嗎哈噶喇金佛과 금자金字로 된 라마경喇嘛經과 전국새傳國璽를 싣고 여기에 이르니, 낙타가 누워서 일어나지 않아, 드디어 누각을 세웠다고 한다.

5 난순欄楯: 난간欄干과 같은 말이다.

6 마도교摩刀橋: 다른 책에서는 마도교磨刀橋로 나온다. 《계산기정》에는 "마도교磨刀橋는 대방신大方身에서 10리 되는 지점에 있다. 또 일명은 판교板橋다. 다리의 길이는 거의 200보步로서 영안교永安橋의 배가 된다. 전에 듣기로는, '심양성 북쪽에 흥원현興元縣이 있고, 송 흠종宋欽宗의 능이 거기에 있다' 하는데 여기서 거리가 얼마나 되는지는 모르겠다. 이곳이 옛날의 오국성五國城인 것이다"라고 나온다.

비로소 의무려산醫巫閭山이 서북쪽 모퉁이에 은은하게 비춰서 한 줄기의 푸른 빛이 하늘가에 보였다 안 보였다 하는 것 같았다. 옛날에 내가 백두산에 올랐을 때에 이 산을 바라 보았었는데, 오늘 다시 보게 되자 옛날부터 서로 알았던 것처럼 반갑게 느껴졌으니, 매우 우스꽝스런 일이었다. 저녁에 노변성老邊城[7]에 도착해서 어렵사리 조그마한 오두막집을 빌려서 묵었다. 환관들 중에 미리 온 자들이 여러 곳에 나누어 앉아서 각자 황제에게 올리는 물품을 받고 있는데, 돼지·양·거위와 오리 등이 몇 천 마리나 되는 지 알 수 없었다. 황제의 장막과 여러 부서의 장막을 치려는 사람들이

7 노변성老邊城: 《계산기정》에는 "일명 백변참白邊站이라고 하는데, 심양에서 60리 떨어져 있다"라고 했다.

숭덕황제崇德皇帝 영정
강희황제康熙皇帝 영정

시끄럽게 왕래하더니 밤이 새자 조금 그쳤다. 이날 아침에는 30리를 다녔고, 저녁에는 30리를 다녔으니 합쳐서 60리를 다녔다.

初十日, 早發入城. 出外攘門外通街, 卽三學士丁丑成仁處也. 卽地懷古, 不覺裂眦. 出土城門數里, 入實勝寺, 卽崇德願堂也. 扁曰慈航普濟, 制度之宏傑, 雕繪之奇麗, 無減行宮. 天聰九年, 元順帝後裔察蛤爾林丹之母, 以白駝載得國寶及嗎哈噶喇金像并金

의무려산醫巫閭山

字喇嘛經, 至此. 駝臥不起, 遂建此樓云. 金碧璀璨, 眼眩不能視. 其下層則滿揭佛像, 其上層則聞有崇德影幀, 而不許開鑰, 未得見. 其東邊小坑, 喇嘛大師居之, 其餘諸坑, 蒙古諸僧散處之, 又別一小國也. 未及實勝寺數百步, 有萬壽寺, 卽康熙願堂. 而扁曰萬壽無疆, 規謨與實勝無異. 而庭有鐵爐, 高可丈餘. 自瀋陽城外, 始築路廣幾百步, 西邊鑿渠通水, 路左右植柳, 直接山海關.

영안교永安橋

만수사

彼人所謂引道樹, 盖爲瀋幸時, 御路故也. 近又新修道路, 御路則當中而稍高, 禁人往來. 黃木黃索, 交架交絡, 廣可馳五馬, 兩邊夾路, 亦可方軌, 爲從臣陪扈之路. 又其外兩邊, 爲行人車馬之所往來. 橋梁亦皆分左右修治, 或甎或木. 而欄楯崢嶸, 丹碧璀璨, 夾路左右, 每二十步, 置紅水桶, 以便飮馬. 又二十步, 築土成垤, 以便上下馬, 直抵燕京云. 接駕官員之往來者, 帳御服食之供億者, 絡續交織, 道路難通矣. 至永安橋, 橋邊立碑, 書橋名, 題"崇德四年立" 石色靑而潤, 制度精而堅. 中火後, 行至摩刀橋, 始見醫巫閭山隱映於西北隅, 如一抹翠烔, 明滅天際. 昔余登白頭山, 望見此山, 今日重見, 如舊相識, 可笑. 夕抵老邊城, 艱貰小屋, 止宿. 宦寺之先來者, 分坐各處, 捧御供物種而猪羊鵝鴨之屬, 不知爲幾千首. 御幕及各司供帳之排設者, 喧聒往來, 徹夜小止. 是日, 朝行三十里, 夕行三十里, 合行六十里.

9월 11일

황제의 일행을 만나다

동틀 무렵에 정사正使와 함께 여러 정관正官들을 거느리고 아침밥을 먹고, 지영祗迎[1]하는 곳에 나아갔다. 평평한 백사장에 가설한 많은 장막이 700리나 이어진 병영兵營과 다를 것이 없었다. 기마를 탄 군대가 길에 늘어섰는데 아주 어지럽게 뒤섞여서 규율이 없었다. 낙타에 실은 짐[2]들은 산처럼 불룩했는데 끊임없이 이어졌다. 통역관 두 사람이 우리들을 인솔해서 어로御路의 오른편에 앉게 하고, 영송관迎送官[3]들이 채찍을 잡고 사람을 금지시켰다. 조금 뒤에 예부시랑禮部侍郎 개음포凱音布[4]가 홍려시鴻臚寺[5]의 관원과 함께 와서 접대하고 자리를[6] 정해 주었다. 청나라 사람들이 지영하는 것은 한 일자로 열을 짓는데 몇 백 명인지 알 수가 없었다. 이른바 공복公服 위에는 검은 비단 협수[7]를 입고, 속에는 수놓은 겹옷을 입어서 아래로 드리웠다. 앞과 뒤에는 모두 흉배가 있고, 목에는 염주를 걸고 있는데 각종 정자頂子[8]가 그 작위의 순서를 나타내고 있었으니, 1품은 흰 산호였고, 2품은 꽃 무늬의 산호였으며, 3품은 밝은 남색이었고, 4품은 어두운 남색이었으며, 5품은 밝은 흰색이었고, 6품은 어두운 흰색이었으며, 7품은 흰 금색이었고, 8~9품은 꽃무늬의 금색이었다. 서리와 군졸들은 정자頂子가 없었으며

1 지영祗迎: 감찰監察이 아침에 사헌부 장관을 맞이하는 것이나, 백관이 임금의 환행還行을 공경하여 맞이함을 뜻하는 말이다.

2 치중輜重: 여기서는 말이나 수레 따위에 실은 짐이라는 뜻으로 쓴 것이다.

3 영송관迎送官 : 외국의 사신이 올 때는 나가 영접하고 돌아갈 때에는 전송하는 구실을 맡은 관리다.

4 개음포凱音布: 청나라 사람이다. 일찍이 호부상서戶部尚書에 임명되었다가 뒤에 예부상서禮部尚書에 임명되었다. 그의 아들인 객이길선喀爾吉善(?~1757)도 유명하다.

5 홍려시鴻臚寺: 당대唐代의 관청 이름. 외국에 관한 사무와 조공朝貢 등의 일을 맡아 보던 곳이다.

몽골 사람들은 누런 색 옷을 입고 있었다.

심양장군瀋陽將軍 혁호奕顥[9]가 우리들이 앉아 있는 곳에 와서는 묻고 지나갔다. "이 사람은 종실宗室의 공작公爵이다"라고 들었는데 사람됨이 꽤나 출중했다. 그 위엄 있는 행동을 보건대 앞에 있는 자는 다만 7명의 기마병뿐이었으나, 뒤에 옹위하고 있는 자들은 수십 명의 기마병이었으니, 우리나라의 상감이 출행을 할 때 경기도 관찰사가 크게 위엄을 떨치는 것과 같았다. 오시午時 가량에 황제가 검은 옷을 입고 말에 걸터앉아서 손에 말채찍 하나를 잡고 왔다. 어떤 기마병 한 명이 앞에 있고, 누런 옷을 입은 사람은 헤아려보니 수십여 명 쯤 되는 기마병이었다. 그런데 뒤에 빙둘러서 옹위하고 있어 어떤 수레가 황제의 것인지 알 수가 없었으며, 위엄 있는 거동도 너무나 간소하다고 이를 만하였다. 대개 그 행군하는 법은 대열을 이루지 않고 혹은 두셋이거나 혹은 네다섯씩이었는데 어떤 것은 엉성하고 어떤 것은 치밀하여 가지런하지 않았다. 저들에게 물어보니, 이르기를 "이것은 기러기떼가 날아가는 진법陣法인데, 어가가 거동할 때에 매번 이와 같이 한다"라고 했다. 다만 깃발과 북은 군대의 이목耳目[10]과 같은 것인데, 깃발과 북이 없으면 어떻게 행군을 할 수 있겠는가. 더욱이 군졸 중에는 무기를 가지고 있는 사람이 많지 않아, 화살을 등에 지거나 칼을 찬 자들이 열에 하나 둘도 안 되었으니,

6 압반押班: 백관百官의 반차班次를 감찰하는 일. 백관이 자리할 위치를 정돈하는 일.

7 협수挾袖: 조선 후기에 만들어진 군복의 하나. 전투복 아래에 입었다. 소매가 좁아 날렵하고 간편하여 활동하기에 매우 편리하였으며, 깃과 소매의 색깔이 달랐음. 또한 소매의 색깔을 달리하여 부대의 소속이나 직무를 나타내었다. 순우리말로 '동달' 이라고도 한다.

8 정자頂子: 전립戰笠 따위의 위에 꼭지처럼 만들어 달던 꾸밈새.

9 혁호奕顥: 양람기鑲藍旗 사람. 일찍이 예부상서禮部尙書에 임명되었다가 병부상서兵部尙書가 되었다.

10 깃발과 북이라 하는 것은 군대의 이목耳目: 《좌전左傳》, 〈성공이년成公二年〉에 다음과 같이 나온다. 張侯曰 "師之耳目, 在吾旗鼓, 進退從之. 此車一人殿之, 可以集事. 若之何其以病敗君之大事也? 甲執兵, 固卽死也. 病未及死, 吾子勉之."

11 영반營盤: 군영軍營을 가리킨다.

갑자기 다급한 변고가 있게 되면 장차 어떻게 도움을 받을 수가 있겠는가. 괴이하고 괴이하다 할 만하였다.

황제가 우리들이 지영하는 장소를 지나갔다. 시랑侍郎이 황제의 말 앞에 나가서 꿇어앉아 말하기를 "조선의 사신들이 공손스럽게 어가를 영접하고 있습니다"라고 하니, 황제가 돌아보면서 고개를 끄덕이고 지나갔다. 황제가 영반營盤[11]으로 들어간 뒤에 우리들이 예부의 통보를 통해 포성布城의 작문作門 밖으로 따라 들어가서 어지御旨를 기다렸으니, 대개 어가가 지나가는 곳에는 비록 주현州縣의 촌점村店이 있다 하더

연행도燕行圖
(숭실대 한국기독교박물관 소장 제7폭). 지금은 없어진 연경성의 동문인 조양문으로 조선 사절이 들어가는 모습이 표현돼 있다.

라도 거기에 들어가서 거처하지는 않는다. 모두 들 가운데의 텅 비고 널찍한 곳에 장막으로 만든 군영軍營을 높직하게 설치하였는데, 훌륭하고 기이한 모습이 꼭 전각殿閣과 같았다. 세 겹으로 진열한 천막을 빙 둘러쳐서 네모난 성을 만들어 영반營盤이라고 이름하였으니, 이른바 작문作門이었는데 또한 갑군甲軍을 세우지 않고, 좌우에는 각각 4개의 군막을 설치하여, 내작문內作門과 외작문外作門으로 삼았다.

한참 뒤에 예부의 관원이 나와서 황제의 어지를 전하면서, 사신으로 온 사람들의 인원 수를 기록해 가지

연행도燕行圖
(숭실대 한국기독교박물관 소장 제9폭). 조선 사절단(오른쪽 아래)이 공복을 갖춰 입고 청 황제의 궁궐 밖 행차를 지영祗迎(백관이 임금의 행차를 공경해 맞음)하는 장면을 묘사한 그림.

고 들어갔으며, 또 조금 뒤에 와서 상사上使와 서장관書狀官의 나이를 물어보고 들어갔다. 조금 뒤에 황태후와 황후의 수레가 도착해서 우리들에게 서로 바라볼 수 있는 곳으로 약간 물러나게 했다. 내전內殿 또한 위엄스러움이 없고, 누런 빛의 지붕을 한 작은 수레를 타고 있는데 왼쪽·오른쪽과 앞의 세 면에는 유리문을 달고 비단 장막을 드리웠다. 시녀들은 혹은 수레를 타기도 했으나 혹은 남자의 의복 차림으로 말을 타고 들어왔다. 다만 평야에 열 지어 있는 것들이 말이 몇 만 마리이고 사람이 몇 만 명인지 알 수 없었는데, 엄숙하여 떠들어 대는 소리가 없었으니, 그 기율紀律이 엄하다는 것을 볼 수 있었다. 우리들이 앉아서 오래 기다렸는데 예부시랑이 와서 말하기를 "물러가는 것이 좋겠소"라고 했다. 그러므로 곧바로 물러나와 숙소로 돌아왔을 때는 이미 신시申時가 지났었다.

종전에는 모두 끌고 가서 행전行殿[12]의 문 밖에 서 있으면, 낙다絡茶[13]를 하사해 주었다고 한다. 그러나 지금은 그렇지 않으니 또한 매우 괴이한 일이었다. 이어서 곧바로 짐을 꾸려 출발하였다. 빠르게 말을 달려 갔으나, 심양에 20리를 못 미쳐서 해가 이미 떨어져 어두웠다. 저들의 풍속에는 밤에 다닐 때에 횃불을 켜고 다니는 것을 제일가는 금령禁令으로 삼았으므로 촛불 하나를 잡고 달빛을 받고 어렵사리 서문으로 들어갔다. 동문에 이를 무렵이 되자, 문의 자물쇠가 이미

12 행전行殿: 임금이 임시로 거처하던 궁전.

13 낙차絡茶: 차茶의 이름으로 보이나 자전字典에 보이는 곳이 없어 확인할 수는 없다.

잠겨 있어서 문에 머물다가 나와서 삼의묘三義廟에 돌아와 잤으니 밤이 이미 이경이 되었다. 이날에 60리를 다녔다.

十一日, 黎明, 與正使, 率諸正官蓐食, 出往祇迎所. 平沙萬幕, 無異七百里連營. 騎馬之軍織路而雜亂無律. 載駝之輜重如山, 而絡續不絕. 兩通官引余輩, 坐於御路右邊, 迎送官執鞭禁人. 俄而禮部侍郎凱音布, 與鴻臚寺官員來接押班. 彼人之祇迎者. 一字成列, 不知爲幾百人. 而所謂公服上着黑緞挾袖, 裏着繡袂下垂, 前後皆有胷褙. 項掛念珠, 以各種頂子, 表其爵秩. 一品素珊瑚, 二品花珊瑚, 三品亮藍, 四品暗藍, 五品亮白, 六品暗白, 七品素金, 八九品花金. 胥班軍卒, 無頂子, 蒙古着黃衣矣. 瀋陽將軍奕顥, 來到余等所坐處, 詢問而過. 聞是宗室公爵, 而爲人頗英俊. 觀其威儀, 則在前者只七騎, 而擁後者爲數十騎. 如我國幸行時, 畿伯之大張威儀也. 午時量, 皇帝黑衣跨馬, 手執一鞭而來. 有一騎在前, 黃衣計可數十餘騎, 在後環擁, 不知何者是皇帝, 威儀亦可謂太簡矣. 盖其行軍之制, 不成隊伍. 或二三, 或四五, 踈密不齊. 問於渠輩, 則云, "是雁翅陣法, 動駕之時, 每每如是"云. 但旗鼓者, 師之耳目也, 無旗鼓而何以行軍乎. 況軍卒之持器械者無多, 負羽佩釼者十不一二, 猝有緩急之變, 將何以得力乎. 可怪可怪. 皇帝過余等祇迎所. 侍郎詣馬前跪, 奏朝鮮使臣恭接聖駕, 皇帝回顧, 點頭而過. 皇帝入營盤後, 余等因禮部知委隨到布城作門外候旨. 盖皇駕所經, 雖有州縣村店, 不爲入處. 皆於野中空濶處, 高設幄營, 宏傑奇巧, 一如殿閣. 三重列幕, 環作方城,名之曰營盤. 所謂作門, 亦不把立甲軍, 左右各設四軍幕, 以爲內外作門. 良久, 禮部官出傳皇旨, 錄入使行人員數, 又小頃來, 問上使及書狀年歲而入去. 小頃, 皇太后皇后駕至, 使余等小退於相望之地. 內殿亦無威儀. 只乘黃屋小車, 而左右前三面, 帖琉璃, 垂紗帳. 侍女或乘車, 或男服跨馬而入矣. 但平郊布列者, 不知爲幾萬騎·幾萬人, 而肅然無喧嘩之聲, 可見紀律之嚴明也. 余等坐待良久, 禮部侍郎來言退去爲宜云. 故卽爲退歸寓所, 已過申時矣. 前此則皆引立於行殿門外, 宣賜絡茶云. 而今則不然, 亦可怪也. 仍卽治發. 疾馳作行, 未及瀋陽二十里, 日已曛黑. 彼俗以夜行燃炬爲第一禁令, 故秉一燭, 帶月光, 艱入西門. 比至東門, 門鑰已下, 留門出來. 還宿三義廟, 夜已二更矣. 是日行六十里.

9월 12일

적벽부 이야기를 나누다

오늘은 곧 둘째 동서同婿의 대상大祥 날인데, 홀로 타국에 머물러 있으니 곡을 할 곳이 없었다. 새벽에 베갯머리에서 잠이 안 오는데 나도 모르게 눈물이 흘러내렸다. 어가를 영접하는 장계狀啓를 밀봉해서 발송하여 의주義州의 군관에게 내보내서 그에게 책문 밖에 대령하는 의주의 훈역訓譯하는 곳에 13번째 편지를 부쳤다. 진량陳亮과 무공은이 함께 찾아 왔다. 한나절 동안 필담을 했는데 진씨는 남쪽에 사는 선비였다. 그러므로 시험삼아 "적벽강赤壁江을 보았습니까 못 보았습니까?" 물으니, 그가 대답하기를 "남쪽에는 두 개의 적벽강이 있는데, 하나는 황주黃州에 있으니 곧 소동파蘇東坡가 놀았던 곳이고, 하나는 가어嘉魚에 있으니 주유周瑜가 뜻을 이룬 곳이었습니다. 그런데 동파가 지역을 빌려서 적벽부를 지었으므로[1] 후세 사람이 그것을 분간하는 사람들이 있었습니다. 〈적벽부〉 중에 '동쪽으로 바라보면 하구夏口이고, 서쪽으로 바라보면 무창武昌이다' 라고 했으니 이것은 바라보았을 뿐이고 그 자리에서 회고한 것은 아니라는 것을 알 수가 있습니다"라고 하였으니, 또한 새롭게 듣는 일이었다.

1 동파東坡가……지었으므로: 호북湖北에는 가어嘉魚, 무창武昌, 한양漢陽, 황강黃岡 등 네 곳의 적벽赤壁이 있다. 가어는 주유周瑜가 조조曹操를 대파한 곳이고, 황강은 소식이 뱃놀이를 했던 곳이다. 소식은 적벽대전이 황강에서 일어난 줄 착각했다가 후에 잘못을 인정하였다.

[2] 침忱은 침枕의 오자로 보인다.

十二日, 今日卽仲娣氏大祥日也, 獨滯異域, 泄哀無地. 曉忱[2]無寐, 有淚無從而已. 封發接駕狀啓, 出送灣上軍官, 使之給付於柵外待令, 義州訓譯處付三地書. 陳庾樓·繆楳澥聯袂來訪. 半日筆談, 而陳是南士, 故試問曾見赤壁江否? 答云, "南中有二赤壁, 一在黃州卽東坡所遊處也, 一在嘉魚卽周郞得意處也. 而東坡借地作賦, 故後人有辨之者, 赤壁賦中東望夏口, 西望武昌云者, 皆言望見而其非卽地懷古, 可知也"云. 亦係新所聞也.

9월 13일

무공은 부자와 온종일 필담하다

무공은 부자父子가 찾아 와서 온종일 필담을 했다. 예부禮部에서 통보로 "어가가 23일에 성경盛京에 당도하게 되니, 조선 사신들은 실승사 앞 길에 나와서 공손하게 맞이하라"고 하였다.

十三日, 楳澥父子來訪, 筆談以終日. 自禮部知會, 皇駕二十三日, 當到盛京, 朝鮮使臣, 使之出實勝寺前路抵迎.

9월 15일

무공은과 그의 사위와 온종일 필담하다

무공은이 그의 사위인 유서신劉書紳(호는 근재謹齋)를 데리고 또 찾아 와서, 온종일 필담을 하고 돌아갔다.

十五日, 楳瀣携其婿劉生書紳號謹齋, 又來訪. 竟日筆談而去.

9월 16일

진삼덕陳三德이 아들을 데리고 왔다

진삼덕陳三德이 그 아들을 데리고 찾아 와서 온종일 있다가 떠났으며, 진칠양陳七襄이 찾아 왔다.

十六日, 陳敬宣携其子, 來訪, 竟日而去, 陳七襄來訪.

9월 17일

진귀한 선물을 받다

예부의 통보로 이른 아침에 정사正使와 내가 여러 정관正官들을 거느리고 예부로 나아가서 행조行朝(行在所)에서의 연례演禮[1]에 참가했다. 관청으로 물러 나와서 복낭중福郎中(福克精阿로 보임 8월 30일 나온다)과 함께 필담을 나눴으며, 차를 마신 뒤에 진량陳亮을 찾아 갔더니 진량이 백수도百壽圖 한 폭을 나에게 증정해 주었다. 송나라 때 어부가 관우關羽[2]의 "한수정후漢壽亭侯" 도장을 동정호洞庭湖에서 얻어 산서山西의 해주解州 관청에 보관하고 있었는데, 진량이 그의 선친이 평륙平陸 지현知縣으로 있을 때 따라가서(평륙은 해주의 속현屬縣이다) 큰 종이에 도장을 이어지도록 찍었다. 모두 백 번을 찍어 전서 '수' 자를 만들었으니, 참으로 귀한 보배이고 옛 유물이다. 내가 환약丸藥을 주어 감사를 표시하고 돌아왔다.

황력재자관皇曆賫咨官[3]이 중국에 들어왔다 지나가는 편에 14, 15, 16, 17, 18번째 편지를 볼 수 있었는데 오래 소식이 막혔던 터에 기쁨을 말로 표현할 수가 없었다. 아침에 진량이 한 폭의 그림과 시를 나에게 보여 주었다. 대개 진량의 일가로 호가 남루南樓인 진감陳鑑이란 사람이 운남성雲南省의 지현사知縣事로 있을 때, 마침 역적[4]이 마구 날뛰는데[5] 군대에 종사하여,

1 연례演禮: 청나라 때 벼슬에 처음으로 임명된 사람이 황제를 알현하기 하루 전에 이부吏部에 나아가 예절을 익히는 일.

2 관우關羽: 중국 삼국시대의 촉인蜀人. 자는 운장雲長. 유비劉備를 도와 한때 위엄을 떨쳤으나 손권孫權과 여몽呂蒙의 계책에 빠져 그 아들과 함께 살해되었다. 뒤에 한수정후漢壽亭侯에 봉함을 받았다.

3 황력재자관皇曆賫咨官: 중국에서 보내는 책력을 가지고 오는 관원.

4 소추小醜: 보잘것없는 추악한 사람. 주로 야인野人이나 역적을 매도하는 말로 쓰인다.

5 도량跳梁: 함부로 날뛰다.

七月 八月 九月 十月 卷末

큰 공훈을 세웠었다. 그래서 바로 봉천부奉天府의 치중治中이 되어서는 군영軍營에서 싸우는 상황을 그림으로 그려 '서생종군도書生從軍圖'라 이름을 붙였고, 그림 아래쪽에는 여러 사람들의 제영題詠이 있었다. 진량은 또 남루南樓(진감陳鑑을 가리킴)에게 보내려는 생각으로 나에게 제영시를 이어서 시를 써 달라 청하면서 남루는 현재 창도청昌道廳의 인무印務[6]로 있다고 말해 주었다. 내가 승낙하고 밤중에 20운의 시를 지어 보냈다.

[6] 인무印務: 관서官署의 직인職印을 관장하는 직무職務이다.

十七日, 因禮部知委, 早朝, 正使及余率諸正官, 詣禮部, 行朝參演禮. 退出署中, 與福郎中筆談, 茶罷後, 因歷訪陳庾樓. 庾樓以百壽圖一幅爲贈. 盖關公漢壽亭侯印, 宋時漁人, 得之洞庭湖中, 藏於山西解州署. 而庾樓隨其先親於平陸知縣時, 平陸卽解州屬縣也. 以大紙連綿印出, 凡百印而成篆壽字, 誠稀寶也, 古蹟也. 余以藥丸爲謝而歸. 皇曆賚咨官入來. 過去便見四五六七八地書, 久阻之餘, 喜不可言也. 朝者, 陳庾樓以一幅圖與詩, 見示. 盖庾樓之族, 陳鑑號南樓, 在雲南省知縣事時, 適値小醜跳梁, 從事軍旅, 克奏膚功, 方爲奉天府治中, 而繪畫軍營戰伐之狀, 名曰, 書生從軍圖, 下方有諸公題詠. 庾樓又致南樓之意, 要余續題, 而南樓方現在昌道廳印務云矣. 余諾之, 夜成二十韻以還之.

9월 18일

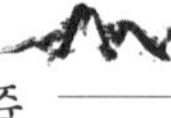

중국의 풍속에 대해 이야기하다

진량과 팽조체彭兆棣가 나란히 방문했다. 진량은 주련柱聯을, 팽조체는 시장詩章을 소매에 넣어다가 내게 주었다. 필담을 할 즈음에 진량은 "중국의 풍속은 반비潘妃가 연꽃처럼 걸어 다닌[1] 이후로 종종 걸음을 다투어 향했소. 아녀자들이 모두 발을 전족 하고 궁혜弓鞋 신는 것이 습관이 되어 풍속을 이루었으니, 조선도 이러한 풍속이 있습니까?"라고 써서 보였다. 내가 글로 "조선은 그렇지 않소. 일찍이 들으니 명나라 때 망건이 나온 뒤에 사람들이 '두액頭厄'이라 일컫고, 담배가 나온 뒤로 사람들이 '구액口厄'을 만났다고 했답니다. 지금 중국의 부녀자를 보니 '족액足厄'이라 이를 만합니다"라고 써서 보이자, 이어서 서로 깔깔대고 웃었다.

十八日, 陳庚樓及彭兆棣聯訪. 陳袖柱聯·彭袖詩章見贈. 而筆談之際, 陳書示曰, "中華風俗, 自潘妃步蓮以後, 競向纖步. 婦女皆纏足弓鞋, 習以成俗, 東國亦有此俗乎?" 余書示曰, "東國則不然. 曾聞明時網巾出後, 人稱頭厄, 烟茶出後, 人稱口厄矣. 今見中華婦女, 可謂足厄也" 因相與呵呵大噱.

1 반비潘妃가 연꽃처럼 걸어 다닌: 보보생연화步步生蓮花를 가리킨다. '발걸음마다 연꽃이 피어난다'라는 뜻으로, 미인이 아름다운 자태로 걷는 모습을 비유하는 말이다. 중국 남북조 시대 제齊나라의 폐제廢帝 동혼후東昏侯가 총애하던 반비潘妃의 걸음걸이를 비유한 고사故事에서 유래되었다.

9월 19일

온종일 정신없이 자다

오늘은 곧 상여喪餘[2]여서 객지에서 맞는 슬픔이라 더욱 말로 할 수 없었으므로 온종일 쓰러지듯이 누워서 정신없이 잤다.

十九日, 今日卽喪餘也, 客裏愴慟, 尤無可言, 頹臥昏睡以竟日.

2 상여喪餘: 3년상을 마친 뒤의 첫 기제忌祭.

9월 20일

중국 사람들과 술자리를 갖다

무공은이 술자리를 마련하고 맞이하였으므로 내가 구하 조카와 함께 가서 나아가니 상사上使 어른도 모여 있었다. 먼저 두 사람의 손님이 자리에 있었다. 한 명은 부지符芝인데 호가 수잠壽潛이었고, 다른 한 명은 김씨金氏(이름은 알 수 없음)인데 호는 부석富錫이었으니 "모두 심양의 문사文士"라고 하였다. 그리하여 함께 필담을 해 보니 과연 빈말은 아니었다. 무공은의 집은 비록 웅장하고 화려하지는 않았으나, 뜰에 있는 화초들이 매우 잘 정돈되어 있고, 글씨와 그림, 붓과 벼루들도 매우 고상했으며, 벽에 걸려 있는 6폭의 짧은 족자에는 "이 그림은 진秦, 한漢나라 때 기와에서 찍어 낸 것이다"라고 했는데 그 문장을 보니 과연 모두 조전鳥篆[1]과 과두蝌蚪,[2] 미앙체未央体와 장락체長樂体 등의 글자였다. 또 깨진 기와 한 조각이 있었는데, 또한 한나라 때 글자가 새겨져 있었다. 내가 써서 "일찍이 패사稗史를 보건대, 어떤 사람이 어린애를 시켜서 기와 한 조각을 친구에게 보내면서 '이것은 동작와銅雀瓦[3]이네'라 하니 친구가 그것을 보고서 조그마한 어린애에게 말하기를 '어찌 이런 일이 있을 수가 있겠는가. 이것은 가짜일 것이다'라고 하니 어린애가 말하기를 '저의 아버지가 몸소 만드는 것을 보았는데

1 조전鳥篆: 중국 옛 서체의 하나인 전서篆書를 이르는 말이다.

2 과두蝌蚪: 중국 고대에 필묵이 아직 쓰이지 않았을 때 죽간에 옻을 묻혀서 글을 썼는데, 대나무는 딱딱하고 옻은 끈적끈적하기 때문에 글자의 획이 머리는 굵고 끝은 가늘게 되어 마치 과두(올챙이) 모양으로 보였기 때문에 이런 이름이 붙었다.

어찌 가짜일 이치가 있겠습니까' 라고 하였으니, 이제 이 기와도 선생이 몸소 만든 것을 본 것이 아니겠소?" 라고 하니, 그 자리에 가득히 앉아 있는 사람들이 집이 떠나가도록 웃었다. 조금 뒤에 술과 음식이 함께 나왔는데 끊임없이 계속 들어왔다. 저물녘에야 비로소 돌아왔다.

3 동작와銅雀瓦: 중국의 삼국三國시대時代에 조조曹操가 지은 동작대銅雀臺의 지붕을 이었던 기와. 잿물을 입혀 만들었는데, "이것을 벼루로 하여 먹을 갈면 먹물이 번지지 아니하므로 매우 보배롭게 여긴다"라고 했다.

二十日, 楳澥設酌見邀, 故余與龜姪, 往赴之, 上使丈亦會焉. 先有二客在坐, 一是符芝號壽潛, 一是金[缺]號富錫, 皆瀋陽文士云. 而與之筆談, 果不虛焉. 楳澥第宅, 雖不壯麗, 而門庭花卉, 極其齊整, 書畵筆硏, 亦甚閑雅, 壁掛六幅短簇云, '是秦漢古瓦, 所印者' 而觀其文, 果皆鳥篆蝌蚪未央·長樂等字也. 又有敗瓦一片, 亦刻漢時字. 余書示曰, "曾見稗史, 某人使一小奚, 送一瓦片於其友人曰, '此銅雀瓦也' 友人見之, 語小奚曰, '寧有是也, 此必贋也' 奚曰, '小的老爺, 躬自監造, 寧有贋理云' 今此瓦, 亦豈非先生之躬, 自監造者耶?" 滿坐鬨堂. 小遷, 酒饌并進, 連續不絕. 薄暮始歸.

9월 21일

무공은 책을 나누어 보다

무공은이 방금 내가 가지고 온 《난계집蘭溪集》[1]을 사랑스럽게 감상하기를 마지 않으면서 "그것을 빌려가서 베끼어 자손에게 보여주기를 원합니다"라고 했다. 그러므로 내가 이어서 그것을 주니 아주 번거롭게 여러 번 "감사하다"라고 하면서 떠나더니 오늘은 인쇄한 《감응편感應篇》[2] 한 첩을 가지고 와서 주고 갔다. 유서신劉書紳이 또 찾아 와서 반나절 동안 필담을 하였으니, 더욱 그가 해박한 선비라는 것을 알 수가 있었으며, 수더분하여서 흉허물이 없는 매우 사랑스러운 사람이었다.

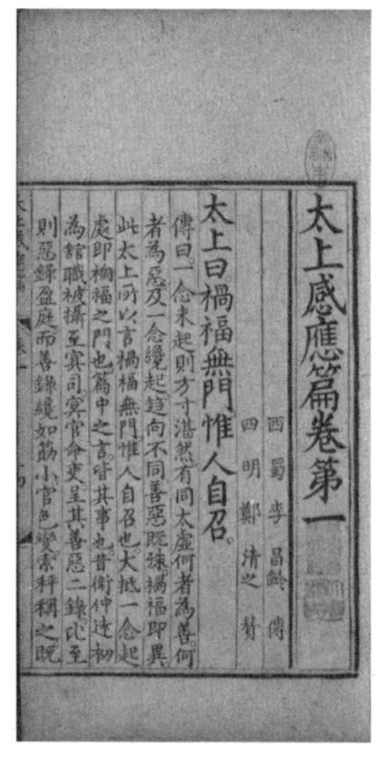
太上感應篇卷第一

西蜀 李昌齡 傳

四明 鄭清之 贊

太上曰禍福無門惟人自召。

傳曰一念未起則方寸湛然有同太虛何者為善何者為惡及一念纔起趨向不同善惡既殊禍福即異此太上所以言禍福無門惟人自召也大抵一念起處即禍福之門也篇中之言皆其事也昔衛仲達初為館職被攝至冥司冥官命吏呈其善惡二錄比至則惡錄盈庭而善錄纔如筯小官色變索秤稱之既

감응편感應篇

二十一日, 楳瀣向見余所携來蘭溪集, 愛玩不已, 願借去抄出以示子孫云. 故余因以與之, 則致謝僕僕而去矣, 今日携印刻感應篇一帖, 來贈而去. 劉謹齋又來訪, 半餉筆談, 尤知其爲淹博士也, 又坦率, 無畦畛, 可愛人也.

[1] 《난계집蘭溪集》: 함부림咸傅霖의 문집. 함부림咸傅霖(1360~1410)은 고려 말·조선 초의 문신. 본관은 강릉江陵. 자는 윤물潤物이고, 호는 난계蘭溪. 이성계를 도와 조선 개국에 공을 세워 개국공신 3등에 책록되었다. 예조의랑을 거쳐 좌산기상시 겸 상서소윤, 의정부참지사, 대사헌이 되었다. 제1차 왕자의 난 때 정도전과 함께 왕자 방석을 옹립하였다는 혐의로 탄핵을 받았다.

[2] 감응편感應篇: 태상감응편太上感應篇을 가리킨다. 중국 남송南宋 초기의 이창령이 지은 가장 유명한 권선서勸善書. 노자老子의 말로 된 1천 277자의 작은 책으로, 신은 악행惡行의 수로 사람을 줆어서 일찍 죽게 하므로 오래 살려면 선을 많이 쌓아야 한다고 설명하고 있다.

9월 22일

무료한 하루를 보내다

온종일 바람이 불고 가랑비가 내려서 출행할 수가 없었으며 또 내방하는 사람도 없었으므로 무료하게 하루를 보냈다.

二十二日, 終日風細雨, 不得出行, 又無來訪者, 無聊以度日.

9월 23일

황제 일행과 마주치다

아침에 비가 오다가 저녁에 개었다. "황제의 어가가 오늘 마땅히 심양에 도착하게 된다"라고 하였다. 그러므로 오고五鼓(오전 3시~5시에 해당)에 정사正使와 여러 정관正官들을 거느리고 북소문北小門을 나와서 10리 밖의 지영소祗迎所로 나갔으니, 곧 실승사實勝寺의 북쪽이고 장령사長寧寺의 남쪽이었다. 저 지영祗迎하는 사람과 구경하는 사람들이 평원이나 광야 안에 가득 차 있었는데, 빗줄기가 연거푸 쏟아져서 지위가 높은 사람이나 낮은 사람들 모두가 비에 젖었다. 저 사

어화원

람들도 우비가 있어서 머리에 우비를 쓴 것은 보자기와 같았고, 몸에 우비를 입은 것은 치마와 같았으며, 또 간혹 우비를 입지 않은 자는 모두 위에다 전의氈衣를 입었다. 대개 전의는 비가 내려도 새지 않아서 말리기가 쉬운 까닭이었다. 의장儀仗과 기모旗旄가 아주 현란하게 번쩍대서 10리 길을 가로 뻗쳤으니 위엄있는 행동이 노변성老邊城에서 너무 간단한 것보다는 훨씬 나았다. 대개 심양에서 영접하는 의식이라고 한다.

날 샐 무렵에 황제께서 납시었는데, 해와 달과 물을 그린 색깔옷을 입고 금빛 자수로 만든 둥근 흉배胸背를 착용하였으며, 황옥교黃屋轎인 견여肩輿를 타고 천천히 가면서 우리들이 앉아 있는 곳을 돌아보고 한참 있다가 비로소 지나가시었다. 우리들은 빗속에서 오래 견딜 수가 없어서 곧바로 수레를 몰아서 관사로 돌아왔다. "이날에는 황제께서 장령사와 실승사의 두 절에 나아가서 향을 사르고, 외양문外攘門을 거쳐서 성경궁盛京宮으로 나아가신다"고 하는데, 장령사에서는 곧 어화원御花園의 라마승이 향기로운 꽃을 받든다고 하였다. 태조太祖의 복릉福陵이 승덕현承德縣 천주산天柱山에 있으니 성경盛京에서의 거리가 30리였고, 태조의 소릉昭陵은 승덕현 융업산隆業山에 있으니 성경에서의 거리가 10리였다. 그런데 "황제께서는 지나는 길에 먼저 이미 공경스럽게 지알祗謁하셨다"고 한다.

二十三日, 朝雨夕晴. 皇駕今日當抵瀋陽云. 故五鼓與正使, 率諸正官, 出北小門, 十里外祇迎所, 卽實勝寺之北, 長寧寺之南也. 彼人祇迎者·觀光者, 彌滿於平原廣野之中, 而雨勢連注, 上下沾濕. 彼人亦有雨具, 頭着者如袱, 身着者如衣裳, 又或不着者, 皆上着氈衣. 盖氈則雨不漏洒之易乾故也. 儀仗旗旄, 炫燿閃爍, 橫亘十里, 威儀大勝於老邊城之太簡. 盖瀋陽迎接之儀云. 平明, 皇帝御繪日月水色衣, 着金繡圓胸褙, 乘黃屋轎肩輿, 徐行回顧, 余等所坐處, 良久, 始過去. 余等冒雨不堪遲延, 卽爲驅車還館. 是日皇帝, 詣長寧實勝兩寺, 拈香, 由外攘門, 進盛京宮云. 長寧寺, 卽御花園, 喇嘛僧奉香花云. 太祖福陵在承德縣天柱山, 距盛京三十里, 太祖昭陵, 在承德縣隆業山, 距盛京十里. 而皇帝歷路, 先已祇謁云矣.

복릉福陵

9월 24일

편지를 받지 못해 울적했다

황제가 경우궁景祐宮과 문묘文廟에 배알을 하고 무근문撫近門으로 나와서 당자堂子와 천단天壇에 거둥하고, 또 극근친왕克勤親王의 묘소에 친히 가서 제사를 지내고[1] 천우문天祐門을 거쳐서 환궁하신다고 했다. 경운궁은 곧 천관天官·지관地官·수관水官 삼관三官의 사당인데, 대동문大同門 안에 있으며, 문묘도 그 옆에 있고, 천단은 대남문大南門 밖에 있으며, 당자는 곧 등장군鄧將軍의 소상塑像을 안치한 곳이었다. 극근친왕은 곧 섭정한 왕인데, 숭덕崇德의 묘정廟庭에 배향되었다고 한다. 어가를 거둥할 때에 예부에서 알려주지 않았으므로 지영하지는 않았으나, 관館에서 볼 수 있는 곳에 길이 나 있었다. 그러므로 문 밖으로 나와서 보니 군대의 모습이 매우 성대하였으나 조용해서 말 소리 하나도 들리지 않았다.

저녁에 유서신劉書紳이 찾아 와서 필담하였는데 여러 가지 기이한 일을 대충 들었다. 밤에는 접가接駕의 장계를 가져 왔던 군관이 비로소 돌아왔다. 그런데 집에서 보내는 편지는 오지 않았으니 매우 울적하였다. 군관軍官이 기한을 넘겨서 그제서야 돌아온 이유를 듣건대 훈역訓譯이 와서 기다리지 않아 그가 직접 의주義州로 가서 전해 주었다고 한다. 대개 훈역이 와서 책

1 사전賜奠: 황제가 친히 나아가 제사지내는 것을 이르는 말이다.

문 밖에서 기다리려는 것은 유독 장계를 전해 주기 위한 것만은 아니었으니, 변경의 일은 알 수 없는 것이 있었다. 그런데 사행이 책문으로 들어간 뒤에는 우리나라 사람이 책문을 통행할 수 없게 하였다. 예로부터 이러한 규칙이 있었는데 지금 갑자기 그것을 없앴다.

극근친왕克勤親王

비록 다행스럽게도 근래에 황제의 행차 때문에 책문이 곧 열려 있었으므로 군관들이 곧바로 의주로 가게 되었으니, 변방의 일은 자못 놀랄 만하였다.

二十四日, 皇帝拜景祐宮·文廟, 出撫近門, 幸堂子·天壇, 又賜奠克勤親王墓, 由天祐門還宮云. 景祐宮卽天地水三官之廟, 而在大同門內. 文廟亦在其傍, 天壇在大南門外, 堂子卽鄧將軍塑像所安處也. 克勤親王卽攝政王, 而配崇德廟庭云. 動駕時, 無禮部知委, 故不爲祗迎, 而路由舘所相望之地. 故出門望見, 軍容甚盛, 寂無一聲矣. 夕, 劉書紳來訪筆談, 略聞諸奇. 夜接駕狀啓賫去軍官始回而家書不來可鬱. 聞軍官過期, 始歸之由, 則訓譯不爲來待, 渠自直到灣府傳致云. 蓋訓譯之來待柵外, 非獨爲狀啓傳致也. 邊境事有未可知, 而使行入柵後, 不可使吾人通行於柵門. 故自古有是規, 而今忽闕之, 雖幸近緣皇曆之行, 柵門方開, 故軍官直達灣上, 而邊事殊可駭然也.

9월 25일

황제를 친견하다

황제가 새벽에 오운제烏雲祭를 행한다고 들었다. 오운烏雲이라는 것은 만주말로 아홉이라는 뜻이다. 궁내에서 아홉 번 제사를 행하는데 관제關帝와 황제皇祖, 등대인鄧大人이 함께 이 제사를 받는다. 그런데 희생을 잡아서 올리고 제사가 끝나면 돼지고기를 삶아서 잘라 쌀밥과 버무렸는데 이름을 식소육반食小肉飯이라 하였다. 제사를 지낼 때에는 청령궁淸寧宮의 서쪽 담 아래에 누런 포장 하나를 설치하고, 각라 관원의 아내 두 사람에게 서쪽으로 향해 꿇어 앉아 만주의 글을 읽게 했으며, 황제도 서쪽을 향해서 무릎을 꿇고 각라[1] 관원의 아내가 읽는 것에 따라 예를 행한다고 한다.

이날에 황제가 숭정전崇政殿에 나아가서 조참례朝參禮를 행한다. 예부의 통보로 오고五鼓에 정사正使와 함께 여러 정관正官들을 거느리고 동화문東華門 밖에 나아가서 기다리는데 예부의 군막에서 앉을 자리를 빌렸다. 동화문이 열린 뒤에 통역관[通官]이 사신과 정관 등을 거느리고 동화문의 협문挾門을 통해서 들어갔다. 깃발이나 산선傘扇[2]들이 쌍쌍이 벌린 채로 세워져 있고, 부월斧鉞이나 간극干戟들이 겹겹이 나누어 서 있었는데, 새벽빛이 어슴푸레 해서, 무성한 나무들이 줄을 이루고 있는 것과 같았다. 홍려시鴻臚寺의 관원들이

1 각라覺羅: 청나라 현조 선황제顯祖 宣皇帝의 백숙형제伯叔兄弟의 자손을 뜻하는 말. 만주어로서 원래는 부락의 명칭이었다가 나중에 뜻이 변하여 성씨로 사용되기도 하였다.

2 산선傘扇: 산傘과 선扇. 둘 다 임금이 거둥할 때에 쓰는 의장儀仗으로 산은 일산 모양이고 선은 부채 모양인데 긴 대가 달려 있어 이를 잡고 받쳐들었다.

수가[3]하는 왕공과 몽골 왕공을 이끌고서 궁전 밖에 늘어서 있었고, 또 문무 대신을 이끌고 궁궐의 동쪽에 배열하였으며, 또, 성경盛京의 문무 대신들을 이끌고 궁궐의 서쪽에 줄지어 서 있었으며, 또 성경에서 품계가 낮은 관원과 기로耆老와 영최領催 등을 이끌고서 대청문大淸門 밖에 늘어 서 있었으며, 또 조선 사신과 정관正官들을 끌고서 그 끝에 앉아 있게 하였다.

조금 뒤에 황제가 궁전에 오르자 음악이 연주되었으며, 자리에 오르자 음악이 그치고 말채찍으로 세 번 소리를 울리니 반차 행렬을 이룬 줄들이 엄숙해지고 음악이 또 연주되었다. "나가라" 찬贊하고 "꿇어 앉으라" 찬하자 왕공王公 이하 문무 각 관원들과 사신 등이 다함께 무릎을 꿇으니 음악이 그쳤다. 선표관宣表官이 만주말로 낭독하기를 다 마치자 음악이 연주 되었으며 세 번 절을 하고 아홉 번 고두叩頭하는 예를 행하였으며, 또 말채찍을 세 번 소리나게 울리니 황제가 내전內殿으로 돌아갔다. 예부 관원이 조정에서 조칙을 받들면 교위校尉가 예부에 가지고 와서 천하에 반포한다 하였다. 우리들은 이어서 물러나 관사로 돌아왔다.

이날에 "황제께서 왕공 대인들에게 상을 주시고 밥을 먹었다"고 들었으니 대개 음식을 베풀어 위로하는 것[犒饋]과 같은 예例였다. 또 "각기 차등을 두어 상을 내리셨다"고 한다. 점심 때에 담당 역관들이 행궁에 나아가서 방물을 드렸는데 곧 사슴가죽, 청색담비 가

3 수가隨駕: 임금이 거둥 때에, 임금을 모시고 따라다니던 일을 이른다.

죽, 왜장검 등은 안으로 들어가서는 곧장 무비원武備院에 보내고, 표범가죽, 수달가죽은 피고皮庫에 보냈으며, 대구, 광어, 문어, 해삼, 홍합, 다시마는 내무부內務府로 보내고, 개암, 잣, 벌꿀, 곶감, 부초는 광록시光祿寺에 보냈다. 또 호종하는 여러 신하들에게 하사하여 보냈으나 여러 신하들이 미처 받아가지는 못했다. 담당 통역이 구분해서 처리할 수 없는 것은 함께 관문 밖에다 쌓아 두고서는 밤새껏 지킨다고 하였다.

저녁에 예부에서 황제가 주는 붓을 받들어 전하여 그들에게 돌아가 드리게 하였다. 나와 정사가 함께 그것을 열어서 보니, 황견지黃絹紙에 '왕위를 계승하여 만물을 화육하네[纘服揚休]' 라는 4자를 큰 글자로 쓰고는 도광어필道光御筆이라는 어보御寶를 찍었다. 그리고 열 번이나 싸고 또 싸서 궤짝에 담고 패를 매달았다. 아침에 팽조체彭兆棣가 그의 아버지인 팽준彭浚의 뜻으로 손수 쓴 주련 2장과 편액 2폭을 보내 주었다. 팽준의 문필은 진작 많이 들었던 것이므로 반드시 꼭 한번 만나서 구하고 싶었던 것이었다. 이제 이것을 구하지 않아도 먼저 보냈으니 그 정성스런 마음에 감동할 만하였다. 오후에 진삼덕陳三德과 유서신劉書紳이 찾아와서 필담을 하고 갔다. 거인擧人 진경陳敬은 호가 연향研薌이었으니 절강성浙江省 산음山陰 사람이었는데 함께 찾아 왔다. 문장과 글씨가 모두 아주 솜씨가 좋았다.

二十五日, 聞皇帝曉頭行烏雲祭云. 烏雲者滿州語九也. 宮內行九次祭, 關帝及皇祖及鄧大人, 並受此祭. 而殺牲薦獻祭畢, 將猪肉, 煮熟切之, 合米食, 名爲食小肉飯云. 祭時, 淸寧宮西墻下, 設一黃幔, 使覺羅官妻二人, 西向跪念滿州文, 而皇帝亦西向跪, 隨覺羅妻所念行禮云. 是日皇帝御崇政殿, 行朝參禮. 因禮部知會, 五鼓與正使, 率諸正官, 往待於東華門外, 借坐於禮部軍幕矣. 開東後, 通官引使臣及正官等, 由東華挾門入. 旗旄傘扇, 雙雙列竪, 斧鉞干戟, 重重分立, 曉色朦朧, 完若茂樹成行也. 鴻臚寺官, 引隨駕王公, 并蒙古王公, 排立殿外, 又引文武大臣, 排立丹墀之東, 又引盛京文武大臣, 排立丹墀之西, 又引盛京秩卑官員, 及耆老領催等, 排立大淸門之外, 又引朝鮮使臣及正官, 坐於其末. 少頃, 皇帝升殿樂作, 陞座樂止, 鳴鞭三聲, 班行肅然, 樂又作. 贊進贊跪, 王公以下, 文武各官, 及使臣等俱跪, 樂止. 宣表官以滿語, 宣讀畢, 樂作, 俱行三拜九叩頭禮, 又鳴鞭三聲, 皇帝還內. 禮部官奉詔勅於龍亭, 校尉舁到禮部, 頒行天下云. 余等因退歸舘所. 是日聞皇帝賞王公大人等飯云, 蓋如犒饋之例也. 又各施賞有差云. 午諸任譯, 詣行宮, 呈方物, 則鹿皮·靑黍皮·倭長劍內入, 旋下武備院; 豹皮·水獺皮下皮庫; 大口魚·廣魚·八帶魚·海蔘·紅蛤·海帶菜下內務府; 榛子·栢子·白蜜·乾柹·浮椒下光祿寺. 而又或賜送於扈行諸臣, 諸臣未及受去. 任譯無以區處, 并積置於關門外, 而守直經夜云. 夕, 自禮部奉傳皇筆, 使之歸獻. 余與正使, 開見, 則黃絹紙書纘服揚休四大字, 押道光御筆之寶. 而十襲封裹, 盛櫃懸牌矣. 朝, 彭兆棣以其大人寶臣之意, 送手書柱椽一對, 及扁額二幅. 寶臣文筆, 曾所飽聞, 故必欲一見而求之矣. 今此不求而先送, 其誠款可感也. 午, 陳敬宣·劉謹齋來訪, 筆談而去. 陳擧人敬號研薌, 卽浙江山陰人而偕來見訪. 文筆俱極佳矣.

황제가 새벽녘에 신에게 제사를 지냈다 들었으니 또한 오운제烏雲祭와는 대동소이하였다. 일반적으로 만주족 사람의 집에는 담 위마다 모두 두 개의 널빤지가 있는데, 하나는 신황神皇이라 부르고 다른 하나는 신상神上이라 하였으니 곧 이 제사였다. 다음날에는 예부에서 통보하기를, "내일에는 참연연례參宴演禮에 참가해야 한다"라고 하였다. 그런데 상사上使가 병환으로 글을 바쳐서[1] "불참하겠다"고 하였으니 이날에는 동화문東華門을 열었으므로 나는 여러 정관들과 함께 대정전의 뜰로 나가서 반열에 참가하였다. 왕공王公 이하의 문무백관이 대정전 위와 뜰 안에 가득 차 있었는데 통역관이 나를 이끌어서 뜰 가운데의 마지막 반열에 세웠다. 대정전의 위와 뜰 가운데에는 모두 현가[2]가 있었다. 찬贊하는 소리에 응하여서 각각 연주를 하는데, 음절音節이 우리나라의 이원악梨園樂[3]과 대략 서로 같았고, 악장은 무슨 소리인지 알 수가 없었다. 뜰 가운데에는 또 술자리를 마련했는데 금 사발과 옥잔이 수없이 펼쳐져 있었다. 그리고 주방 관원들이 차례대로 음식을 모두 세 차례 받들어 내온 뒤에 왕공王公 이하의 종신宗臣들이 쌍쌍으로 전각殿閣의 섬돌에서 춤을 추었으며, 춤이 끝난 뒤에 또 씨름 놀이를 하고,

1 현탈懸頉: 사고로 참여參與하지 못한 그 까닭을 적음.

2 현가懸架: 종鐘·경磬·북[鼓] 등의 악기를 매달아 놓는 틀.

3 이원악梨園樂: 그 곡이 일정하지 않다. 동가動駕 때에나 전좌殿座 때에는 여민락與民樂을 연주하고, 내전內殿에는 영산회상靈山會相을, 세자궁世子宮에는 보허사步虛詞를 연주하는데, 여민락과 보허사는 사가私家에서 연주할 수 없다. 《임하필기》 참조.

조금 뒤에 예를 마쳤다. 그러므로 나 또한 물러나와서 진량을 찾았으며, 이어서 숙소로 돌아왔다. 무공은 부자와 진삼덕陳三德이 찾아 왔다가 갔다. 진량이 황제께서 지으신 〈過錦州杏山堡(금주의 행산보[4]를 지나가며)〉라는 시를 꺼내 보였다.

옛날에 왕의 군사 금성을 칠 때에는
십삼 만 기병들이 그 자리에 모였었네.
문황제의 쌍검이 풍운처럼 재빠르니
천년의 승국[5]도 초목까지 놀라리라.
승덕承德과 승주承疇[6]는 끝내 황제 배반했으니,
송산松山과 행산杏山은 병영 모두 이어졌네.
창업은 참으로 쉬운 일 아니어서,
신통한 꾀 올려 보니 빠르고도 정밀했네

憶昔王師壓錦城　十三萬騎集明兵
文皇二白風雷疾　勝國千年草木驚
承德承疇終背主　山松山杏盡連營
追惟創建誠非易　仰見神謨速且精

어제 물건을 들여 놓지 못했던 것을 오늘에야 다 들여 놓았다고 한다.

二十六日, 聞皇帝曉頭祭神云, 亦與烏雲祭, 大同小異. 凡滿州人家, 每墻上, 皆有二板, 一則名曰神皇, 一則名曰神上, 卽此祭

4 행산보杏山堡: 송산과 행산은 숭정崇禎 말년 전쟁에 패한 곳이다.

5 승국勝國: 여기에서는 자기 나라가 이겨 멸망시킨 나라를 뜻하는 것으로, 조선시대에는 전왕조인 고려를 일컫는 용어로 사용되었다.

6 홍승주洪承疇: 명말청초明末清初 복건福建 남안南安 사람. 자는 언연彦演. 호는 형구亨九. 시호는 문양文襄. 만력萬曆 연간의 진사進士. 명말明末에 병부상서를 지내다 청에 항복하여 병부상서총독강남군무兵部尚書總督江南軍務로서 항거하는 의군義軍을 진압하고, 남서의 각 성을 경략하였다. 무영전태학사武英殿大學士에 이르렀다. 《청사고清史稿》와 《청사열전清史列傳》 참조.

也. 昨日禮部知會, 明日當參參宴演禮云. 而上使以病患, 呈文懸頉, 是日開東. 余與諸正官, 詣大政殿庭, 參班. 王公以下, 文武百官, 充滿於殿上及庭中, 而通官引余, 立於庭中末班. 殿上及庭中, 俱有懸架. 應贊聲各奏, 而音節, 與我國梨園樂, 略相同, 樂章則不可曉矣. 庭中又設樽所, 金椀玉盃, 羅列無數. 而膳房官員, 以次奉進, 凡三進後, 王公以下宗臣, 雙舞於殿階, 舞罷後, 又設角抵之戲. 小頃, 禮畢. 故余亦退出, 往訪陳庚樓, 仍回寓. 楳澥父子及陳敬宣來訪而去. 庚樓出示御製過錦州杏山堡詩曰, "憶昔王師壓錦城, 十三萬騎集明兵. 文皇二白風雷疾,[7] 勝國千年草木驚. 承德承疇[洪氏兄弟] 終背主, 山松山杏盡連營. 追惟創建誠非易, 仰見神謨速且精[8]"云. 昨日方物之未納者, 今日始畢納云.

7 文皇二白鴅風雷疾이라 되어 있는데 文皇二白風雷疾의 오자로 보인다.

8 도광황제道光皇帝는 다음과 같은 시를 남겼다. "憶昔王師壓錦城, 十三萬衆集明兵. 文皇二白風雲疾, 勝國千年草木驚. 承德承疇皆背主, 山松山杏盡連營. 追惟創業誠非易, 仰見神謨速且精".

9월 27일

유승겸, 무공은, 유서신을 만나다

"황제께서 아침 일찍 지재문地載門을 나와서 태평사太平寺와 법륜사法輪寺에 거둥하여 향을 피우시고, 이어서 지단地壇에 거둥하여 예를 행하셨으며, 이어서 비영동蜚英東[1]의 사당에 제사를 드리시고 무근문撫近門을 통해서 궁으로 돌아오셨다"고 한다. 태평사와 법륜사는 다함께 북문 밖에 있고, 지단은 동문 밖에 있으며, 비영동蜚英東은 곧 개국한 으뜸 공신으로서 시호를 '직의直義' 라고 이른다 한다.

아침에 계남溪南 유승겸劉承謙이 송별시送別詩를 소매에 넣고 와서 이르기를 "맨 먼저 찾아 왔다"라고 했다. 내가 그 자리에서 화답해 주었으며, 점심 때에 무공은이 난초를 그린 부채와 주련柱聯 글씨와 송별시를 보내 주었으니, 대개 내가 돌아갈 날짜가 차츰 가까워지기 때문이었다. 유서신劉書紳도 찾아 왔는데 예부에서 불러서 오게 하여 통역을 맡겼으므로 수壽자를 쓴 방서方書와 복福자를 쓴 사조赦詔(사면의 명령)하라는 칙명勅命 한 폭을 상賞으로 내려 주면서 돌아가서 바치도록 했다고 한다. 또 예부가 통지한 것을 통해서 "이제야 반사頒赦[2]할 칙명은 지금 돌아가는 편에 보낸다고 보고 받았다"고 하였으니, 대개 조칙을 반포해서 내려 줄 때에 만약 관사에 머물러 있는 사행이 있

1 비영동蜚英東: 비영동費英東(1564~1620)을 가리킨다. 청나라 때 만주의 양황기鑲黃旗 사람인 과이가씨瓜爾佳氏다. 후금이 개국했을 때의 명장으로, 순치順治와 강희康熙, 옹정雍正, 건륭乾隆 4대에 걸쳐 봉작이 거듭되어 일등공一等公에 이르렀다.

2 반사頒赦: 죄인들을 사면하는 교서를 반포하는 것. 사면권은 국왕의 사법권에 속하였는데, 임금은 가뭄이나 홍수와 같은 자연재해가 들거나 왕실의 어른이 질병에서 회복되었을 때 또는 원자 탄생, 세자 책봉, 국왕 등극 등의 경사가 있을 때 반사를 하는 경우가 많았다.

게 되면 그 돌아가는 편에 보낸다는 내용으로 일찍이 건륭乾隆 때 정한 법식이 있기에 이번에는 예부에서도 전례대로 주문奏文을 써서 곧 어지御旨를 받들어 "의논대로 하라"고 비답이 내린 까닭이었다.

二十七日, 聞皇帝早出地載門, 幸太平寺·法輪寺, 拈香, 仍幸地壇, 行禮, 仍賜祭於蜚英東廟, 仍由撫近門, 還宮云. 太平寺·法輪寺, 俱在北門之外, 地壇在東門之外, 蜚英東, 卽開國元勳而諡曰直義云. 朝, 劉溪南承謙袖送別詩云, "首來訪" 余卽席和贈, 而午楳澥送畵蘭箋·柱聯書及送別詩, 盖以余歸期漸近故也. 劉謹齋亦來訪, 自禮部, 招致任譯, 出給恩賞, 壽字方書·福字赦詔勅一幅, 使之歸獻云. 又因禮部知會, 聞今番頒赦詔勅, 順付於今行回還便云, 盖詔勅頒下之際, 若有留館使行, 則順付其回便之意, 曾有乾隆定式, 故今番禮部, 亦依例題奏, 卽以奉旨依議批下故也.

비영동費英東
(1564~1620)

9월 28일

황제가 연회를 열다

황제가 새벽녘에 환원제還願祭를 행한다고 들었다. 환원이라는 것은 곧 "서울로 돌아왔을 때에 지내는 칠성제七星祭[1]"이다. 청령궁淸寧宮 앞뜰에는 작은 나무로 만든 대臺가 있고, 위에는 3길이나 되는 나무를 세웠으며, 비단으로 에워싸는 것을 만들었으니 곧 황제가 머리를 조아리고 절하는 곳이다. 사람을 금하여서 감히 접근하지 못하게 하였다. 그 나무의 이름을 신간神桿이라 했고, 또 삭용간朔龍桿이라 했으며, 또 기휘간자忌諱竿子라고도 했다. 위에는 소반이 있는데 승로반承露盤[2]과 같았다. 환원제를 마친 뒤에 제육을 소반 위에다 올린다고 하였다. 복을 기원하는 뜻과 같은데, 호인胡人들의 풍속에 관계가 되니, 비웃음이 있을까 두려워해서 사람들은 모르게 했다고 한다.

황제가 대정전에 납시어서 연회를 행한다 들었는데 이어서 예부의 통고로 오고五鼓에 상사와 함께 여러 정관을 거느리고 가서, 동화문 밖에서 기다렸다가 날이 밝은 뒤에 통역관이 사신과 세 명의 통역관을 이끌고 궁궐의 뜰로 들어갔다. 여러 정관들은 모두 들어갈 수가 없었으며, 저 나라의 사람들도 관직이 있는 사람 밖에는 또한 들어갈 수가 없었다. 왕공王公 이하 문무백관이 각각 반열班列에 따라 늘어서 있었다. 긴 탁자[3]

1 칠성제七星祭: 한국 음력 정월 7일 저녁에 칠성신七星神에게 지내는 제사. 인간의 수명장수·소원성취·평안무사 및 자녀의 성장을 기원하는 의식이다.

2 승로반承露盤: 한나라 무제武帝가 건장궁建章宮에 설치하였던 구리로 만든 쟁반 이름. 여기에 감로甘露를 받아 마시어 수명壽命 연장을 기도하였다 한다.

는 전에 이미 차려 놓았는데 두 사람이 하나의 탁자를 함께 하였고 매 탁자마다 40개의 그릇이 있었으나, 사신들에게는 각자 탁자를 주었다. 조금 뒤에 문 밖에서 음악 소리가 나더니 황제가 해와 달을 수놓은 옷차림으로, 가마를 타고 들어왔는데, 앞에는 여러 쌍의 의장대와 5~6쌍의 배위[4]하는 자가 있었고, 뒤에 배위한 자는 수십 명뿐이었다. 전殿으로 올라간 뒤에 문 밖에서 음악이 그쳤고, 음식이 나오자 음악이 시작되었으며, 모두 9잔을 마시고 나서 그쳤다.

예부시랑이 상사와 나를 이끌고서 단지丹墀[5] 아래에서 있다가 조금 뒤에 전殿 위로 데리고 들어가서 곧바로 어탑御榻 앞의 약간 동쪽에 앉게 했는데 황제가 친히 두 잔의 술을 따라서 나누어 먹였으므로 상사와 내가 꿇어앉아 술을 다 마시고나서 고두叩頭를 하고 물러나서 보니 전 안에 왕공과 탁자를 마주하고 있는 자들이 30~40명이 되는 것 같았다. 그런데 다른 위엄 있는 행동은 없었고, 황제가 앉는 자리에도 다만 의자 하나[6]뿐이었다. 등 뒤에는 하나의 해서楷書로 쓴 병풍이 펼쳐져 있었으며, 전 안에 있는 두 기둥에는 각각 금빛 글씨로 된 주련을 붙혀 놓고 있었다. 우리들이 반차班次[7]에서 물러나 앉았다가, 조금 뒤에 여러 신하들이 차례대로 일어나 춤을 추었다. 음악 소리는 현악기나 관악기 소리는 아니었으니 유기柳器[8]를 긁는 소리와 같았다. 춤이 다 끝나자 씨름 놀이를 했는데, 두

3 찬탁饌卓: 찬탁자(반찬이나 반찬거리를 얹어 두는 긴 탁자).

4 배위陪衛: 귀인을 따라 다니며 호위함.

5 단지丹墀: 단폐丹陛와 같은 말로서 곧 궁정宮庭을 의미하며, 임금을 뜻하기도 한다.

6 교의交倚: 옛날에 임금이나 3품 이상의 당상관堂上官이 앉았던 의자. 당하관堂下官은 승상繩床에 앉았으며, 또는 신주神主를 모시는 의자라는 뜻도 있다.

7 반차班次: 품계品階·신분身分·등급等級의 차례次例

8 유기柳器: 버드나무의 가느다란 가지를 엮어서 만든 그릇인 '고리짝' 이라는 그릇을 이른다.

사람이 씨름을 하다가 마치면, 두 사람이 또 나오기를 십여 차례나 했다.

이긴 자가 물러나서 뜰 아래에 엎드리면 술을 먹여 주었고 놀이가 다 끝나자 몽골 음악을 연주하였다. 현악기와 관악기였는데 악장樂章은 글을 읽는 소리와 같았다. 잠시 뒤에 음식상이 물러나고 가마가 나오니 황제가 뜰에서 내려와 가마를 탔는데 오르고 내릴 때에는 한 사람도 부축해서 껴안은 사람이 없었다. 문 밖에서는 또 음악을 연주하였으며 황제가 환궁한 뒤에는 음악이 그쳤다. 여러 명의 호인胡人들이 난입해서

중국 씨름

음식을 낚아 채가니, 삽시간에 다 없어졌다. 우리들은 익대翼臺에 물러나 앉아서 조금 기다렸다가 또 궁궐 뜰의 영상연領賞宴[9]에 나아갔다. 회송하는 예단禮單은 채단綵緞 17필, 활과 화살 한 벌을 갖춘 탁건櫜鞬,[10] 담비가죽 백 장, 안장을 갖춘 말 한 마리였다. 전례에 따라 공경스럽게 받은 뒤에 사신과 정관, 종인, 역쇄驛刷와 구인驅人 등에게도 모두 상으로 주는 은전恩典이 있었으니 상사上使는 은 50냥, 채단 5필, 구마廐馬 1필, 신발 1켤레였으며, 서장관書狀官은 은 40냥, 채단 2필, 신발 1켤레였고, 정관은 비단 반 필, 은 20냥이었으며 종인과 역쇄와 구인들은 은 2냥이었다. 또 수고롭게 연회에 참가했다 해서 추가해서 주는 상이 있었으니, 원래의 상과 같았다. 영상연領賞宴이 끝나자 대청문大淸門 밖으로 나아가서 은혜에 감사하여 무릎을 꿇고 고두叩頭하는 예를 행하고서 이어서 물러나와 숙소로 돌아왔다.

二十八日, 聞皇帝曉頭行還願祭云. 還願者卽回京時七星祭也. 淸寧宮前庭有小木臺, 上竪三丈木, 紬緞作匝, 卽皇帝磕頭處也. 禁人莫敢近. 名其木曰神桿, 又曰朔龍桿, 又曰忌諱竿子. 上有盤, 如承露盤. 而還願罷後, 祭肉奠於盤上云, 似是祈福之意, 而繫是胡風, 恐有譏議, 不使人知云.

聞皇帝御大政殿, 行筵宴, 因禮部知會, 五鼓與上使, 率諸正官, 往待於東華門外. 天明後, 通官引使臣及三通官, 入殿庭. 諸正

9 영상연領賞宴: 길을 떠날 때 베푸는 잔치를 말한다.

10 탁건櫜鞬: 활주머니와 화살 주머니.

官, 皆不得入焉, 彼國人有官者外, 亦不得入焉. 王公以下, 文武百官各依班羅立. 饌卓則前已排設, 而二人共一卓, 每卓四十器, 而使臣則各卓也. 小頃, 門外樂作, 皇帝着日月繡衣, 乘輿而入, 前有儀仗數雙·陪衛五六雙, 陪後者, 數十人而已. 陞殿後, 門外樂止, 饌進, 樂作, 凡九爵而止. 禮部侍郎引上使及余, 立於丹墀之下, 小頃, 引入殿上, 直坐於御榻之前稍東, 皇帝親酌二盃分饋, 上使及余, 跪飮訖, 叩頭而退, 見殿內王公之對卓者, 似爲三四十人. 無他威儀, 御榻, 只亦一交倚也. 背後設一楷書屛風, 殿內兩柱, 各貼金字柱聯矣. 余等退坐班次, 小頃, 諸臣以次起舞. 所謂樂聲非絲竹也, 如括柳器聲. 舞畢, 行角抵戲, 兩人對抵訖, 又兩人進, 如是, 凡十餘度.

신간

勝者退, 跪於階下, 饋以酒, 戲畢, 奏蒙古樂. 卽絲竹, 而樂章如讀書聲也. 小頃, 饌退, 輿進, 皇帝下階, 陞輿, 而陞降之際, 無一人扶擁. 門外又樂作, 皇帝還宮後, 樂止. 諸胡, 欄入攫饌, 頃刻而盡. 余等退坐翼臺, 小[11]俟, 又進殿庭領賞, 回送禮單綵緞十七疋·櫜鞬具弓矢一部·貂皮百令·鞍具馬一疋. 依例祗受後, 使臣及正官從人·驛刷驅人等

11 소少의 오자로 보인다.

處, 亦皆有賞典, 上使銀五十兩·彩緞五疋·廄馬一疋, 靴一部也, 書狀官銀四十兩·彩緞二疋·靴一部也, 正官則緞半疋, 銀二十兩也. 從人及驛刷驅人則銀二兩也. 又以參宴之勞, 有加賞, 與元賞同矣. 領賞訖, 詣大淸門外, 謝恩, 行跪叩禮, 仍退歸館所.

9월 29일

유서신에게 선물을 받다

"황제께서 심양의 여러 문무 관리들을 접견하시고 각각 상을 내려 주셨는데, 조관朝官과 사서士庶를 따질 것 없이 나이 60살 이상이면 명주 1필을 주시고, 80살 이상이면 백미 5두씩을 추가해서 주셨다"고 들었다. 무서천繆叙天과 유서신劉書紳이 함께 찾아 왔는데, 유서신이 《관제보훈關帝寶訓》 2책과 천관天官의 모습을 그린 족자 2축을 가져 와서 선물로 주었다. 《관제보훈》은 《감응편感應篇》과 서로 비슷하였고 천관의 모습을 그린 것은 곧 제후로 책봉하여 인수를 걸고 자식을 대신 시켜 조회하러 온다는 그림이라고 했다. 진량陳亮이 저물녘에 와서 작별하였다. 내가 이별시를 요구하니 그 자리에서 지었다.

만 리에 심교心交를 증명했더니
갈림길에서 차마 작별할 수 없네.
바다 위의 산은 푸르고 푸르니
이것으로 얼굴을 오래 생각하리.
萬里證心交　臨岐不忍別
蒼蒼海上山　長此憶顔色

대개 중국의 발음으로 입성入聲은 다 같은 음인 까닭

으로 각覺, 옥屋, 질質, 물物, 집緝, 합合은 모두 통운通韻하는데, 심하게는 진眞과 경庚이 청靑과 통용되고, 삼三과 산山이 함께 쓰인다. 손면孫緬은 《광운廣韻》에서[1] 이미 이런 범례凡例가 있었다고 하였다. 심약沈約이 운자를 분류[2]한 뒤부터 옛날에는 반드시 이러한 범례가 전혀 없었는데, 근래에 와서는 중국의 발음이 차츰 달라졌다. 이것이 또한 원나라 이후의 잘못된 습관이었을 것이다.

1 '손면孫緬은 《광운廣韻》에서'라는 부분은 착오가 있다. 손면은 광운 중간본에 〈당운서唐韻序〉를 썼지만 위에서 말한 부분은 손면의 서문이 아니다.

2 심약沈約이 운자를 분류: 심약沈約이 《사성보四聲譜》에서 운자를 분류한 것을 말한다.

二十九日, 聞皇帝引見瀋陽文武諸官, 各加賞賜, 而無論朝官·士庶, 六十以上, 賜紬一疋, 八十以上, 加賜白米五斗云. 繆叙天·劉謹齋并來訪, 謹齋携關帝寶訓二册, 及天官圖像簇子一軸, 見贈. 寶訓者, 與感應篇相類, 天官圖像卽"封侯掛印代子來朝"之圖云. 陳庚樓乘夕來別. 余索別詩, 則卽席口占曰, "萬里證心交, 臨岐不忍別. 蒼蒼海上山, 長此憶顔色" 盖華音則入聲, 皆同音, 故無論覺·屋·質·物·緝·合, 并皆通韻, 而甚至於眞與庚·靑通用, 三字與山字同用. 孫緬廣韻, 已有此等凡例云. 沈約分韻之後, 古必無此例, 而近來華音漸訛. 此亦胡元以後之謬習也歟.

관제보훈상주關帝寶訓像注

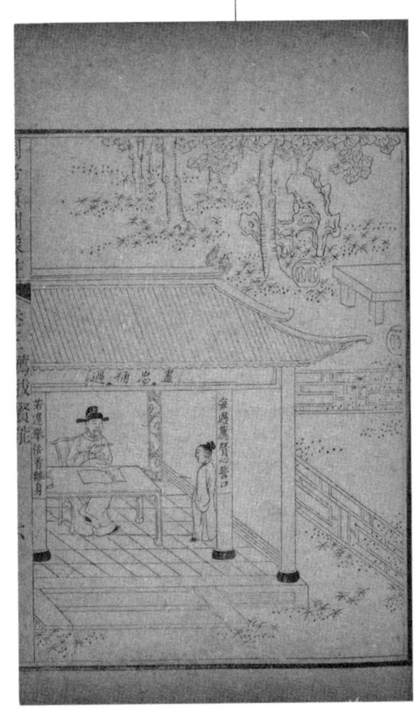

9월 30일

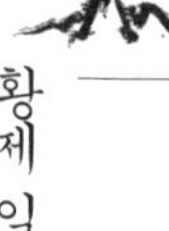

황제 일행과 마주치다

"황제께서 오늘 환궁하셨다가 다음달 24일에 당연히 환도하게 되실 것"이라고 했다. 예부의 통보로 오고五鼓에 정사正使와 함께 여러 정관들을 데리고서 서소관西小關 변문邊門 밖의 10리 땅에 가서 기다렸다. 날이 밝은 뒤에 황제가 검은 옷을 입고 검은 말을 타고 나오셨으니 의장儀仗의 위엄 있는 태도가 성을 들어설 때의 위엄 있는 태도와 같았다. 우리들이 앉아 있는 곳에 도착해서 한참을 살펴보시다가 지나가셨다. 또, 조금 뒤에는 황태후와 황후의 승여乘輿가 지나갔는데 사면이 유리여서 전부 볼 수가 있었으니, 참으로 또한 이상하였다. (황후를) 모시는 여인들로 남복男服을 하고 말을 탄 사람과, 화장을 하고 수레를 탄 사람이 앞뒤로 옹위하면서 갔다. 우리들은 곧바로 숙소로 돌아가서 성경盛京에서 보내온 예부의 회자문回咨文 한 벌과 첩단貼單 한 벌은 이미 받아가지고 나왔다. 그러나 조칙은 못 받았으므로 곧바로 출발할 수가 없었으니 대개 예부에는 문서가 아주 많아서 미쳐 베껴 내지 못한 까닭이라고 들었다. 진삼덕陳三德이 얼굴을 보고 이별할 것을 부탁하므로 짬을 내서 잠시 가니 또 떡 벌어지게 음식을 차려서 기다리고 있었는데, 정원庭園 가운데 있는 국화가 활짝 피어 있었다. 그러므로 두 개의 화분을 얻어 왔는데 하나는 금봉령金鳳翎이었고 또 다른 하나는 호수虎鬚라고 하였으니, 또한 우리나라에서는 못 보던 꽃이었다. 저녁에 무공은이 와서 작별하였는데 와화선瓦畫扇 한 자루를 주었다. 진한秦漢 이후로는 기와쪽에 새긴 글자를 아울러 부채의 면에 옮겨서 모사하여 합하면 30~40조각을 만들었다라고 했으니 비록 진실로 그렇게 했는지는 모르겠으나 또한 일을 만들기 좋아하는 자들이 하는 것이었다. 유서신劉書紳과 목명록穆明祿, 장다사환張多賜歡이 와서 작별하고 떠났다.

三十日, 聞皇帝今日回鑾, 來月二十四日, 當還都云. 因禮部知會, 五鼓與正使, 率諸正官, 往候於西小關邊門外十里地. 天明後, 皇帝御黑衣·乘烏馬出來, 儀仗威儀, 一如入城之儀. 到余等所坐處, 良久諦視而過. 又小頃, 皇太后·皇后乘輿過去, 而四面琉璃, 瑩澈洞見, 誠亦異矣. 姬御之男服乘馬者·凝粧乘車者, 前後擁衛而去. 余等卽還館所, 盛京禮部回咨文一度, 及貼單一摺, 雖已受出. 而詔勅未受, 故不得卽發, 盖聞禮部文簿浩煩, 未及謄出之致云. 陳敬宣因要面別, 故乘隙暫進, 則又設盛饌待之, 庭中菊花盛開. 故乞得二盆而來, 一名金鳳翎, 一名虎鬚云, 亦東國未見之花也. 夕, 繆楳澥來別, 以瓦畫扇一把爲贈. 秦漢以後, 瓦片刻字, 并爲移模於扇面, 合爲三四十片, 雖未知其信然, 而亦好事者之爲也. 劉謹齋·穆明祿·張多賜歡來別而去.

10월 1일

드디어 조칙을 받아 길을 떠나다

"오늘에는 마땅히 조칙詔勅을 받게 될 것이다"라 했다. 그러므로 새벽녘에 먼저 온 군관들은 짐을 챙겨 떠나 보냈다. 역관인 현학주玄學周와 군관인 윤명주尹命周가 장계狀啓를 봉해서 발송하는 데에 열네 번째 편지를 부쳤다. 일행이 일찍 일어나서 행장을 정돈한 뒤에 공복公服을 입고 곧바로 예부에 가서 한 통의 조칙을 받아가지고 나왔다. 무릎을 꿇고 고두叩頭를 한 뒤에 펼쳐 보니, 누른 종이에다 해서楷書로 썼는데 아래쪽에는 또 만주 글자로 썼다. 낭관이 숙직하는 곳에 나와 앉아서 옷을 갈아 입은 뒤에 여러 낭관들과 함께 읍을 하고 작별하였다.

이어서 곧바로 출발하여서 토성土城의 남문으로 나오니 가슴 속이 상쾌하여서 조롱鳥籠에서 나온 새나 낚시 바늘에서 벗어난 물고기와 같았다. 다만 이미 이역異域에 들어와서 연도燕都의 한 발자국 되는 거리도 엿볼 수가 없었으니 두보杜甫의 시에 이른바 "지금에 와서 남은 한이 있으니 부상扶桑을 다 찾지 못한 일이네"[1]라고 한 것은 바로 이것을 이른 말일 것이다. 혼하渾河는 물이 얕았는데 다리가 놓여 있었다. 올 때에는 진흙탕이었는데 모두 육지가 되어 있었으나 먼지가 하늘에 꽉 차서 눈을 뜰 수가 없었다. 내가 여기에

[1] 두보, 〈장유시壯遊詩〉

온 지 겨우 40일이 지났는데 갈 때의 풍경은 올 때 하고는 영판 달라져서, 농작물은 이미 추수를 하였고, 나뭇잎은 누렇게 되어 떨어지고 있었다. 사물을 볼 때마다 감회가 일어나서 갑자기 집이나 나라를 그리워하는 마음을 금할 수 없었으니 "버드나무에 눈이 내린다"[2]는 시구가 어찌 시인詩人의 생동하는 그림과 같은 표현이 아니겠는가. 백탑보白塔堡에서 점심을 먹고, 저녁에서 십리하보十里河堡에 도착해서 머물러 잤으니 이날에는 60리를 다녔다.

十月初一日, 今日當受詔勅云. 故曉頭治送先來軍官. 譯官玄學周·軍官尹命周封發狀啓, 付四地書. 一行早起, 整頓行李後, 具公服, 直往禮部, 受出詔勅一度. 跪叩後展看, 則以黃紙楷書, 而下方又以滿字書之矣. 出坐郞官直所, 改服後, 與諸郞官揖別. 仍卽還發, 出土城南門, 胸次爽豁, 如出籠之鳥·脫鉤之魚矣. 但旣入異域, 不得窺燕都一步地, 子美詩所云, "到今有遺恨, 不得窮扶桑"者, 正謂此也. 渾河水淺橋成. 來時泥濘, 皆作陸地, 而塵埃漲天, 不能開眼矣. 自余來此, 僅過四十日, 而去時物色, 頓異來時, 田稼已收, 木葉黃落. 覽物興懷, 忽不禁家國之戀, 楊柳雨雪之句, 豈非詩人活畫耶. 中火白塔堡, 夕抵十里河堡, 止宿, 是日行六十里.

10월 2일

장례 행렬을 만나다

새벽에 출발하여 난니보爛泥堡에서 점심을 먹었다. 올 때에 진창을 돌아서 왔기에 두려운 마음이 남아서 여전히 두렵기만 했다. 길에서 상여 하나를 만났는데 가난한 서민과 같았으나, 악기를 연주해서 앞에서 인도하였으며, 관 위에는 장닭을 놓아 두어 혼을 불렀다. 종이 깃발과 종이 돈을 여기저기 어지럽게 관의 앞뒤에 꽂아 놓았다. 상주喪主는 비록 흰 상복을 입었더라도 모두 푸른 바지와 검은 버선을 신었고, 상부喪婦는 곧 상복만 입고 수레 안에 앉아서 뒤따라가고 있었다. 저녁에는 영수사迎壽寺에서 묵었으니 이날에는 55리를 다녔다.

初二日, 平明發行, 中火爛泥堡. 回到來時旋濘而處, 餘㤼猶覺懪然也. 路逢一喪車, 似是小民之貧窮者, 而鼓樂導前, 棺上置雄鷄以招魂. 紙旛·紙錢, 亂揷於棺前後. 喪主雖掛孝服素, 而袴襪則皆以靑黑, 喪婦則只掛孝服,[1] 坐車中隨後矣. 夕宿迎壽寺, 是日行五十五里.

[1] 복服이 빠져 있으나 다른 판본에는 조괘효복弔掛孝服으로 되어 있어 복服을 추가한다.

10월 3일

낭자산娘子山에서 자다

새벽녘에 길을 떠났다. 요동성 밖에서 길을 떠나게 되어 올 때에야 처음으로 요동을 보게 되니 저절로 장관이라고 여겨졌다. 그런데 심양을 보게 된 이후에는 다시는 요동을 보고 싶지 않았으니, 사람의 마음이 쉽게 변하는 것이 이와 같음이 있겠는가. 검소하게 살다가 호사를 누리는 것은 쉬워도, 호사하게 살다가 검소하기는 어렵다는 것을 미루어 짐작할 수 있는 곳이었다. 석문령石門嶺에 올라 오래 큰 들판 안에 머물러 있었으나 사방을 둘러보아도 보이는 것이 없다. 그런데 지금 이제야 높은 데 올라서 먼 데를 바라보니 꽤나 시원스러움을 느끼게 되었다. 왕보대王寶臺에서 점심을 먹고 저녁에 낭자산娘子山에서 잤으니 이날 70리를 다녔다.

初三日, 平明發行. 由遼東城外作行, 來時則初見遼東, 自以爲壯觀. 及觀瀋陽以後, 則更不欲觀遼東, 人心之易變有如是耶, 由儉入奢易, 由奢入儉難, 可以反隅處也. 登石門嶺, 久處大野之中, 四面無所見. 今始登高望遠, 頗覺爽然也. 中火王寶臺, 夕宿娘子山, 是日行七十里.

10월 4일

청석령과 회령령을 넘다

일찍 출발하였다. 서리 내린 아침이 매우 추워서 소와 말의 발자국에 고인 물이 더러는 약간 얼기도 하였다. 소석령小石嶺에서 수레를 버리고 말을 타고서 청석령小石嶺을 넘어서, 첨수甛水의 가게에서 점심을 먹었다. 또 말을 타고 회령령會寧嶺을 넘어서 저녁에 연산관連山關에서 잤으니, 이날에는 75리를 다녔다.

初四日, 早發. 霜朝甚寒, 蹄涔或微冱矣. 由小石嶺, 舍車乘馬, 踰青石嶺, 中火甛水店. 又乘馬, 踰會寧嶺, 夕宿連山關, 是日行七十五里.

10월 5일

황가장黃家庄에서 유숙하다

오전에 날씨가 흐리고 흙비가 내리더니 오후에 개었다. 새벽에 출발하여 통원보通遠堡에서 점심을 먹고 저녁에 황가장黃家庄에서 유숙하였는데 행로의 피곤함이 매우 심하여서, 갈 때에는 배로 건넜던 물이 지금 올 때에는 옷을 걷어 올리고 건널 만도 하고 옷을 입은 채로 건널 만도 하였으니 다행스러웠다. 이날에는 95리를 다녔다.

初五日, 午前陰霾, 午後晴. 曉發, 中火通遠堡, 夕宿黃家庄, 路憊忒甚, 而去時舟渡之水, 今來并可揭厲可幸. 是日行九十五里.

10월 6일

책문柵門에 도착하다

새벽에 출발하여서 백안동伯顏洞에 도착하자 의주義州에서 찬물색리饌物色吏[1]가 와서 맞이하고 열아홉 번째 편지를 보았다. 건자포乾子浦에서 점심을 먹었다. 의주의 반찬거리는 구미를 당기게 함을 갑자기 느꼈다. 봉황성의 길을 거치지 않고 곧바로 책문에 도착하자 의주의 전배前陪[2]가 와서 맞이하였는데, 위엄 있는 태도가 아주 싹 바뀌어서 암행어사가 출도한 것과 같은 것이 있었으니 매우 우스꽝스러웠다. 의주 부윤府尹이 교리를 보내서 안부를 물었으며, 따로 반찬거리를 가지고 왔고, 의주의 교리 최이눌崔以訥도 찬합을 선물해 주었다. 의주 교리가 먼저 돌아가는 편에 열다섯 번째 편지를 부치고 머물러 잤으니 이날에는 90리를 다녔다.

初六日, 曉發, 到伯顏洞, 灣府饌物色吏來迎, 見九地書. 中火乾子浦, 灣府饌物, 頓覺開胃也. 不由鳳城路, 直抵柵門, 灣府前陪來迎, 威儀一新, 有若繡衣之出道, 可笑. 灣尹遣校致訊, 別致饌物, 灣校崔以訥, 亦饋饌盒. 灣校先歸便付五地書, 留宿, 是日行九十里.

1 찬물색리饌物色吏: 일행들의 음식물을 담당하는 아전을 말한다.

2 전배前陪: 벼슬아치들이 나들이할 때 앞서가며 길을 안내하는 심부름꾼.

10월 7일

탕자성湯子城의 석회를 가져 오다

아침 식사 뒤에 봉성대장鳳城代將[1]이 나와서 책문을 열었다. 그러므로 일행이 일제히 떠나서 책문을 나오게 되니 참으로 새장에서 나온 새와 같았다. 수레를 두고서 가마를 탔는데 수레꾼은 낭자산娘子山의 유씨劉氏 성을 가진 사람이었다. 두 달을 같이 다니던 나머지에 작별을 하는 회포가 서글펐으니 인정이란 것은 진실로 이와 같은 것인가. 탕자성湯子城의 옛 터를 지났다. 한 면에 벽돌로 쌓은 곳이 오히려 완전한 것을 보겠으나 사이사이에는 석회로 발랐다. 그러므로 마침 가지고 오게 되었으니 근래에 약을 쓰는 것 중에 천 년 된 석회는 모두 산해관山海關에서 가져다가 쓴 것이었다. 그런데 산해관은 곧 홍무洪武 연간에 축조된 것이었고, 탕자성湯子城은 곧 영락永樂 연간에 축조한 것이었다. 그 간격이 수삼십 년에 불과 하다지만 나는 곧 약으로 쓸 곳이 있는 까닭이었다. 세상에서는 다만 산해관의 석회가 약으로 쓸 만한 줄만 알고, 이곳에 석회가 있는 줄은 몰랐으니 이 또한 이름 내기를 좋아하기 때문이 아니겠는가. 저녁에 온정참溫井站에 도착해서 발사茇舍[2]하고 머물러 잤는데, 위에는 차고 아래는 뜨거워서 잠을 이룰 수가 없었다. 의주의 관리가 앞서 와서 음식을 대 주었다. 대개 앞서 간 사행使行 때부터

1 대장代將: 남의 책임을 대신하여 출전出戰한 장수將帥를 이르는 말이다.

2 발사茇舍: 군대가 풀을 제거하고 야영野營함.

행대行臺[3]들이 혹은 책문에 뒤떨어져 머물러 있는데 상사上使와 부사副使는 먼저 출발하였으니 곧 삼방三房[4]에는 주방의 군졸이 없기 때문이다. 그러므로 의주의 주전廚傳[5]에 있던 전배前陪들이 홀로 삼방의 일을 거행하였다. 이날에는 50리를 다녔다.

初七日, 朝食後, 鳳城代將出來, 開柵門. 故一行一齊, 離發出柵, 眞如出籠之鳥矣. 捨車乘轎, 車夫卽娘子山劉姓人, 而兩朔同行之餘, 別懷悵然, 人情固如是乎. 過湯子城舊基. 見一面甓築處尙完, 而間以石灰. 故卽令取來, 近來藥用中千年石灰, 皆取用於山海關. 而山海關卽洪武所築也, 湯子城卽永樂所築也. 其間不過數三十年, 而余方有藥用處故也. 世之只知山海關石灰之爲可用, 而不知有此石灰, 此亦好名故耶. 夕抵溫井站, 茇舍止宿, 上冷下熱, 不能成寢. 灣吏前來供饋. 盖自前使行時, 行臺或落留柵門, 而上副使先發, 則三房無廚房軍卒. 故灣府之廚傳前陪, 獨爲擧行於三房也. 是日行五十里.

3 행대行臺: 사신을 따라 보내던 임시 벼슬. 정사正使·부사副使와 아울러 삼사三使의 하나로 행대어사를 겸했다.

4 삼방三房: 조선시대에 중국의 사신이 거처하던 곳. 주로 명나라의 사행使行은 태평관太平館에서 묵었는데, 삼방은 정사正使·부사副使, 다음의 세 번째 사신인 서장관書狀官에게 할당되었던 처소다.

5 주전廚傳: 주廚는 음식점인 주포廚鋪, 전傳은 역마驛馬를 내주는 역전驛傳으로, 곧 지방을 오가는 관원에게 경유하는 역참驛站에서 음식과 역마를 제공하는 것을 말한다. 여기서는 그러한 일을 맡아 보는 사람을 이른다.

10월 8일

드디어 의주에 도착하다

닭이 울자 출발하여 20리를 가니, 날이 비로소 밝았다. 구련성九連城에서 아침밥을 먹고 오후에 압록강에 당도하여 건너편 산천을 바라보니, 기뻐 뛰면서 미친 듯이 달리고 싶은 마음을 이길 수가 없었다. 그러나 호산胡山을 돌아보니 또 도리어 섭섭한 생각도 들었다. 강을 건너서 장막을 설치한 곳에 들었다. 의주 부윤과 도사都事 정의명鄭義明·용천龍川 수령·삭주朔州 수령·철산鐵山 수령·운산雲山 수령과 어천 찰방魚川察訪이 함께 먼저 와서 서로 만났다. 고국 땅에 돌아와서 고국 사람들을 마주 대하니 한 사람 한 사람 기쁘게 악수를 해서 가족을 만난 것만 같았다. 그런데 저쪽 땅의 일을 돌이켜 생각하니 봄 꿈을 깬 것과 같고, 전생의 일만 같았다. 심양에서 출발할 때부터 의주에 이르면 곧 집으로 돌아온 것과 같을 것이라 생각했었는데, 이제 의주에 돌아오니 고향이 오히려 천여 리 밖이었다. 다시 걱정스러운 생각을 견딜 수가 없었으니, 진실로 사람의 마음은 끝이 없는 것이었다. 오후에 성에 들어가 다시 군자당君子堂에서 자고, 거기서 "강을 건너 왔다"는 장계를 봉하여 발송하고 열여섯 번째 편지를 부쳤다. 이날에는 70리를 다녔다.

初八日, 鷄鳴離發, 行二十里, 天始明. 朝飯于九連城, 午行至鴨江, 望見隔岸山川, 不勝喜躍欲狂奔. 而回顧胡山, 又却有悵然之意. 渡江入設幕處. 灣尹及都事鄭義明·龍川·朔州·鐵山·雲山倅·魚川丞, 並前來相見. 歸到故國地, 相對故國人, 面面欣握, 如逢家人. 而回想彼地事, 如覺春夢, 若隔前生也. 自瀋陽發行時, 謂若到灣, 則便同還家矣, 及今到灣, 家國猶千餘里矣. 更不勝憂想之懷, 儘乎人心之無窮也. 午後入城, 復宿君子堂, 封發渡江狀啓, 付六地書. 是日行七十里.

맑았다. 다만 돌아가고 싶은 마음이 화살같을 뿐만 아니라 복명復命에 기일이 있어서 느직하게 머무를 수 없으므로 짐을 서둘러 꾸려서 앞으로 나아갔는데 많은 통역관들이 물자를 마감하는 일 때문에 따라서 출발하는 자가 한 명도 없었다. 동행했던 방房의 하인들이 말 앞에서 하직을 고했으니, 섭섭한 마음을 이길 수가 없었다. 소곶관所串館에서 점심을 먹고 저물녘에 횃불을 밝히고서 양책良策에 도착해서 머물러 잤다. 본관인 용천 수령龍川守令이 나와서 만나 보았으며 선천 수령宣川守令은 먼저 와서 서로 만나 보았다. 시냇물이 매우 얕고, 나뭇잎이 다 떨어져서 천연정天淵亭의 경치가 더는 지난날의 모습이 아니었다. 달빛이 더욱 좋기는 하나, 추위로 떨려서 올라가 볼 수는 없었다. 이날에는 80리를 다녔다.

初九日, 晴. 非但歸心如矢, 復命有期, 無以遲留. 促裝前進, 衆譯輩, 皆以物貨磨勘事, 一無隨發者. 同行之房下人, 馬前告辭, 不勝悵然. 中火所串館, 犯昏列炬, 抵良策, 止宿. 本官龍川倅出見, 宣川倅前來相見. 溪流甚淺, 木葉盡脫, 天淵亭物色, 非復曩日矣. 月色雖好, 而寒栗不得登臨. 是日行八十里.

10월 10일

순제旬題에서 합격한 사람들과 만나다

날이 샐 무렵에 출발하여 거련관車輦館에서 점심을 먹었으니 본관인 철산 수령鐵山守令이 나와서 만나 보았다. 용천龍川 이후로 곽산郭山에 이르기까지는 전날에 순제旬題에서 합격하였던 유생들이 모두 와서 만나 보았다. 그러므로 다과를 대접하자 자못 칭송하는 뜻이 있었으니 우스꽝스러웠다. 저녁에 선천宣川에 도착해서 머물러 잤는데, 고을 수령이 나와서 만났으며, 정주定州의 수령은 앞서 와서 서로 만나보았다. 이날에는 80리를 다녔다.

初十日, 平明離發, 中火車輦館, 本官鐵山倅出見. 自龍川以後, 至郭山, 前日旬題, 入格儒生, 皆來見. 故饋以茶啖, 頗有稱頌之意, 可笑. 夕抵宣川, 止宿, 主倅出見, 定州倅前來相見. 是日行八十里.

10월 11일

정주定州에 도착하다

아침에 일어나 창문을 여니 싸락눈이 마당에 깔려 있었다. 날씨는 비록 따뜻하였으나 제철의 사물은 어긋나지 않았다. 파발마편에 스무 번째 편지를 보았다. 상사上使 어른이 정주定州를 피하여 장차 곽산郭山에서 자려고 늦게 출발하였다. 그러므로 나는 먼저 출발하여 곽산에서 점심을 먹었다. 고을 수령이 나와서 만났으며 구성龜城 수령도 앞서 와서 서로 만났다. 저녁에 정주에 도착해서 머물러 잤는데 고을 수령이 나와서 만나고 노자를 주었다. 이날에는 80리를 다녔다.

十一日, 朝起開窓, 微雪鋪庭. 日候雖溫, 而時物則不差矣. 因撥便見十地書. 上使丈爲避定州, 將宿郭山而晩發. 故余則先發, 中火郭山. 主倅出見, 龜城倅前來相見. 夕抵定州, 止宿, 主倅出見, 致贐. 是日行八十里.

10월 12일

청천강清川江을 건너다

동이 트자 길을 떠나서 가산嘉山에서 점심밥을 먹었는데, 고을 수령은 서울에 올라가서 돌아오지 않았고, 박천 수령博川守令이 와서 만났다. 박천의 나루 머리에 도착하니 안주 목사安州牧使가 먼저 와 있어서 서로 만났다. 청천강清川江에 이르자 날이 어두웠으므로 횃불을 쭉 들고서 강을 건너 성으로 들어왔으니 병사兵使와 우후虞侯와 숙천 수령肅川守令·순천 수령順川守令·대동찰방大同察訪 등이 먼저 와 있어서 서로 만났다. 이날에는 100리를 다녔다.

十二日, 開東離發, 中火嘉山, 主倅上京未還, 博川倅來見. 到博川津頭, 安牧前來相見. 到清川江, 日已昏矣, 列炬渡江入城, 兵使及虞侯及肅川·順川倅·大同丞前來相見. 是日行百十里.

10월 13일

비가 내려서 머물러 있었다

머물렀다. 오후에 상사上使 어른이 들어왔다. 그런데 바람과 해는 음산하고 흙비가 내려서 흙비를 무릅쓰고 다닐 수가 없었다. 백상루百祥樓는 중수重修를 겨우 마쳐서 단청이 아름다웠는데 올라가서 구경할 수가 없었으니 한스러웠다. 영변의 수령이 편지를 보내고 노자를 주었다.

十三日, 留. 午後, 上使丈入來, 而風日陰霾, 無以觸冒. 百祥樓重修甫畢, 丹艧輪奐, 而不得登覽, 可歎. 寧邊倅委書致贐.

10월 14일

순안順安에 도착하다

새벽녘에 길을 떠나서 숙천肅川에서 점심을 먹었는데, 고을 수령이 나와 만나 보았다. 오후에는 가랑비가 부슬부슬 내렸다. 빗속에 순안順安으로 말을 달려 들어가니, 고을 수령은 서울로 올라갔고, 겸관兼官인 영유 수령永柔守令이 나와서 만났다. 파발마 편에 21번째 편지를 보았다. 이날에는 120리를 다녔다.

十四日, 曉頭離發, 中火肅川, 主倅出見. 午後細雨霏微. 冒雨馳入順安, 主倅上京, 兼官永柔倅出見. 撥便見一玄書. 是日行百二十里.

10월 15일

평양平壤에 도착하다

망궐례를 행하고 파발마 편에 18번째 편지를 부쳤다. 늦게야 출발하여 평양平壤에 도착하니 순사巡使, 중군中軍, 서윤庶尹,[1] 증산 수령甑山守令, 중화 수령中和守令, 상원 수령祥原守令이 와서 만나 보았으며, 강서 수령江西守令인 김영근金泳根은 편지를 보내고 노자를 주었다. 이날에는 50리를 다녔다.

十五日, 行望闕禮, 因撥便付八地書. 晚發至平壤, 巡使及中軍·庶尹·甑山·中和·祥原倅來見. 江西倅金泳根委書致贐. 是日行五十里.

1 서윤庶尹: 조선시대 한성부漢城府·평양부平壤府에 두었던 종사품從四品 관직으로 정원은 1원이다. 한성부의 서윤庶尹은 소윤小尹이라고도 하였다.

10월 16일

좌의정의 별세 소식을 듣다

그대로 머물렀다. 파발마 편에 22번째 편지를 보았다. 좌의정[1]이 별세했다는 소식을 들으니[2] 놀랍고 애통하여 어찌 말로 할 수가 있겠는가. 어제 볼 정시庭試를 18일로 물렸다고 한다. 오늘은 상사上使 어른의 생일날 아침이다. 고을 수령이 음식을 차려내서 하루종일 취하고 배불리 먹었다. 그런데 큰 신하[3]가 죽었다는 부음을 들었으므로 음악을 연주할 수는 없었다. 은산殷山의 수령이 찾아 와서 만나 보았으며, 순사巡使가 화분 속 국화를 보자 빼앗아 갔으니 운치가 있는 일이라 이를 만하였다. 밤에 순영巡營[4]에 가서 순사巡使와 함께 다경루多景樓에 올라가 술 한 잔을 마시고 돌아왔다.

十六日, 留. 撥便見二玄書. 聞左揆卒逝, 驚慟何言. 昨日庭試, 退以十八日云. 今日卽上使丈生朝也. 主倅設饌, 終日醉飽. 而以聞大僚喪訃, 不得設樂. 殷山倅來見, 巡使見盆菊大喜奪去, 可謂韻事也. 夜往巡營, 偕巡使登多景樓, 一酌而歸.

1 좌의정: 이존수李存秀(1772~1829)를 가리킨다. 본관은 연안延安. 자는 성로聖老, 호는 금석金石 또는 연유蓮游이었다. 1794년 문과에 급제. 1829년 좌의정이 되었는데, 좌의정 재직 중에 죽었다. 명문 출신으로 벼슬길이 순탄했으며, 왕에게 직언하여 아첨하지 않았다 한다. 시문에 능했으며, 시호는 문익文翼이다. 저서로는 편서인 《광보자경편廣補自警編》이 있다.

2 1829년 10월 13일 좌의정 이존수李存秀가 세상을 떠났다. 여기에서는 이 사람을 가리킨다.

3 대료大僚: 보국輔國 이하의 벼슬아치가 의정議政에 대對하여 부르는 칭호다.

4 순영巡營: 감사監司가 일을 보던 관아官衙.

10월 17일

연광정練光亭에 올랐다

길을 떠나서 잠시 연광정練光亭에 올랐다가 선각船閣에 오르니 순사巡使가 먼저 도착하였고, 상사上使가 이어서 도착했으므로 편안하게 이야기를 하고 작별하였다. 앞서 도착했던 중화현中和縣 수령이 나와서 만나 보았으며, 파발마 편에 23번째 편지를 보았다. 상사 어른이 좌의정에 다시 제수되었다는 보고를 들었다.[1] 이날에는 50리를 다녔다.

十七日, 發行, 暫登練光亭. 仍上船閣, 巡使先到, 上使繼至, 穩話作別. 前到中和, 主倅出見, 撥便見三玄書. 聞上使丈重卜左揆之報. 是日行五十里.

1 순조 24년(1824) 9월에 좌의정에 올랐고, 순조 29년(1829) 10월에 다시 좌의정에 올랐다.

10월 18일

봉산鳳山에서 자다

새벽에 출발하여 구령駒嶺을 넘었다. 황강 수령黃岡守令, 봉산 수령鳳山守令, 기린도 찰방麒麟道察訪 박규현朴奎賢이 와서 고개 밑에서 기다리고 있었다. 그러므로 수레에서 내려 잠시 이야기를 하고 황강으로 말을 달려 들어가니, 병사兵使 이원조李源祖·우후虞侯·장연 수령長淵守令 홍응섭洪應燮이 와서 만났다. 밥을 먹은 뒤에 출발하였는데 소낙비가 잠시 개었으나 큰 바람이 또 불었으므로 어렵사리 동선령洞仙嶺에 도착하였다. 횃불을 들고 봉산鳳山으로 말을 달려 들어가 머물러 잤으니 고을 수령이 나와서 만났다. 이날에는 90리를 다녔다.

十八日, 曉發, 踰駒嶺. 黃岡倅·鳳山倅·猉獜丞朴奎賢來待於嶺底. 故下車暫話, 馳入黃岡, 兵使李源祖及虞侯·長淵倅洪應燮來見. 飯後發行, 驟雨乍霽, 大風又起, 艱到洞仙嶺. 擧燭馳入鳳山, 止宿, 主倅出見. 是日行九十里.

10월 19일

서흥부瑞興府에 도착하다

파발마 편으로 19번째 편지를 부쳤다. 아침 일찍 일어나자 잠시 눈이 내리다가 이내 개었으나, 바람이 차서 갑자기 한겨울처럼 되었다. 길을 떠나, 검수역釰水驛에 당도해서 은율殷栗의 지공[1]으로 점심을 먹었는데, 보잘것없는 고을에서 음식을 차려 내는 것이라서, 꽤나 모양새를 갖추지 못하였다. 저녁에 서흥부瑞興府에 도착해서 머물러 잤으니 새로운 수령 이의찬李義贊은 부임하지 않았으므로 가주서假注書 김국현金國鉉이 내려와서 상사 어른에게 선유宣諭[2]하였다. 평산平山의 수령이 앞서 와서 서로 만나 보았다. 이날에는 70리를 다녔다.

十九日, 因撥便付九地書. 朝起, 乍雪旋晴, 而風寒, 奄成大冬矣. 行抵釰水驛, 中火殷栗支供, 而殘邑擧行, 殆不成搛矣. 夕抵瑞興府, 止宿, 新倅李義贊, 未赴任, 假注書金國鉉, 下來, 宣諭於上使丈矣. 平山倅前來相見. 是日行七十里.

1 지공支供: 음식 따위를 대접하여 받듦.
2 선유宣諭: 임금의 훈유訓諭를 백성들에게 널리 공포함.

10월 20일

평산平山에 도착하다

일찍 출발하여 총수葱秀에서 점심을 먹고 저녁에 평산平山에 도착해서 멈추어 잤는데, 고을 수령이 나와 보았다. 이날에는 80리를 다녔다.

二十日, 早發, 中火葱秀, 夕抵平山, 止宿. 主倅出見, 是日行八十里.

10월 21일

개성開城에 도착하다

새벽에 출발하여 금천金川의 빈 관청에서 점심을 먹었다. 파발마 편에 24번째 편지를 보니 정시庭試에서 열다섯 사람을 뽑았다고 한다. 장쉬長倅 홍영모洪永謨가 와서 보았으며, 청석동靑石洞에 도착해서 말에 먹이를 먹이고 개성開城으로 달려 들어갔다. 유상留相 서희돈徐憙淳[1] 어른과 경력經歷이 나와 보았다. 이날에는 100리를 다녔다.

二十一日, 曉發, 中火金川空官也. 撥便見四玄書, 聞庭試取十五人云. 長倅洪永謨來見. 抵靑石洞秣馬, 馳入松京. 留相徐台憙淳及經歷出見. 是日行百里.

1 서희순徐憙淳(1793~1857): 본관은 달성達城. 자는 치회穉晦, 호는 우란友蘭. 1816년 문과에 급제, 예문관藝文館에 등용되어 대교待教와 응교應教 등을 지냈으며, 1824년 대사성이 되었고, 1833년 경상도관찰사로 나갔다. 1835년 대사헌이 되고, 이듬해 형조판서에 올랐다. 1855년 진위 겸 진향사陳慰兼進香使로 청나라에 다녀왔다. 시호는 숙헌肅獻이다.

10월 22일

파주坡州에서 자다

장단長湍에서 점심을 먹었는데 고을 수령이 나와 보았다. 해가 짧아서 느긋하게 있을 수가 없어서 다시 심상규沈象奎 합하閤下를 방문할 수 없으므로, 다만 서신만을 써놓고 출발했다. 저녁에 파주坡州에서 잤으니 고을 수령 허계許棨[1]가 나와서 만났다. 친척의 하인들 중에는 혹은 전에 와서 서로 만난 자가 있었으므로 만나는 사람마다 반가웠다. 이날에는 80리를 다녔다.

二十二日, 中火長湍, 主倅出見. 短晷[2]無以逶迤, 不得更訪沈閤, 只作書而發. 夕宿坡州, 主倅許棨出見. 親戚下屬, 或有前來相見者, 面面可欣. 是日行八十里.

1 허계許棨(1798~1866): 본관은 양천陽川. 자는 이숙而肅. 1814년 천거로 선전관이 되고, 1815년 무과에 급제하였다. 1846년 평안도병마절도사를 거쳐 1851년 좌변포도대장左邊捕盜大將을 세 번이나 역임한 뒤 1858년 금위대장을 지냈다. 1865년 조두순趙斗淳 내각에서 공조판서·어영대장으로서 경복궁 건영도감建營都監의 제조提調가 된 뒤 판의금부사·도총관을 역임하였다. 시호는 효민孝敏이다.

2 구晷는 구晷의 오자로 보인다. 다른 판본에는 구晷로 되어 있다.

10월 23일

고양高陽에서 잤다

출발하여 고양高陽에서 묵었는데, 고을 수령과 교하 수령交河守令 한용호韓用鎬가 와서 보았다. 상사上使 어른은 중복[1] 이후라 복명하기가 어려워서, 지름길로 현천玄川의 옛 집으로 갔다. 넉 달을 함께 다닌 터라 서글픔을 이길 수가 없었다. 아이들은 앞서 왔을 때에 보았던 사람들이었다. 이날에는 40리를 다녔다.

二十三日, 發行, 宿高陽, 主倅及交河倅韓用鎬, 來見. 上使丈以重卜之後, 難於復命, 徑往玄川舊廬. 四朔同行之餘, 不勝悵然. 兒子前來相見. 是日行四十里.

1 중복重卜: 조선 시대에 의정議政 벼슬을 거친 사람을 다시 의정 벼슬에 임명하는 일을 말한다.

10월 24일

상감을 뵙다

새벽에 출발하여 홍제원弘濟院에서 잠시 쉬었다가 모화관慕華館[1]의 의막依幕[2]으로 나아가니, 경기관찰사가 와서 만났다. 백관이 조칙이 나온 것을 영접하였다. 그러나 규례대로 교대하기 때문에 한 사람도 만날 수는 없었다. 날이 밝는 아침에 관직의 서열별로 정돈하고 대궐에 나아가 영칙의주迎勅儀注[3]를 가져다 보니, 사신이 봉칙奉勅하고 선칙宣勅하는 글이 있는데, 서장관은 이미 사신과는 다르므로 예당禮堂에 왕복하면서 괴원槐院의 관원에게 대신 행하게 하였다. 나는 곧바로 들어가 복명을 한 뒤에 "머물러 기다리라"는 명령을 받고 이어서 곧바로 희정당熙政堂으로 들어가 상감을 모시었다. 상감이 말씀하시길 "아무 탈없이 다녀왔더냐?" 천신賤臣이 일어나 엎드려 아뢰기를 "왕령王靈을 힘입어 잘 다녀왔습니다"라고 하니, 이어서 "물러나 가라"고 명령 하였다가 또 머물러 기다리라는 영을 받았으므로 이어서 곧바로 중희당重熙堂에 들어가서 대면하였다. 왕세자가 말씀하시기를 "먼길에 어떻게 다녀왔소?"라고 하시기에 천신이 일어났다가 엎드려 아뢰기를 "왕령王靈을 힘입어 무사히 다녀왔습니다"라고 하니 왕세자가 말씀하시기를 "대신 또한 병환이 없으시었소?"라고 하시므로 천신이 아뢰기를

1 모화관慕華館: 서울특별시 서대문구 현저동峴底洞에 있었던 객관客館. 조선시대 명나라와 청나라의 사신을 영접하던 곳이었다. 1407년 송도松都의 영빈관迎賓館을 모방하여 서대문 밖에 건립하여 이름을 모화루慕華樓라 하였다.

2 의막依幕: 임시로 거처하게 된 막사를 이른다.

3 영칙의주迎勅儀注: 칙서를 가져온 사신을 맞이하는 예법을 적은 글이다.

"대신 또한 잘 다녀왔습니다"라고 하였다. 이어서 "물러 가시오"고 명령하시기에 곧바로 재동齊洞으로 가서 가묘家廟에 배알한 뒤에 집으로 돌아오니 해가 이미 저물었다. 이날에는 40리를 다녔으니, 출발한 때로부터 돌아오기까지는 모두 98일간이었으며, 압록강을 건널 때로부터 다시 강을 건너오기까지는 46일이었으며 두루 다닌 길이 3,370리였다.

二十四日, 曉發, 小憩弘濟院, 前進慕華館依幕, 畿伯來見. 百官爲迎, 詔勅出來, 而例爲倒班, 故無一人相逢. 平朝, 整班次, 詣闕下, 取見迎勅儀注, 則有使臣奉勅·宣勅之文, 而書狀旣異於使臣, 故往復於禮堂, 使槐院官員替行, 余則直入, 復命後, 承留待之命, 仍卽入侍于熙政堂. 上曰, "無事往還乎" 賤臣起伏奏曰, "王靈所曁, 好爲往還也" 仍命退出, 又承留待之令, 仍卽入對重熙堂. 王世子曰, "遠路何以往還乎?" 賤臣起伏奏曰, "王靈所曁, 無事往還也" 王世子曰, "大臣亦無病患乎?" 賤臣奏曰, "大臣亦好爲往還也" 仍令退出, 直往齊洞, 拜家廟後, 還家, 日已暮矣. 是日行四十里, 自發行, 至回還, 凡九十八日, 自渡江, 至還渡江, 凡四十六日, 周行三千三百七十里.

계본[1] 啓本

돌아온 심양 문안사 서장관瀋陽問安使 書狀官인 통훈대부 겸 사헌부 집의通訓大夫兼司憲府執義 신臣 박래겸은 삼가 아룁니다. "신이 올해 7월 16일에 정사正使인 판중추부사判中樞府事 이상황李相璜과 조정을 하직하고 8월 초 10일에 의주에 도착했으며, 19일에 압록강을 건너서 20일에 책문으로 들어갔고, 29일에 심양에 도착하였으며, 10월 초 1일에 다시 출발하여 초 7일에 책문을 나갔으며, 초 8일에 도로 압록강을 건넜습니다. 노정을 따져 보면 압록강에서 심양까지는 570리였고, 날짜를 따져 보면 돌아와서 압록강을 건너기까지는 50일이었으며, 사람은 모두 181명이었고 말은 124필이었습니다. 날씨와 이수里數, 들은 것과 본 것을 왼편에 글로 쭉 써 대비하오니, 상감께서는 예람[2] 해 주소서."

回還瀋陽問安使書狀官·通訓大夫兼司憲府執義·臣朴來謙謹啓爲, 臣於本年七月十六日, 與正使臣判中樞府事李相璜, 辭朝, 八月初十日到義州, 十九日渡鴨綠江, 二十日入柵, 二十九日到瀋陽, 十月初一日還發, 初七日出柵, 初八日還渡江. 計程自鴨綠江至瀋陽, 五百七十里, 計日自渡江至還渡江, 五十日, 人共一百八十一, 馬一百二十四. 陰晴道里, 所聞所見, 臚列于左, 以

1 계본啓本: 조선시대 국왕에게 중대한 일로 올리던 문서의 양식이다.

2 예람睿覽: "왕세자께서 열람閱覽하소서"라고 청원請願하는 뜻을 올리는 말이다.

備睿覽焉爲白齊.

8월 19일. 낮에는 개었다가 밤에는 비가 내렸다. 의주부윤義州府尹 송상래宋祥來와 함께 사람과 말을 점고點考하고 짐을 검사했다. 압록강을 건너서 온정평溫井坪에서 묵었으니, 이날에는 70리를 다녔다.

八月十九日, 晝晴夜雨. 與義州府尹臣宋祥來, 點閱人馬, 搜驗行李. 渡鴨綠江, 溫井坪露宿, 是日行七十里.

8월 20일. 비가 내렸다. 날이 새자 빗속에서 길을 떠나 출발하여 책문 밖에 도착하여 보단報單[3]을 바쳤다. 봉황성鳳凰城의 장군이 접가接駕 때문에 산해관山海關에 갔으므로 장군을 대신하여 나와서 책문을 열어 주었다. 그러므로 의관을 정제整齊하고 책문으로 들어가서 머물러 잤다. 이날에는 50리를 다녔다.

二十日, 雨. 平明, 冒雨離發, 到柵外, 呈報單. 鳳城將因接駕, 往山海關, 代將出來, 開柵門. 故整齊入柵, 止宿. 是日行五十里.

8월 21일. 맑았다. 방물方物을 다시 싸 놓고 이어서 묵었다.

二十一日, 晴. 以方物改結裹, 仍爲留宿.

3 보단報單: 관직에 진출하거나, 승진하거나 과거에 급제한 것을 알리는 통지서. 또는 중앙 관청에서 임금에게 사무를 알리기 위해 작성한 단자單子를 이른다.

8월 22일. 비가 종일토록 그치지 않았다. 도로가 막혀서 또 묵었다.

二十二日, 雨, 終日不止. 道路不通, 又爲留宿.

8월 23일. 날 샐 무렵에 길을 떠나 출발하여 건자포乾子浦에서 머물러 잤다. 이날에는 40리를 다녔다.

二十三日, 平明離發, 乾子浦止宿. 是日行四十里.

8월 24일. 비가 내리다가 그치다 하였다. 날이 샐 무렵에 길을 떠나 출발하여 통원보通遠堡에 도착해서 머물러 잤다. 이날에는 90리를 다녔다.

二十四日, 或雨或止. 開東時離發, 抵通遠堡, 止宿. 是日行九十里.

8월 25일. 개었다. 날이 샐 무렵에 길을 떠나 출발하여 연산관連山關에 머물러 잤다. 이날에는 55리를 다녔다.

二十五日, 晴. 平明離發, 連山關止宿. 是日行五十五里.

8월 26일. 개었다. 날이 샐 무렵에 길을 떠나 출발하여 낭자산娘子山에서 머물러 잤다. 이날에는 75리를 다녔다.

二十六日, 晴. 平明離發, 娘子山止宿. 是日行七十五里.

8월 27일. 비가 내렸다. 날이 샐 무렵에 길을 떠나 출발하여 영수사迎壽寺에서 머물러 잤다. 이날에는 75리를 다녔다.

二十七日, 雨. 開東時離發, 迎壽寺止宿. 是日行七十五里.

8월 28일. 아침에 흐렸다가 저물녘에 개었다. 날이 샐 무렵에 길을 떠나 출발하여 십리하보十里河堡에서 머물러 잤다. 이날에는 55리를 다녔다.

二十八日, 朝陰暮晴. 平明離發, 十里河堡止宿. 是日行五十五里.

8월 29일. 개었다. 날이 샐 무렵에 길을 떠나 출발하여 심양瀋陽에 들어가서 동문東門 밖에 있는 삼의묘三義廟에서 묵었다. 이날에는 60리를 다녔다.

二十九日, 晴. 平明離發, 入瀋陽, 館于東門外三義廟. 是日行六十里.

8월 30일. 개었다. 관사館舍에 머물렀다. 표문表文과 자문咨文을 예부禮部에 바쳤다.

三十日, 晴. 留館. 呈納表咨文于禮部.

9월 초1일. 개었다. 진시辰時에 일식日食이 있었다. 관사에 머물렀다.

九月初一日, 晴. 辰時, 日有食之. 留館.

9월 초2일. 비가 내렸다. 관사에 머물렀다.

初二日, 雨. 留館.

9월 초3일. 개었다. 관사에 머물렀다.

初三日, 晴. 留館.

9월 초4일. 개었다. 관사에 머물렀다.

初四日, 晴. 留館.

9월 초5일. 개었다. 관사에 머물렀다. 예부에서 통역을 불러 들여서 황제皇帝의 어지御旨로 조정朝廷의 상을 내렸으므로 나아가서 하례賀禮하였다. 부사副使 여동식呂東植은 은銀 300냥을 받았다.

初五日, 晴. 留館. 自禮部, 招致任譯, 以皇旨恩賞, 故進賀. 副使臣呂東植銀三百兩.

9월 초6일. 개었다. 관사에 머물렀다.

初六日, 晴. 留館.

9월 초7일. 개었다. 관사에 머물렀다.

初七日, 晴. 留館.

9월 초8일. 개었다. 관사에 머물렀다.

初八日, 晴. 留館.

9월 초9일. 개었다. 관사에 머물렀다.

初九日, 晴. 留館.

9월 초10일. 점심 때에 가랑비가 내렸다. 다음날 접가하는 일을 예부의 통보로 알려와 날이 샐 무렵에 길을 떠나 출발하였는데, 북문北門 밖으로 나가 60리 지점인 노변성老邊城에서 머물러 잤다.

初十日, 午細雨. 以明日接駕次, 因禮部知會, 平明離發, 出北門外六十里, 老邊城止宿.

9월 11일. 개었다. 날이 샐 무렵에 행영行營의 길 오른편에 나가서 정사正使와 여러 정관正官들과 함께 반차班次를 배정해서 기다렸다. 사시巳時가 얼마 지나지 않아 황제가 말을 타고 지나가는데 예부시랑禮部侍郎 개음포凱音布가 무릎을 꿇고 아뢰기를 "조선 사신들이 접가接駕합니다"라고 하니 황제가 고개를 끄덕이면서 돌아보고 지나가기에, 신등臣等이 이어서 곧바로 물러나와 있다가, 오후에 길을 떠나 출발하여 숙소로 돌아왔다.

十一日, 晴. 平明, 詣行營路右, 與正使及諸正官, 排整班次等候. 至巳初, 皇帝乘馬來過, 禮部侍郎凱音布跪奏, 朝鮮使臣接駕, 皇帝點頭, 顧眄而過, 臣等仍卽退出, 午後離發, 還歸館所.

9월 12일. 개었다. 관사에 머물렀다. 접가接駕하는 장계狀啓를 봉하여 발송했다.

十二日, 晴. 留館. 封發接駕狀啓.

9월 13일. 개었다. 관사에 머물렀다.

十三日, 晴. 留館.

9월 14일. 개었다. 관사에 머물렀다.

十四日, 晴. 留館.

9월 15일. 개었다. 관사에 머물렀다.

十五日, 晴. 留館.

9월 16일. 개었다. 관사에 머물렀다.

十六日, 晴. 留館.

9월 17일. 개었다. 관사에 머물렀다.

十七日, 晴. 留館.

9월 18일. 개었다. 관사에 머물렀다.

十八日, 晴. 留館.

9월 19일. 개었다. 관사에 머물렀다.

十九日, 晴. 留館.

9월 20일. 개었다. 관사에 머물렀다.

二十日, 晴. 留館.

9월 21일. 개었다. 관사에 머물렀다.

二十一日, 晴. 留館.

9월 22일. 개었다. 관사에 머물렀다.

二十二日, 晴. 留館.

9월 23일. 아침에 비가 내리다가 저녁에 개었다. 오고五鼓(오전 3시~5시)에 예부에서 통보해서 서소관西小關 옆 문 밖의 10리 지점에 갔다. 반열班列을 정하여 늘어서 기다리기를 노변성老邊城의 접가接駕 때와 똑같이 하였다. 진시辰時가 얼마 지나지 않아 황제가 보연步輦을 타고 살펴 보면서 지나갔다. 신등臣等이 이어서 숙소로 돌아왔는데, "황제는 지나는 길에 장경사長慶寺와 실승사實勝寺 두 절에 나아가서 향을 사르고 외양문外攘門을 거쳐서 심양궁瀋陽宮으로 나아가셨다"고 한다.

二十三日, 朝雨夕晴. 五鼓因禮部知會, 往西小關邊門外十里地. 排班等候, 一如老邊城接駕時. 辰初皇帝, 乘步輦, 諦視而過. 臣等仍歸館所, 皇帝歷路, 詣長慶·實勝兩寺, 拈香, 由外攘門, 進瀋陽宮云.

9월 24일. 개었다. 관사에 머물렀다. "황제가 경우궁景祐宮에 가서 향을 사르고, 이어서 문묘文廟에 나아가 예를 행하였으며, 무근문撫近門으로 나와 당자堂子에 거둥하여 향을 사르고, 이어서 천단天壇에 나아가 예를 행하고, 이어서 극근친왕克勤親王의 묘에 거둥하여 제사祭祀를 지내셨다" 한다.

二十四日, 晴, 留館. 皇帝詣景祐宮, 拈香, 仍詣文廟行禮. 出撫近門, 幸堂子, 拈香. 仍詣天壇行禮, 仍幸克勤親王墓賜奠云.

9월 25일. 개었다. 새벽에 황제가 오운제烏雲祭를 행하고 묘시卯時에 숭정전崇政殿에 올라 조하례朝賀禮를 받았다. 내가 정사正使와 여러 정관들과 함께 전정殿庭에 나아가 반열班列에 참여하였으며, 예禮를 마치자 숙소로 돌아와서 방문方物을 바쳐 올렸다. 저녁에 황제皇帝가 왕공王公과 대인大人들에게 밥을 상賞으로 주었다

한다. 예부에서 황제가 직접 쓴 '찬복양휴纘服揚休' 라는 넉 자의 큰 글씨 한 장을 전해 보냈다.

二十五日, 晴. 曉, 皇帝行烏雲, 卯時, 陞崇政殿. 受朝賀禮. 臣與正使, 及諸正官, 詣殿庭, 參班, 訖還歸館所. 呈納方物. 夕, 皇帝賞王公大人等飯云, 自禮部, 傳送皇筆纘服揚休四大字一張.

9월 26일. 개었다. 새벽에 황제가 신에게 제사를 지냈다. 예부禮部에서 통보해 와서 마땅히 참연연례參宴演禮에 참가해야 했는데, 정사正使는 몸이 아파서 참석하지 못하고 신臣은 여러 정관正官들과 함께 대정전大政殿 뜰에 나아가서 반열班列에 참가한 뒤에 숙소로 돌아왔다.

二十六日, 晴. 曉, 皇帝祭神. 自禮部知會, 當參, 參宴演禮, 而正使病未入參, 臣與諸正官, 詣大政殿庭, 參班後, 還歸館所.

9월 27일. 개었다. 관사館舍에서 머물렀다. "황제가 지재문地載門으로 나와 태평사太平寺와 법륜사法輪寺에 거둥하여 향을 살랐다. 이어서 비영동翡英東의 사당에 거둥하여 제사를 지냈으며, 이어서 지단地壇에 나아가 예를 행하고 무근문撫近門을 통해서 궁으로 돌아오셨다"고 한다. 예부에서 또 황제가 직접 쓴 수자壽字를 쓴 방서方書와 복자福字를 쓴 방서를 각각 1장 씩을 보내왔다.

二十七日, 晴. 留館. 皇帝出地載門, 幸太平寺·法輪寺, 拈香. 仍幸蜚英東廟, 賜奠, 仍詣地壇, 行禮, 由撫近門, 還宮云. 自禮部, 又傳送皇筆壽字方·福字方, 各一張.

9월 28일. 개었다. 새벽에 "황제가 행원제還願祭를 행하신다"고 예부에서 통보해 왔다. 오고五鼓 때에 나는 정사와 여러 정관들과 대정전 섬돌 아래에 들어갔다. 진시辰時(오전 7시~9시)에 황제가 보연步輦을 타고 나가 어전御殿 안의 연회에 거둥하니, 음악을 연주하고 놀이를 했다. 예부의 관리들이 우리들을 이끌고 궁전 안으로 올라가서 황제 앞에 이르니, 황제가 친히 술을 따라서 가까운 신하에게 주어서 전해주게 하였다. 우리들이 무릎을 꿇고 마셨으며, 술을 다 마치고 나서는 고두叩頭하여 감사를 표하고서는 반차班次에서 물러나 앉았다. 조금 뒤에 황제가 안으로 돌아가므로 우리들은 전정殿庭의 영상연領賞宴에 갔다가 대청문大淸門 밖으로 나와서 꿇어앉아 고두하는 예를 행하고 숙소로 돌아왔다.

二十八日, 晴. 曉皇帝行還願, 因禮部知會. 五鼓, 臣與正使, 及諸正官, 入大政殿階下. 辰時, 皇帝乘步輦, 出御殿中筵宴, 奏樂設戲. 禮部官引臣等, 陞殿內, 至皇帝前, 皇帝親酌酒, 授近臣,傳賜. 臣等跪飮訖, 叩頭謝恩, 退坐班次. 少頃, 皇帝還內, 臣等於殿庭領賞, 詣大淸門外, 行跪叩禮, 還歸館所.

9월 29일. 개었다. 관사에 머물렀다. "황제가 심양의 여러 관원들을 접견하였다"고 한다.

二十九日, 晴. 留館. 皇帝引見瀋陽諸官員云.

9월 30일. 개었다. "황제가 오늘 환궁還宮한다"고 예부가 통보하였다. 오고五鼓에 나는 정사와 여러 정관들과 함께 서소관西小關 변문邊門 밖 10리 지점에 나아가서 반열을 배열하고 기다렸다. 날이 이미 밝자 황제가 말을 타고 우리들이 지영祗迎하는 장소에 이르러 살펴보고서 지나가므로 우리들은 숙소로 돌아왔다.

三十日, 晴. 皇帝今日當回鑾, 故因禮部知會. 五鼓, 臣與正使, 及諸正官, 詣西小關邊門外十里地, 排班等候. 旣明, 皇帝乘馬來到臣等祗迎處, 諦視而過, 臣等還歸館所.

10월 초 1일. 개었다. 새벽에 나는 정사와 여러 정관들과 더불어 예부에 나아가 조칙詔勅 1통을 수령한 뒤에 숙소로 돌아왔다. 먼저 왔던 장계를 봉하여 발송하였으며, 이어서 곧 짐을 점검하고 돌아와서 출발하는 길에 올라 십리하보十里河堡에 이르러 머물러 잤다. 이날에는 60리를 다녔다.

十月初一日, 晴. 曉臣與正使, 及諸正官, 詣禮部. 領受詔勅一度後, 還歸館所. 封發先來狀啓, 仍爲點檢行李, 還發登程, 至十里河堡, 止宿. 是日行六十里.

10월 초 2일. 맑았다. 낼 샐 무렵에 길을 떠나 영수사迎壽寺에서 멈추어 잤다. 이날에는 55리를 다녔다.

初二日, 晴. 平明離發, 迎壽寺止宿. 是日行五十五里.

10월 초 3일. 맑았다. 낼 샐 무렵에 길을 떠나 낭자산娘子山에서 멈추어 잤다. 이날에는 75리를 다녔다.

初三日, 晴. 平明離發, 娘子山止宿. 是日行七十五里.

10월 초 4일. 맑았다. 첫 새벽에 길을 떠나 연산관連山關에서 멈추어 잤다. 이날에는 75리를 다녔다.

初四日, 晴. 昧爽離發, 連山關止宿. 是日行七十五里.

10월 초 5일. 맑았다. 새벽녘에 길을 떠나 황가장黃家庄에서 멈추어 잤다. 이날에는 95리를 다녔다.

初五日, 晴. 曉頭離發, 黃家庄止宿. 是日行九十五里.

10월 초 6일. 맑았다. 새벽녘에 길을 떠나 책문에서 멈추어 잤다. 이날에는 90리를 다녔다.

初六日, 晴. 曉頭離發, 柵門止宿. 是日行九十里.

10월 초 7일. 맑았다. 정오에 길을 떠났는데, 봉황성鳳凰城의 장군이 거가車駕를 전송하는 데에서 안 돌아와 대신 온 장수가 나와서 책문을 열어 주었다. 그러므로 일행이 일제히 책문을 나와서 온정참溫井站에서 머물러 잤다. 이날에는 50리를 다녔다.

初七日, 晴. 日午離發, 鳳城將送駕未還, 代將出來開柵. 故一行一齊, 出柵, 溫井站止宿, 是日行五十里.

10월 초 8일. 맑았다. 날 샐 무렵에 출발하여 밤에야 돌아오는 압록강을 건넜으니, 이날에는 70리를 다녔다.

初八日, 晴. 平明離發, 夜還渡鴨綠江, 是日行七十里.

듣고 본 일들

聞見事件

황제의 어가를 움직일 때에 길을 닦는 역사役事의 폐해가 가장 컸다. 연경燕京에서 흥경興京과 성경盛京까지는 거의 2천 리가 넘는다. 그런데 지나온 사찰 중에서 유람할 만 곳이 있으면 또한 모두 길을 닦았다. 그러므로 먼 곳에 있는 사람들이 여름부터 부역에 나가고 있었으니, 노동의 고달픔과 주현州縣의 어수선함은 짐작할 만하다. 여러 곳에 있는 군마軍馬들이 더러는 숫자가 모자라는 것[1]과 파리해서 병든 것이 있었으니, 곧 관청에서 말을 사서 경내境內에다 맡기어 차역[2]이 없는 휘하에서 여러 달을 길러서 호위하는 데 대비하였다. 그리하여 먼 곳에 있는 병졸들이 기일에 앞서 역참驛站에 도달해서 점고點考와 사열査閱에 대비해야 했으니, 군인과 백성들이 다함께 피곤하였다. 황제의 음식에 필요로 하는 것은 황실 장원莊園이 관외關外에 널려 있어서 내무부內務府에서 모두 장감庄監에게 필요한 물자를 공급하게 한다. 그리고 종관從官과 병졸들은 모두 관은官銀으로 등급을 나누어 계산해 지급하여, 그들에게 각자 군대의 모습처럼 취사하게 하니, 관은이 끝도 없이 들어간다. 주부州府와 군현에는 집집마다 거두는 전결錢結[3]이 있는데 더 거두는 것이 있었다. 또 금지하는 것을 어기고 은銀을 채취하니 모든

1 궐액闕額: 군사 등 국역國役의 정해진 액수에 도망이나 사망·사고 등으로 인하여 채우지 못하는 인원 수.
2 차역差役: 등급에 따라 역부役夫를 징집하여 역역力役을 시키는 것을 말한다.
3 전결錢結: 논밭에 물리는 세금.

재물을 늘리는 방법에 관한 일에는 최선을 다하였다.

一, 皇帝動駕時, 治道之役爲弊, 最鉅. 自燕京, 至興京·盛京, 殆逾二千里. 而所經寺刹遊玩處, 亦皆治道. 故遠地之人, 自夏赴役. 民力之困瘁·州縣之繹騷, 可推而知是白乎旀, 各處軍馬, 或有闕額, 及瘦病者, 則自官買馬, 屬之境內, 無差役之旗下, 積月喂養, 以備衛護, 而遠地軍兵, 前期到站, 以待點閱, 軍民俱困是白乎旀, 御繕所需, 則皇庄, 列在關外, 故自內務府, 盡爲責應於庄監, 而從官與軍兵, 則皆以官銀, 分等計給, 使之各炊, 如軍中樣. 官銀所入, 固有限定, 州府郡縣, 戶有收錢結, 有加斂. 又皆冒禁採銀, 凡係生財之方, 無不用極是如是白齊.

황제의 어가가 지나는 곳에 만약 행궁行宮이 없으면, 비록 주현의 관사官舍라 하더라도 들어가 거처하지 않는다. 모두 들판에 땅을 청소하고 장막을 설치하니, 훌륭하고 기이함이 전각殿閣과 똑같으며 밖에는 군막軍幕을 둘러 쳐서 삼중三重의 네모난 성[方城]을 짓고 영반營盤이라 이름 부르며, 문 앞의 길은 왼편과 오른편에 따로 군막을 설치하여 안팎으로 된 문을 만든다. 어가가 도착할 때에는 창과 깃발을 들거나 북을 치고 피리를 부는 의식은 없고, 다만 한두 마리의 기마騎馬로 앞에서 인도하며 황제는 몸소 말채찍을 잡거나 고삐를 잡고 이르렀는데, 말 앞에는 고삐 줄을 잡아 주는 사람이 없었고 말 뒤에는 등자鐙子를 잡아 주는 사람이 없었다. 오직 누런 옷을 입은 수십 기가 뒤를 옹위하고 이르렀으니 어떤 사람이 황제인지 알 수가 없었다. 심양에 이르렀을 때에는 곧 단출한 의장대가 있어서 앞뒤로 옹위하고 있었으니 이것이 심양에서 마중나가는 의식이었으며 대정전에서 연회를 할 때에는 황제가 보연步輦을 타는데, 보연을 매는 가마꾼들이 10여 인이 되지 않았고, 앞에서 인도하는 자들도 3~4쌍이 되지 않는다. 수레에서 내려서 궁전으로 올라가거나 궁전에서 내려와서 수레에 오를 즈음에는 한 사람도 부축해서 껴안아 주는 위엄스러운 행동이 없었으니, 너무 간소하다고 이를 만하였다.

一, 皇駕所經處, 若無行宮, 則雖州縣衙舍, 不爲入處. 皆於野中, 除地設幄, 宏傑奇巧, 一如殿閣, 外以軍幕, 環作三重方城, 名之曰營盤, 而門路則左右別設軍幕, 以爲內外作門. 駕到時, 一無鎗旗鼓吹之儀, 只一二騎前導, 而皇帝躬自執鞭按轡而至, 前無執轡, 後無執鐙. 惟黃衣者, 數十騎, 擁後而至, 不知何人是皇帝是白乎旀. 到瀋陽時, 則略有儀仗, 前後擁衛, 卽是瀋陽迎候之儀是白乎旀, 大政殿筵宴時, 皇帝乘步輦, 而輿軍不滿十餘人, 前導者, 亦不滿三四雙. 下輿陞殿, 下殿陞輿之際, 無一人扶擁威儀, 可謂太簡是白齊.

호위하는 신하들은 합하면 211인이 되었다. 종실宗室로는 돈친왕敦親王[4]이었으니, 곧 황제의 아우이었다.

[4] 돈친敦親: 친족親族끼리나 친척親戚끼리 정이 두터움.

예친왕睿親王[5]과 경군왕慶郡王은 곧 조금 먼 종실이다. 산질대신散秩大臣인 희은禧恩[6]과 중당中堂의 장령長齡[7]은 다함께 임금의 사랑을 받는 신하인데도, 인망人望이 나타나지 않은 것이 이와 같았다. 대신大臣인 송균松筠[8]은 옛 신하로서 가장 인망이 높다. 그런데 자주 직언을 하는 것으로 상감의 뜻에 어긋나게 되어서 바야흐로 변방의 밖에 있다. 거기서 호고豪古의 일을 조사하여 처리하게 되었다. 그 임무가 비록 중대한 임무이기는 하나, 실제로는 배척된 것이니 여러 사람들의 심정이 꽤나 불평불만을 품고 있다.

一, 扈從諸臣, 合爲二百十一人, 而宗室則敦親王卽皇帝之弟也. 睿親王·慶郡王卽稍遠宗室也. 散秩大臣禧恩中堂長齡, 俱是寵幸之臣, 而人望未著是如是白遣. 閣老松筠, 繫是舊臣, 最有人望. 而以數直言見忤, 方在邊外, 査辦豪古之事, 雖是重任, 而實則踈斥, 羣情, 頗懷怫鬱是如是白齊.

황제의 어가가 심양에 도착한 뒤인 9월 25일에 오운제烏雲祭를 시행하고, 26일에 신에게 제사를 올렸으며, 28일에는 환원제還願祭를 행하였다. 오운烏雲은 만주어로 아홉이라는 뜻이다. 궁중에서 9차례의 제사를 지내는데, 관제關帝와 황조皇祖와 당자 등대인堂子 鄧大人이 함께 이 제사를 받고 있다. 그런데 희생犧牲을 죽여서 천헌薦獻[9]하며, 제사가 끝나면 돼지고기를 삶아

5 도르곤[多爾袞, 1612~1650]: 청나라 초기의 황족. 태조 누르하치[奴兒哈赤]의 14번째 아들. 1644년에는 명장明將 오삼계吳三桂를 선도先導로 하여 베이징[北京]에 천도하였으며, 이어 중국 전토를 무력으로 평정하였다. 한편으로는, 한인관료漢人官僚와의 타협 아래 청의 중국 지배의 기초를 확립하였다.

6 희은禧恩(?~1852): 정람기正藍旗 소속이었다. 성姓은 애신각라愛新覺羅이고 자는 중번仲蕃이다. 예친왕睿親王 순영淳穎의 아들로 청조淸朝의 대신大臣이다. 도광道光 초기에 황제의 총애를 받았다. 요직을 두루 거쳤는데 동료들을 능멸해서 사람들이 모두 미워하였다. 뒤에 자주 견책을 받아 파면되어 물리쳐 졌다. 문종文宗이 즉위하자 다시 등용되어 협규協揆에 오르게 되었다.

7 장령長齡(1759~1839): 몽고 정백기正白旗 소속이었다. 성姓은 살이도극薩爾圖克이고 자는 무정懋亭이다. 상서尙書 납연태納延泰의 아들이고, 혜령惠齡의 아우로서 청조淸朝의 대신大臣이었다. 건륭乾隆 때에 공부필첩식工部筆帖式에 보임되었다가, 군기장경軍機章京에 충원이 되었고 이번원주사理藩院主事에 발탁이 되었으며, 감숙甘肅, 대만, 구르카[廓爾喀]에 출정하였고, 여러 차례 내각학사內閣學士에 발탁이 되었고 부도통副都統을 겸하였다.

익혀 잘라서 쌀에 섞어 먹었으니, 이름을 식소육반食少肉飯이라 한다. 제사를 지낼 때에는 청령궁淸寧宮 서쪽 담장 아래에 노란 장막 하나를 설치하고 각라覺羅의 아내 두 사람에게 서쪽을 향해서 무릎을 꿇고 앉아서 만주글을 외우게 하며, 그리고 황제도 서쪽을 향하여 무릎을 꿇고 각라의 아내가 외우는 것에 따라서 예를 행한다고 하며, 신에 제사를 지내는 것은 오운제와 대동소이했다. 대개 만주 사람들의 집은 서쪽 담장 아래에도 두 개의 널빤지가 있었는데, 하나는 신황神皇이고, 다른 하나는 신상神上이라 했으니 이 제사를 이르는 것이며 환원還願은 곧 서울에 돌아올 때 지내는 칠성제七星祭다. 청령궁淸寧宮 앞 뜰에는 조그마한 나무로 만든 대가 있는데 돈대 위에는 세 길이나 되는 나무를 세우고, 비단으로 둘레를 쳐서 사람을 막아서 감히 가까이 오지 못하게 하였으니, 그 나무를 신간神桿이라고 하고, 삭용간朔龍桿이라고도 하며, 또는 기휘간자忌諱竿子라고도 한다. 위에는 소반이 있는데 이슬을 받는 소반과 같다. 그리고 환원제가 끝난 뒤에는 제육祭肉을 소반 위에다 올린다고 한다. 이런 행사는 복을 비는 의미인데, 세 차례의 제사가 모두 호풍胡風에 관계가 되어, 비웃음이 있을까 두려워 해서 사람들에게 보지 못하게 하니, 그 상세한 것은 알 수가 없다.

一, 皇駕, 到瀋陽後, 九月二十五日行烏雲祭, 二十六日祭神,

8 송균松筠(1752~1835): 청나라 몽고蒙古 정람기正藍旗 사람. 성姓은 마랍특瑪拉特이고 자는 상포湘浦다. 건륭乾隆 연간에 필첩식筆帖式에서 기장경機章京에 충군充軍되었다. 주장대신駐藏大臣에 발탁되었다. 가경嘉慶 연간에 섬감총독陝甘總督과 무영전대학사武英殿大學士를 지냈다. 도광道光 연간에 도통함都統銜으로 휴직하고 치사致仕했다. 시호는 문청文淸이다. 저서에 《고금절록古今節錄》과 《수복기략綏服紀略》, 《이리총통사략伊犁總統事略》이 있다.

9 천헌薦獻: 제사지낼 때 제수祭需를 바치고 술잔을 올린다는 말이다.

二十八日行還願祭. 烏雲者滿州語九也. 宮中行九次祭, 關帝及皇祖及堂子鄧大人, 并受此祭. 而殺牲薦獻, 祭畢, 將猪肉煮熟, 切之合米食, 名爲食少肉飯. 祭時, 清寧宮西墻下, 設一黃幔, 使覺羅妻二人, 西向跪, 念滿州文, 而皇帝, 亦西向跪, 隨覺羅妻所念行禮云是白遣, 祭神者, 與烏雲祭, 大同小異. 凡滿州人家, 西墻下, 皆有二板, 一則名曰神皇, 一則名曰神上, 卽此祭云是白遣, 還願者, 卽回京時七星祭也. 清寧宮前庭有小木臺, 上竪三丈木, 紬緞作匝, 禁人莫敢近. 名其木曰神桿, 或曰朔龍桿, 又或曰忌諱竿子. 上有盤, 如承露盤. 而還願罷後, 祭肉奠於盤上云. 似是祈福之意, 而三祭俱繫胡風, 恐有譏議, 不使人見, 故其詳未由得知是如是白齊.

황제는 무武를 숭상하고 문文을 숭상하지 않는다. 호위하는 신하가 거의 만주인 무신武臣이다. 그러나 오직 내각의 태학사인 조진용曺振鏞만이 중국인 문사文士이고, 이부상서吏部尙書 문부文孚는 만주인 문사라 이른다. 어가가 갈포대영噶布大營에 도착하자 황제가 다섯 개의 화살을 직접 쏘았는데, 그중에 네 개의 화살이 맞았다. 그러나 심양장군瀋陽將軍인 혁호奕顥는 단 한 발도 적중시키지 못했다. 황제가 면전에서 유시하기를 "변방을 지키고 있는 신하인데, 어째서 무기를 익히지 않았는가? 그러나 비록 더러 맞지는 않았지만, 활을 쏘는 모습[10]은 아주 좋았다"라고 했다. 대개 혁호奕顥는 황제의 5촌 당질이었으니, 관계가 가까운

10 膀搸은 榜樣의 오자로 보인다.

종친이었고, 또 총애가 있기 때문에 죄가 되지는 않았다. 어가가 성경盛京에 거둥할 때에 성경에 있는 문사들이 사부詞賦를 다투어 올려 황제의 성덕聖德을 노래로 송축한 것은 이미 전례가 되었다. 그런데 이번에는 "특별한 어지御旨가 미리 내려 와서 가송歌頌을 바치는 것을 허락하지 않았다"고 한다. 표면상으로 보면 비록 아첨하는 것을 멀리하는 의미는 같으나, 그 실상은 문을 숭상하는 정치가 무를 숭상하는 것보다 못해서 이렇게 하는 것이었다.

一, 皇帝尙武, 而不尙文. 扈從諸臣, 幾皆是滿人武臣. 而惟內閣太學士曺振鏞, 是漢人文士, 吏部尙書文孚, 是滿人文士云是白遣. 駕到噶布大營, 皇帝親射五箭. 連中四箭. 而瀋陽將軍奕顥, 不得中一箭. 皇帝面諭曰, "守邊之臣, 何爲不習武技也? 然而雖或不中, 發射之膀㨾, 則甚好云" 盖奕顥於皇帝爲五寸侄, 係是近宗, 而又方有寵, 故不抵於罪是如是白乎旀. 自前駕幸盛京時, 盛京文士, 競獻詞賦, 歌頌聖德, 便成已例. 而今番則預下特旨, 勿許來呈云. 外面觀之, 雖似遠諂諛之意, 而其實則右文之治, 遜於尙武而然是如是白齊.

황제는 성품이 본래 검소한 것을 숭상하여 먼 데에서 가져오는 물품을 보배로 여기지 않았다. 전부터 심양으로 거둥할 때에 가까운 지역의 주현州縣들이 사사로이 바치는 지역 특산물은 문득 이미 진례前例가 되어 있었다. 그러나 이번에는 모두 함께 물리치고는 받지 않았다. 이에 다만 회강回壃을 쳐서 평정한 이후로는 모든 천하가 편안해서 조정이나 민간이나 아무 걱정이 없게 되면서 부터는 자못 노닐고 잔치하는 것을 일삼았고, 또 술독에 빠지는 것에 가까워서 오전에는 기무를 분석해서 결정하거나, 혹은 신하를 영접하였다. 오후에는 매양 정신이 혼미하게 취해서 못 살필 때가 많았으며, 전귀비全貴妃의 은총이 후궁 중에 으뜸이어서 남들의 말들이 꽤나 많다. 이번에도 어가를 따라서 전귀비가 나왔는데, 어가를 따라서 나오는 궁녀는 남자 복장을 하고 말을 탄 사람이 많았다. 그 이전이나 이후에 심양에 거둥할 때에는 없었던 일이었다.

一, 皇帝, 性本尙儉, 不寶遠物. 自前瀋幸時, 近地州縣之私獻方物, 便成已例. 而今番則并皆退斥是白乎. 乃但自回壃討平以後, 區宇寧謐, 朝野無憂, 頗事遊宴, 又近沈湎, 午前則剖決機務, 或接臣隣. 而午後則每多昏醉, 不省時是白乎旀, 全貴妃, 寵冠後宮, 頗有人言. 而今亦隨駕出來是白遣, 隨駕宮女, 男服騎馬者, 居多. 前後瀋幸時, 未有之事是如是白齊.

어가를 수행하는 군대의 제도는 비록 그 상세한 것은 몰랐으나 대략 관문關門 안에는 15만 기가 있고, 관문 밖에는 15만 기가 있으니 경계를 나누어서 호위를 한다. 매일 호위하는 자는 불과 8,000명에 지나지 않으나, 경사京師에서 친군親軍이 호위하는 것은 다만 1,000기쯤 된다. 행군行軍하는 제도는 대오를 갖추지 못해서 혹은 2~3명이나 또는 4~5명씩 성글기도 하고 빽빽하기도 하여 정돈되지 않았으며 또는 그 사이에는 거마車馬와 낙타와 짐수레가 서로 섞여서 완전히 엉망이었다. 저 사람들에게 "기율이 없다"고 물으니, "이것은 안시진鴈翅陣의 형상이다"고 하였다.

一, 隨駕軍制, 雖未得其詳, 而大約關內十五萬騎, 關外十五萬騎, 分界衛護. 每日衛護者, 不過爲八千餘名, 而京師親軍之扈行者, 只爲千餘騎是乎旀. 行軍之制, 不成隊伍, 或二三或四五, 踈密不齊, 而又間以車馬駞騾, 輜重相雜, 全無紀律. 問於彼人, 則此是鴈翅陣形是如是白齊.

근래에는 종실宗室이 차츰 더욱 번성하게 되었다. 그런데 종실의 관작官爵은 연경燕京 이남에는 허락하지 않았다. 그러므로 죄가 있는 자는 영고탑寧古塔으로 귀양을 보내어서 벼슬살이 하는 사람들이 북경에 있지 않았으니, 성경盛京 사이에 많이 있었다. 10년 만에 한 번씩 족보를 정리하는데 지금 양경兩京에 있는 사람이 7,000이나 되는 많은 숫자에 이르게 되었다. 모두가 국고에서 주는 돈과 쌀이 있지만, 성경에 있는 관원은 과액窠額이 몹시 부족하고 종실에서 직책을 받은 자가 많아 그 나머지 사람들은 녹을 받는 자리를 차지할 수 없어, 꽤나 불평을 품고 있다고 한다. 이번 행행을 할 때에 성경의 종실인 경무景茂의 딸이 전답을 송사하는 일로 궁중으로 들어와 황태후에게 호소하니 차관이 처리에 있어 아직 결정하지 못하고 있어서 인심은 상당히 탐탁치 않게 여긴다고 한다.

一, 近來宗室, 漸益蕃盛. 而宗室官爵, 不許燕京以南. 故其有罪者, 謫送寧古塔. 從宦者, 不在北京, 則多在盛京間. 十年一修譜牒, 而現今兩京所在者, 至爲七千餘人之多. 皆有廩銀廩米, 且盛京官員, 窠額甚窄, 而宗室見帶者居多, 餘人不得沾祿, 頗懷怫鬱是白乎旀. 今番幸行時, 盛京宗室景茂之女, 以田訟事, 入訴於皇太后, 差官辯理, 姑未決處, 而人心亦頗不愜是如是白齊.

황제가 심양으로 거둥을 할 때에는 백관百官과 병졸들은 으레 상으로 주는 돈이 있었고, 백성들은 으레 세

부준富俊 장군상

금을 감해 주는 것이 있었다. 그러므로 허비되는 비용이 많아서 자금이 소진되었다. 심양에 사는 노인들이 이전에는 으레 은패銀牌에다 양로養老라는 두 글자를 새겨 상으로 주었는데, 이번에는 곧 70세 이상에게 다만 명주 한 필씩을 상으로 주었고 80살 이상의 노인은 쌀 다섯 말을 상으로 추가해 주었으며, 세금을 감해 주는 것으로는 경유하는 지방은 모두 한 해의 조세를 감해 주고, 협조하는 주현州縣은 다만 절반을 감하여 주었다.

一, 皇帝瀋幸時, 百官軍兵則例有賞銀, 民人則例有蠲稅. 故糜費浩多, 財力匱竭. 瀋陽耆老前則例賞銀牌刻養老二字, 而今番則七十以上, 只賞紬一疋, 八十以上, 加賞米五斗是白乎旀, 蠲稅則所經地方, 盡蠲一年租稅, 帮辦州縣, 只蠲十分之五是如是白齊.

금주錦州의 전 지현前 知縣인 부종탁傅鍾琢은 치적治蹟이 본래부터 눈에 띄었다. 그런데 지난번 은을 불법으로 채취하는 것을 발각 당한 일 때문에 면직이 되어 물러갔다. 대개 은을 채취하는 것이 비록 금법禁法이기는 하나, 근래에 와서는 상사上司들이 구하는 것이 많아서, 주현을 다스리는 자가 모두가 금법을 어기고 은을 캐내어서 필요한 공급에 충당시킨다. 그런데 부종탁이 홀로 그 죄를 받게 되어서 사람들이 모두 원통한 일이라 일컬었다. 이번에 어가가 거동할 때에 황제가 특별히 수영 판사隨營辨事에게 영을 내려서 앞서의 죄를 대속代贖하게 하였고 또 금주錦州에 있는 간사한 백성 무성武姓이라는 자가 어가의 앞에서 상황을 보고 하되, "소민小民들을 고생시킨다"고 무고誣告하니 황제가 흠차欽差[11]한 심양의 전장군前將軍이고 현임現任 협판 태학사協辦太學士인 부준富俊[12]을 파견해서 그에게 임금이 돌아온 뒤에 앞으로 닥쳐올 일을 맡아 처리하도록 하였다.

11 흠차欽差: 황제의 명령으로 보낸 파견인派遣人.

12 부준富俊(1749~1834): 성은 탁특씨卓特氏이고 자字는 송암松岩이다. 몽고 정황기蒙古正黃旗 사람이다. 쌍성보雙城堡, 백도눌伯都訥에서 둔전屯田을 개간하여 많은 성과를 이루어 내기도 했다. 벼슬은 동각 태학사東閣太學士까지 지냈으며 시호를 문성文誠이라 했다.

一, 錦州前知縣綿傳鍾琢, 治蹟素著. 而向因採銀事發, 革職而去. 蓋採銀, 雖是禁法, 而近來上司, 責應浩繁, 爲州縣者, 擧皆冒禁採銀, 以充供億. 而傳鍾琢, 獨被其罪, 人皆稱寃是白加尼. 今番駕幸時, 皇帝特令, 隨營辨事, 以贖前罪, 而又有錦州奸民武姓者, 駕前告狀, 誣以刻苦小民, 皇帝派欽差瀋陽前將軍·現任協辦太學士富俊, 使於回鑾後, 前來辨理是如是白齊.

조서를 반포한다

頒詔

봉천승운황제奉天承運皇帝가 조서를 내리기를, "짐이 법과 기강을 세우기 위해 사방을 순행함은 높은 의리를 두루 나타내는 훌륭한 거사擧事이며, 예를 숭상하여 근본에 보답함은 제업帝業의 계승을 더욱 생각함이다. 그러므로 주구珠邱[1]를 삼가 배알하여 각별히 제사[2]를 올리고, 다시 옥찬玉瓚[3]에 정성어린 술을 부어 올렸으며, 번리藩籬의 사신을 공경히 맞이하였다. 요해遼海의 깊숙하고 험한 땅에는 배경陪京[4]의 옛 유적지가 남아 있다. 궁검弓劍으로 나라를 세워 훌륭한 문화의 업적을 이룩하였으니, 규모와 판도[5]가 광대하였다. 옛날의 호거, 용반[6]에 상서로운 기운이 뭉쳤으니, 지금까지도 외덩쿨이 뻗어 나가듯[7] 자손이 번성하며, 영원히 전날의 영광을 계승할 것이다. 과거를 거슬러서 보건대, 성조聖祖께서는 세 번을 순력巡歷하고, 고종高宗께서는 네 번을 배알하였으며, 황고皇考께서는 등극登極[8]하신 이후로 두 번 교산橋山에 나아가서 공손히 경모景慕를 거듭하였다. 짐은 삼가 대통大統을 이어받자, 물려 준 계책[9]을 독실하게 생각하면서 기념하고 우러러 큰 계책을 엮어 만들어 삼가 선대先代의 훌륭한 업적을 현양하겠다. 다행히 시절이 고르고 일기가 화창하여 올해에도 풍년[10]이 들었는데, 더군다나 큰

1 주구珠邱: 조상의 무덤, 또는 임금의 능침陵寢을 뜻한다. 주구珠丘라고도 쓴다. "순舜 임금의 무덤에 새가 날아와 구슬을 떨어뜨린 것이 쌓여서 언덕을 이루었다"는 고사에서 나온 말이다. 《습유기拾遺記》 참조.

2 인사禋祀: 상제上帝를 제사하는 것을 말한다.

3 옥찬玉瓚: 종묘나 문묘 따위의 나라 제사에서 강신할 때에 쓰던 술잔 자루를 옥玉으로 만들었다.

4 배경陪京 : 국도國都 외에 따로 정한 수도를 이르는데, 여기서는 심양을 말한다.

5 식확式廓: 규모나 범위를 가리킨다. 《시경》·〈대아大雅〉·'황의皇矣' 에 "上帝耆之, 憎其式廓"라 나온다.

6 호거용반虎踞龍盤: 범이 웅크리고 용이 서린 듯함. 지세가 험준하고 웅장함을 형용한다.

7 과면瓜綿: 자손이 번성함을 이른다. 《시경》·〈대아大雅〉·'면綿' 에 "綿綿瓜瓞, 民之初生, 自土沮漆"이라 나온다.

8 어극御極: 등극登極, 즉위即位와 같다.

9 이모貽謀: 조상이 후손을 위하여 남겨 놓은 계책을 말한다. 《시경》·〈대아大雅〉·'문왕유성文王有聲' 에 "詒厥孫謀, 以燕翼子"라 나온다.

역적을 사로잡아 크나큰 공[11]을 세웠음을 고告하게 되었으니, 하늘의 은총에 감사하며, 천하가 태평함을 경하한다. 이는 모두 세덕世德으로 말미암아 구함을 얻었으니, 태평세월이 계속 됨이다.[12] 이에 의명懿命을 삼가 이어받아 안여安輿[13]를 공경히 모시고, 경건히 분향하여 효성으로 제향을 올리었다. 도광道光[14] 9년 가을에 영릉永陵·복릉福陵·소릉昭陵을 삼가 배알하고 조촐하고 정결하게 제향하였으니, 천지신명의 도우심을 받았도다. 삼가 성헌成憲[15]을 따라, 이에 서울로 돌아와 어전御殿에 임하였다. 법령[16]을 완벽하게 정비하고 준행하였으니, 윗사람의 위의威儀가 아름답게 빛났다. 크나큰 은택을 베풀어, 특별히 은혜로운 윤음을 반포하였다. 행사에 합당한 것이 있으니 조목들은 왼편에 나열한다.

奉天承運皇帝詔曰, "朕惟典紀巡方, 備著隆義之楙擧. 禮崇報本, 尤思基緖之丕承. 故勤展覲於珠邱, 恪修禋祀, 更布精成於玉瓚, 敬迓藩釐. 緬夫遼海隩區. 陪京舊蹟. 弓釰肇開夫駿業, 車書式廓夫鴻圖. 在昔虎踞龍蟠, 寔鍾瑞氣, 迄今瓜綿椒衍, 永迪前光. 溯夫聖祖三巡, 高宗四謁, 皇考御極以後, 再詣橋山, 恭申敬慕. 朕寅承大統, 篤念貽謀, 御締造之宏規, 凜顯承於盛烈. 幸際時調玉燭, 歲奏金穰. 况乎巨憝生擒, 膚功告藏, 感昊蒼之甄貺, 慶寰海之鏡淸. 皆由世德作求, 重熙屢洽. 玆者欽承懿命, 恭侍安輿, 虔擧馨香, 聿追孝享. 於道光九年, 祇謁永陵·福陵·昭陵, 鐲

10 금양金穰: 여기서는 풍년豊年이라는 뜻으로 쓴 말이다. 《사기史記》·〈천관서天官書〉에 "然必察太歲所在:在金, 穰; 水, 毁;木, 饑;火, 旱。此其大較也"라 나온다.

11 부공膚公: 큰 공을 가리킨다. 《시경》·〈소아小雅〉·'유월六月'에 "薄伐玁狁, 以奏膚公"이라 나온다.

12 중희 누흡重熙累洽: 임금이 대대로 현명하여 태평성대가 계속 이어지는 것을 말한다.

13 안여安輿: 편안하게 앉아서 타는 수레.

14 도광道光: 청나라 선종宣宗의 연호(1821～1850).

15 성헌成憲: 원래부터 정해져 있는 법률이나 제도를 이른다. 《서경》·〈열명하說命下〉에 "監于先王成憲, 其永無愆"이라 나온다.

16 무전茂典: 성대하고 좋은 제도나 법칙.

潔升歆, 誕胥多祐. 謹循成憲, 爰莅晋都. 臚茂典以遵行, 昭上儀之景爍. 用施闓澤, 特沛恩綸. 所有合行事宜, 條列於左.

임금을 수종隨從한 세 차례의 기록과 대신大臣·관원官員, 봉천부奉天府의 문무대신文武大臣인 관원官員과 삼릉三陵을 방어하는 관원官員은 다함께 한 계급을 더하라.

一, 隨從王等紀錄三次, 大臣官員及奉天府文武大臣官員·三陵守衛官員, 俱加一級.

수행한 병사와 내무부內務府 일을 집행한 사람들은 다함께 한 달 치의 돈과 식량을 상으로 주되, 다함께 성경盛京에서 지급하도록 하라.

一, 隨從兵丁, 及內務府執事人等, 俱賞一月錢粮, 所賞錢粮, 俱在盛京給發.

봉천奉天과 산해관山海關의 문무대신인 관원官員과 병정兵丁과 삼릉三陵을 방어하는 관병官兵은 다함께 상을 주어라.

一, 奉天及山海關文武大臣官員·兵丁·三陵守衛官兵, 俱賞賚.

봉천奉天에 거주하는 종실·각라覺羅와 국척國戚[17]의 자손은 같이 종실에 옮겨서 거주하게 하고 다함께 상을 주어라.

一, 奉天居住之宗室·覺羅及國戚子孫并移住宗室, 俱賞賚.

봉천부 소속 응정應征은 도광道光 10년 치의 지정은地丁銀[18]에 해당하는 금액을 완전히 면제해 주어라.

一, 奉天府屬應征道光十年分地丁銀兩, 全行寬免.

봉천부의 기민旗民인 남자와 아낙으로 나이가 70살에서 90살 이상까지는 분별하여서 상을 주어라.

一, 奉天旗民男婦, 年七十至九十以上者, 分別賞賚.

성경에서 뽑힌 관원에게는 다함께 실수實授[19]를 준비해 주어라.

一, 盛京試取官員, 俱準實授.

봉천·길림·흑룡강 등의 곳에서는 십악十惡[20]을 저질러 죽을 죄를 사면하지 않는 것을 제외하고는, 그 나머지 죽을 죄는 다함께 등급을 감하여 군류軍流 이하

17 국척國戚: 외척外戚이다. 곧 후비后妃의 가족을 가리킨다.

18 지정은地丁銀: 중국 청나라 때 토지세土地稅와 인정세人丁稅를 합쳐서 토지에만 과하여 은銀으로 징수하던 세제稅制.

19 실수實授: 정원定員 내의 관직官職에 정식으로 제수한다는 말이다.

20 십악十惡: 중국 고대의 법이 가장 무겁게 처벌하였던 10가지 죄. 그 기원과 연혁은 분명하지 않으나, 중국 한漢나라 때 생긴 듯하다. 수개황률隋開皇律이 10악의 명목을 규정하였고, 당률唐律이 이를 이어 명례율明例律에 10악을 규정하였다. 모반謀反·모대역謀大逆·모반謀叛·악역惡逆·부도不道·대불경大不敬·불효不孝·불목不睦·불의不義·내란內亂 등이 있다.

는 너그럽게 석방을 해 주라.

一, 奉天·吉林·黑龍江等處, 除十惡死罪不赦外, 其餘死罪俱減等, 軍流以下寬釋.

봉천부 내무부의 장두藏頭에서 소유한 도광道光 8년 이전의 누적된 결손액은[21] 다함께 너그럽게 면제 시켜라. 아! 무성茂成한 것을 구묘九廟[22]에 보고하여 계서繼序를 잊지 말고, 효치[23]를 팔연에 현창시켜서 망체罔替[24]를 승상하고 훤위[25]에 경사를 모아서 진실로 복지福祉의 증가함을 담당하니 초가집이 여환[26]하여 준친들이 추대하는 것을 함께 안고 천하에 포고하여 모두 들어서 알도록 하라.

一, 奉天府內務府藏頭, 所有道光八年以前積欠, 俱寬[27]免. 於戲! 告茂成於九廟, 繼序無忘, 彰孝治於八埏, 承庥罔替, 萱闈集慶, 允膺祉福之增, 蔀屋臚歡, 共抱遵親之戴, 布告天下, 咸使聞知.

21 적흠積欠: 여기서는 누적累積된 결손액缺損額이라는 뜻이다.

22 구묘九廟: 아홉 조종祖宗의 사당. 흔히 제왕帝王이 선조先祖를 제사하는 종묘宗廟를 이른다.

23 효치孝治: 효도를 중하게 여기는 것으로써 백성을 다스림.

24 망체罔替: 바꾸지 않음. 폐기하지 않음.

25 훤위萱闈: 훤당萱堂과 같음. 어머니가 거처居處하는 방. 또는 어머니의 존칭으로 쓰는 말이다.

26 여환臚歡: 큰 소리로 노래하며 뛸 듯이 기뻐함.

27 원래의 글을 상고해 보면 관寬이 있으므로 보충한다.

부록 1

이름	자	호	주요경력	등장날짜	기타
각라항안覺羅恒安			예부정랑 禮部正郎	8월 30일	공적인 만남
개음포凱音布			예부시랑	9월 11일	공적인 만남
곽청감郭淸鑒				9월 5일	
관수關壽			문관門官	8월 21일	
목명록穆明祿				9월 7일 9월 30일	
무경문繆景文				9월 7일	무도기의 아들
무경창繆景昌				9월 7일	무도기의 아들
무공은繆公恩		매해楳澥		8월 30일 9월 4일 9월 12일 9월 13일 9월 15일 9월 20일 9월 21일 9월 26일 (무공은의 아들도 함께) 9월 27일 9월 30일	
무도기繆圖箕				9월 4일 9월 7일 9월 13일	무공은의 아들
무연규繆聯奎				9월 7일	무공은의 조카
복극정아福克精阿			예부낭중	8월 30일 9월 17일	공적인 만남

부지符芝		수잠壽潛		9월 20일	
부택富澤			세관稅官	8월 21일	
유서신劉書紳		근재謹齋		9월 15일 9월 21일 9월 24일 9월 25일 9월 27일 9월 29일 9월 30일	무공은의 사위
무서천繆敍天		서천이 호로 보인다. 본명은 알 수 없다.		9월 29일	
유승겸劉承謙		계남溪南		9월 5일 9월 9일 9월 27일	
장다사환張多賜歡				9월 1일 9월 5일 9월 6일 9월 7일 9월 8일 9월 30일	
진경陳敬		연향研薌		9월 25일	
진금陳錦				9월 8일	진삼덕의 아들
진량陳亮		유루庾樓		9월 3일 9월 5일 9월 9일 9월 12일 9월 17일 9월 18일 9월 26일 9월 29일	진량의 아들도 대동해서 만남.

진삼덕 陳三德	경선 敬宣	수우당 守愚堂		9월 7일 9월 8일 9월 15일 (아들과 대동 누구인지는 확실치 않음) 9월 25일 9월 26일 9월 30일	
진칠양陳七襄				9월 16일	
진홍경陳洪京				9월 5일	진량의 아들
진홍관陳洪寬				9월 5일	진량의 아들
채인장蔡麟章				8월 21일	
팽조체(彭兆棣		체화棣華		9월 5일 9월 18일 9월 25일	팽준彭浚의 아들
팽준彭浚 (1769~1833)	영기 映旗	보신寶臣	문장과 서화로 이름이 높았다.	9월 5일	팽조체의 아버지 *만나지는 못했음
혁호奕顥			심양장군 瀋陽將軍	9월 11일 (공적)	황제의 친척

부록 2

날짜	경유지	도착지	이동거리	편지수발
7월 16일	홍제원	고양	40리	
7월 17일	대자동, 오유동	파주	40리	
7월 18일	장단	송도	100리	
7월 19일	청석동, 금천의 옛날 읍점	금천군	70리	
7월 20일		평산	30리	一天書 (送), 의주 배지편
7월 21일	총수역	서흥부	80리	一天書 (受), 발군편
7월 22일	검수역	봉산	70리	
7월 23일		황강	40리	二天書 (受)
7월 24일			이동 X	二天書 (送), 배지편
7월 25일		중화	50리	
7월 26일		평양	50리	
7월 27일			이동 X	三天書 (送), 배지편
7월 28일	인현서원, 한사정, 기궁		이동 X	三天書 (受) 四天書 (受)
7월 29일			이동 X	
8월 1일		순안	50리	四天書 (送), 의주 파발편
8월 2일	파주	숙천	60리	
8월 3일		안주	60리	五天書 (受) 六天書 (受), 의주 파발편
8월 4일	향일헌		이동 X	五天書 (送)
8월 5일	백상루, 청천강, 박천	가산군	60리	

8월 6일		정주	50리	
8월 7일	곽산	선천	70리	六天書 (送), 의주 파발편
8월 8일	의검정		이동 X	七天書 (受), 발군 편
8월 9일	동림진, 거연관, 서림진, 양책관	용천	80리	
8월 10일	소곶관1, 고진강,	의주	80리	八天書 (受) 의주 파발편
8월 11일			이동 X	七天書 (送), 배지편
8월 12일	통군정		이동 X	
8월 13일	취승정		이동 X	十天書 (受), 배지편 * 九天書를 받지 못해 이상하다 는 말이 나온다.
8월 14일			이동 X	九天書 (受), 파발편
8월 15일	취승정		이동 X	八天書 (送), 유씨 청지기가 돌아가는 편 一地書 (受), 파발편
8월 16일			이동 X	九天書 (送), 파발편
8월 17일			이동 X	二地書 (受), 파발편
8월 18일			이동 X	
8월 19일	압록강, 중강, 삼강, 구련성, 금석산	온정평	70리	十天書 (送), 장계 발송 편 三地書 (受)
8월 20일	탕자성, 총수, 상용산	책문	50리	一地書 (送)
8월 21일	관제묘		이동 X	
8월 22일			이동 X	
8월 23일	봉황성, 조선관, 용봉사, 삼차하, 이태자	건자포	50리	二地書 (送), 의주 이교吏校가 돌아가는 편

8월 24일	사대자, 백안동, 설리참, 칠성사, 삼가하, 대장령, 유가하, 황가장, 팔도하, 금계하, 범가장, 이도방신	통원보	90리	
8월 25일	석우, 화상장, 답동, 초하, 거사성, 분수령, 고가령, 유가령	연산관	55리	
8월 26일	낭랑묘, 회령령, 형제암, 호랑곡, 첨수하, 첨수참, 소석령	낭자산	75리	
8월 27일	마천령, 왕상령, 석문령, 왕보대, 고려총, 요동성, 영안사, 관제묘, 백탑, 광유사, 태자하	영수사	80리	
8월 28일	접관청, 삼도파, 난니보, 만보교	십리 하보	55리	
8월 29일	백탑보, 혼하, 삼의사, 광자사	삼의묘	60리	
8월 30일		심양 고궁	이동 X	
9월 3일	태학, 조선관		이동 X	
9월 10일	실승사, 만수사, 영안교, 마도교,	노변성	60리	
9월 11일		삼의묘	60리	
9월 12일				三地書 (送) 義州의 訓譯하는 곳
9월 17일				四五六七八地書 (受) 황력재자관皇曆賚咨官편
10월 1일 (귀환이 시작되는 날)	혼하, 백탑보	십리 하보	60리	四地書 (送), 장계를 발송하는 편

10월 2일	난이보	영수사	55리	
10월 3일	석문령, 왕보대	낭자산	70리	
10월 4일	소석령, 청석령, 첨수점, 회령령	연산관	75리	
10월 5일	통원보	황가장	95리	
10월 6일	백안동, 건자포	책문	90리	九地書 (受), 의주 찬물색리 편; 五地書 (送) 의주 교리 편
10월 7일	탕자성	온정참	50리	
10월 8일	구연성, 압록강	의주	70리	六地書 (送), 장계를 발송하는 편
10월 9일	소곶관	양책	80리	
10월 10일	거련관	선천	80리	
10월 11일	곽산	정주	80리	十地書 (受), 파발마 편
10월 12일	가산, 박천,	청천강 건너편 城	100리	
10월 13일			이동 X	
10월 14일	숙천	순안	120리	一玄書 (受), 파발마 편
10월 15일		평양	50리	八地書 (送)
10월 16일	다경루		이동 X	二玄書 (受), 파발마 편
10월 17일	연광정		50리	三玄書 (受), 파발마 편
10월 18일	구령, 황강, 동선령	봉산	90리	
10월 19일	검수역	서흥부	70리	九地書 (送), 파발마 편
10월 20일	총수	평산	80리	
10월 21일	금천	송경	80리	四玄書 (受), 파발마 편
10월 22일	장단	파주	80리	
10월 23일		고양	40리	
10월 24일	홍제원, 모화관, 희 정당, 중희당, 제동	집	40리	

박래겸의 《심사일기》 해제

서론

박래겸朴來謙(1780~1842)은 본관은 밀양密陽, 자는 공익公益, 호는 만오晩悟·탑서塔西이다. 경상도 구미龜尾 봉곡蓬谷에서 박선호朴善浩의 셋째 아들로 출생했다. 1810년부터 1811년까지 가주서假注書로 봉직하였고, 그 후 주서注書, 정언正言, 지평持平, 장령掌令 등을 역임하였으며, 1819년 부안현감扶安縣監에 임명되었다. 1822년 암행어사에, 1827년 함경도 북평사咸鏡道 北評事에 제수되었다. 1837년부터 1840년까지 여러 관직을 제수 받았으나 신병身病을 핑계로 사직하였다. 행장이나 묘갈이 남아 있지 않아서 상세한 행적은 알려져 있지 않다. 저서로는 《탑서유고초塔西遺稿抄》, 《만오유고晩悟遺稿》 등이 있다.

그는 자신의 개인적인 공무 체험을 담은 3종의 일기를 남겼다. 평안남도 암행어사의 체험을 담은《서수일기西繡日記》, 함경도 북평사 때의 공무를 기록한《북막일기北幕日記》, 그리고 심양문안사瀋陽問安使의 서장관으로 임명되어 심양을 견문한 내용을 담은《심사일기瀋槎日記》가 그것이다. 1833년 예조참판禮曹參判 재직 당시 동지부사冬至副使로 임명되어 두 번째 연행을 다녀왔을 때에도 기록을 남겼을 가능성이 있지만 안타깝게도 현존하는 것은 없다.

박래겸에 대한 연구는《서수일기》를 분석하여 19세기 평안도 지방의 사회상을 고찰한 논문[1]을 선편으로 해서, 그의 삶과 문학 세계에 대한 종합적인 검토[2], 박만정과 박래겸의 암행어사 일기를 분석한 연구[3], 박래겸의 서수일기와 생애에 대한 검토[4],《심사일기》를 일정을 중심으로 개괄적으로 살펴본 검토[5],《심사일기》에 보이는 청인淸人 무공은繆公恩과 박래겸의 교유[6] 등 최근 들어 활발하게 이루어지고 있으며, 필자 또한 박래겸의 서수일기를 완역하고 종합적으로 검토한 바 있다.[7]

1 김명숙, 〈《서수일기西繡日記》를 통해 본 19세기 평안도 지방의 사회상〉, 《동아시아 문화연구》 제35집, 한양대학교 동아시아문화연구소, 2001.

2 김영시, 〈만오 박래겸의 생평과 문학세계〉, 경북대학교 대학원 석사학위논문, 2007.

3 황재문, 〈사환일기와 관직생활: 암행어사 일기를 중심으로〉, 《대동한문학》 제30집, 대동한문학회, 2009.

4 박영호, 〈조선시대 사환일기 연구: 박래겸의 《서수일기》를 중심으로〉, 《동방한문학》 제45집, 동방한문학회, 2010.

5 박영호, 〈만오晩悟 박래겸朴來謙의 《심사일기瀋槎日記》 연구〉, 《동방한문학》 제51집, 동방한문학회, 2012.

《심사일기》는 1829년 4월 20일 심양문안사의 서장관으로 임명된 때부터 동년 10월 24일 집으로 돌아올 때까지의 기록을 담고 있다. 여기에는 98일간 심양문안사로 갔던 견문들이 매우 상세히 기록되어 있다.

연행 일정과 경과

조선 후기의 대청 사행에 있어서 규모와 조직의 정례화는 숙종 27년(1701)에 이루어졌다. 정사正使·부사副使·서장관書狀官 3명에다 압물관押物官 24명 등등의 30명이 두 나라 사이의 공식화된 사행이었다. 따라서 북경에 도착하여 조알朝謁의 의례를 행할 때에도, 이 30명만이 참가했다.[8]

중국에 파견되는 사절은 크게 정기적인 경우와 비정기적인 경우로 나뉜다. 동지사冬至使·정조사正朝使·성절사聖節使·천추사千秋使 등이 전자에 해당되며, 사은사謝恩使·주청사奏請使·진하사進賀使·진위사陳慰使·진향사進香使·문안사問安使·변무사辯誣使·진헌사進獻使·고부사告訃使 등은 후자에 해당한다.

6 장지에, 〈청인 무공은淸人繆公恩과 조선사신 박래겸朝鮮使臣 朴來謙의 교유〉, 《한국학연구》 22권, 인하대 한국학연구소, 2010.

7 졸고, 〈박래겸의 암행어사 일기 연구〉, 《온지논총》 33집, 온지학회, 2012; 조남권, 박동욱 공역, 《126일간의 평안도 암행어사 기록–서수일기–》, 푸른역사, 2013.

8 황원구, 《연행록선집》, 〈해제〉, 12p 참조.

그중 심양문안사는 청나라 황제가 심양에 왔을 때 황제의 안부를 알기 위해 보냈다. 1829년 4월 29일에 이상황李相璜이 정사正使에, 박래겸이 서장관에 각각 임명되어 7월 16일에 출발했다. 사행 인원은 모두 181명, 말은 124필이었으며, 출발한 날로부터 98일, 압록강을 넘어 도로 강을 건너오기까지 46일이 걸렸으며, 여정은 모두 3,370리였다.

이 글은 크게 세 부분으로 나눌 수 있다. 7월 16일 출발하여 8월 29일 심양에 도착하기까지의 상행上行 과정, 8월 30일부터 9월 30일까지의 공식적인 체류 일정, 10월 1일 심양을 출발하여 10월 24일 집으로 돌아오기까지의 하행下行 과정이다.

상행 과정은 1829년 4월 20일 비변사에서 심양문안사의 차출을 건의하는 이야기로부터 시작한다. 일행 모두가 함께 이동하기보다는 집결 지점이 따로 있었는지 수시로 모였다가 헤어지기도 하고, 개인적인 용무를 보기도 했다. 7월 16일에 출발하여 7월 17일에는 대자동大慈洞에 있는 아내의 무덤에 참배하고, 7월 18일에는 심상규沈象奎의 집을 방문했다. 7월 26일에는 1824년 은산 현감으로 있을 때 천비賤婢에게서 낳은 5살 된 딸이 찾아 와서 만난 일, 또 예전 암행어사 시절에 선정비의 폐단에 대해서 별단을 올렸는데 우습게도 자신의 선정비가 세워져 있는 것을 보게 된 일이 기록되어 있다.

중국에 갔다 돌아오는 상사 서능보徐能輔와 서장관 유장환兪章煥이 압록강을 건너서 돌아 왔으므로 함께 찾아가 만나 보았다. 제주에서 표류한 4인까지 함께 넘겨 주고 나왔다. 서능보가 말하길 "표류객이 소주蘇州와 항주杭州의 번성함을 극찬하며 말하기를, '강을 따라 좌우에는 단청을 한 누대와 채색 칠을 한 전각들이 가옥을 접하여 살고 있는데, 200리에 뻗쳐 있었으며 강 위에는 유람선과 생가笙歌 소리가 끊이지 아니하여, 번화하고 화려함이 말로 표현하기가 어려웠습니다. 먼저 소주州와 항주州를 보았고, 뒤에 연경燕京을 보니, 먼저 연경을 보고 그 뒤에 봉황성鳳凰城을 본 것과 같았습니다' "라고 하였다. 이어서 말하기를, "형이 국경을 나가는 것은 한번 볼 만한 구경거리를 만나는데 생각이 있을 것인데, 다만 심양만을 보고 연경의 훌륭한 것은 보지 못할 것이니, 매우 한스럽습니다"라고 했다. 내가 말하기를 "대감께서 비록 내가 연경을 보지 못할 것을 조롱하지만 표류객들이 대감을 보게 되면 반드시 대감이 나를 보는 것과 같게 여길 것입니다"라고 하여 그대로 서로 크게 웃었다.

8월 11일 진하 정사進賀正使 서능보徐能輔, 서장관書狀官 유장환兪章煥과 함께 표류객을 만나는 장면이다. 서능보가 강남의 풍경을 보았던 표류객들의 말을 인용하면서 연경보다 뛰어난 강남 풍경에 대한 호기심 섞인 말을 한다. 그러면서 박래겸은 심양만을 보고 연경을 못 볼 터이니, 자신이 연경만 보고 강남을 보지 못한 것과 똑같다고 농담을 건다. 그러자 박래겸도 지지 않고 표류객들도 서능보만을 보고 자신을 보지 못하면 마치 심양만 보고 연경을 보지 못한 셈이라며 응수한다. 박래겸의 재치를 볼 수 있는 대목이다. 연행사들 사이에서도 연경에 가는 것에 비해 심양에 가는 것을 낮추어 보는 시각이 있었던 것으로 보인다.

북방 영토에 대한 관심도 적지 않았다. 8월 19일에는 책문柵門의 유래와 현황에 대해 자세히 기록했다. 특히 압록강부터 책문까지 100여 리에 이르는 옥토沃土가 공지로 있을 수밖에 없는 사실을 안타까워했다.

8월 20일에는 책문의 중요성에 대해서 한 번 더 강조하고, 1747년 청나라와의 국경 문제인 퇴책退柵에 대한 견해도 피력하였다.

그 뒤 8월 23일에는 봉성鳳城에 대해 자세히 소개했고, 요동遼東에 도착한 8월 27일에는 《심사일기》에서 가장 많은 분량을 할애해서 요동성과 백탑에 대해 기술하고 있다. 이로써 43일 간의 상행 일정이 마무리 된다.

10월 1일부터 시작되는 하행下行 일정은 그 기간이 24일로, 《심사일기》 전체에서 분량이 가장 적다. 체류 기간 내내 긴장 속에서 지내다가 모든 공무를 무사히 마무리한 후 홀가분한 심정이 없지 않았을 것이다. 10월 1일에는 토성의 남문을 벗어나니 조롱에서 나온 새나 낚시 바늘에서 벗어난 고기처럼 상쾌하고 시원하다고 했다. 다만 연도燕都를 가까이 두고서도 방문하지 못한 것은 끝내 아쉬움으로 남았다. 10월 7일 책문을 벗어나 10월 8일 압록강에 당도해 건너편 조선의 산천을 보자 기뻐 뛰면서 미친 듯이 내달리고 싶은 마음을 못 이길 정도라고 표현하고 있다. 하행 길은 상행 길과 중복되어 특별히 따로 기술할 내용이 많지 않아 귀환에 대한 즐거움이나 수행원들과 작별하는 아쉬움이 주를 이룬다.

상행과 하행 일정에 해당하는 기록들을 살펴보면서 몇 가지 흥미로운 사실도 함께 알 수 있었다. 먼저 당시 서신의 수발 상황이 상세히 나와 있다는 점이다. 편지는 각기 천天(1~10통), 지地(11~20통), 현玄(21~30)의 형태로 표기했는데, 19통의 편지를 보냈고, 24통의 편지를 받았다. 편지 수발을 맡은 담당자에 대한 기록은 있는 것도, 없는 것도 있다. 편지 수발을 쓴 경우에 발송할 때에는 의주 배지, 배지, 의주 파발, 인편(돌아가는 청지기편), 의주 훈역, 의주 교리, 장계 발송편 등을, 수신할 때는 발군, 의주 파발, 파발, 황력재자관, 의주찬물색리 편 등을 이용했다. 매우 신속하게 서신을 주고받았으며 심양 체류 기간에도 계속 유지되었다.

또, 경유하는 지역의 지방관들이 내방하여 노자나 물품, 음식을 지급하는 것도 이채로운 점인데, 이것은 거의 전 지역에 걸쳐 고르게 일어난 일이다. 모두 다 안면이 있는 경우는 아니었던 것으로 보아 정례적으로 지방관이 연행사를 대접했던 것으로 보인다. 기생을 불러다가 잔치를 벌이는 일도 심심치 않게 있었으니, 그 많고도 잦은 사신 행렬을 지원하는 일이 지방관들에게는 적지 않은 부담으로 작용했을 것 같다.

마지막으로 사대査對에 대한 기록이 빈번히 등장한다는 점을 들 수 있다. 사대는 국가적으로 중요한 문서인 표문과 자문에 혹시나 있을지도 모를 오류를 살피기 위해 여러 차례 교정을 보는 일이다. 《연려실기술》에 "중국에 보내는 문서[事大文書]는 승문원 제조承文院提調가 보살펴 올리는데, 서울에서 세 차례의 사대査對가 있다. 승문원의 묵초사대墨草査對와 방물方物을 꾸리는 날 정부사대政府査對와 표表를 봉하는 날[拜表日]에 모화관 사대慕華館査對가 그것이다. 또한 황주黃州·평양平壤·의주義州에 이르러 세 차례 사대하고 묵초墨草(교정한 일차 원고)와 맞추어 보고 만일 오자誤字가 있으면 빨리 아뢰어 고쳐 썼다"[9]라고 나오니 얼마나 사대査對에 공을 들였는지 알 수 있다. 《심사일기》에는 사대가 총 6번 이루어진 것으로 나온다.

9 연려실기술에 나오는 내용은 《통문관지》의 내용을 인용해서 실은 것이다.

심양의 이국적인 풍경과 풍속

때로는 사행에 나섰다가 죽는 경우도 있을 정도로 낯선 사행의 행로는 고난과 고통의 연속이었다. 박래겸의 기록에도 1829년에 사은부사謝恩副使로 청나라에 파견되었는데 돌아오는 길에 유관참榆關站에서 객사한 여동식呂東植(1774~1829)에 대한 언급이 있다. 그렇지만 이러한 모든 고행의 길을 상쇄시키고도 남을 만큼 흥미로운 볼거리와 체험들이 가득 했다.

태평거太平車라는 수레의 제작과 운용 방식(8월 23일)에 대한 칭찬, 장사꾼에게 몸을 파는 창녀들의 모습(8월 27일),[10] 원숭이의 재주(8월 28일), 바둑 두는 방식(9월 5일)[11] 등의 내용이 기록되어 있다. 또 호환虎患의 피해가 적지 않았던지 8월 19일과 8월 25일 두 차례에 걸쳐 그것에 대한 방비를 이야기하기도 했다.

심양은 소현세자와 봉림대군, 삼학사의 흔적이 남아 있는 곳이다. 소현세자와 봉림대군에 대해서는 간략한 사실 확인만을 하였고(8월 29일), 삼학사의 순절한 장소를 보고는 비분강개한 마음을 표현했다(9월 10일). 심양은 이렇게 병자호란의 상흔을 그대로 담은 장

10 여기에 대해서는 저자 미상의 《부연일기赴燕日記》에 "일행 가운데 하인배들이 몰래 창가娼家에 가 잔 자가 많이 있다. 경읍京邑의 기녀妓女는 은 수십 냥을 쓰지 않고서는 한 번 보지도 못하는데, 기녀 이외에 행음行淫하는 여자가 있으니, 바로 이른바 양한지[養漢的]다. 이들은 따로 음소淫所가 있는데 마을마다 있다. 집을 지어 놓고 주인이 세를 독촉하며 매일 음행을 과課하는데, 음부들이 아침마다 모여 방마다 들어가 문을 마주하고 침상에 걸터앉으면 음부淫夫가 지나면서 용모를 보아 문 안에 들어가 서로 한껏 즐긴다. 하급은 당전唐錢 50냥을 교음交淫한 대금으로 하는데, 좀 자색姿色이 있는 자는 하루에 수십 남자를 겪는다고 한다[一行下輩, 多有潛宿娼家者. 京邑妓女, 非數十銀兩之費, 無由一見, 而妓女之外, 另女行淫之女, 卽所謂養漢的也. 此輩別有淫所, 村村有之, 爲作室屋, 屋主

소일 뿐만 아니라 청나라의 유서 깊은 장소들이 많았다. 삼의사三義祠, 광자사廣慈寺[12] 삼의묘三義廟, 심양황궁瀋陽皇宮, 태학太學, 심양서원瀋陽書院, 실승사實勝寺, 만수사萬壽寺, 영안교永安橋, 마도교摩刀橋 등인데, 박래겸은 이 장소들을 찾아 적지 않은 기록을 남겼다.

> 거주하는 백성은 만주 사람이 많고 중국 사람은 적다. 풍속은 상업을 우선으로 하고 농업을 뒷전으로 여겼고, 음식은 젓가락으로 먹고 숟가락으로 먹지 않으며, 의복은 고동[榼]을 쓰고 옷고름을 쓰지 않고, 앉을 때에는 반드시 의자를 사용하고 거처는 구들을 맞게 지었으며, 창호지는 밖에다 바르고 문짝은 안에다 걸고, 소는 코를 뚫지 않고서도 다스렸으며, 말은 갈기에 장식하지 않았어도 길들일 수가 있었다. 말을 타는 자는 신분이 귀하더라도 견마꾼이 없었고, 담배를 피우는 사람은 어른을 만나도 숨기지 않았으며, 여자는 머리를 묶었는데 꽃을 비녀에 꽂았고, 한족 여자는 전족을 하고서 궁혜弓鞋를 신었으니 이것이 모두 이역 땅에 와서 처음 보는 것들이었다. 사람을 만나면 저 사람들은 말을 해도 우리 쪽에서는 알아들을 수가 없고, 우리가 말을 해도 저들은 알아들을 수 없었으니, 이것은 입과 귀가 다

責貫錢日有課, 淫婦輩朝朝而聚, 逐室入處, 踞床對門而坐, 淫夫過之, 看色入門, 相與盡奸. 下者以五十唐錢, 交淫之債, 稍有姿色者, 日經數十夫云」"라고 나온다. * 고전번역원의 번역을 따른다.

11 使洪生對局, 連輸二局. 大抵奕法, 亦與我國有異也. 우리나라 바둑과는 행마법에서 차이가 있던 것으로 보인다. 《연원직지燕轅直指》에서는 "바둑 두는 법은 오직 중앙에 한 점을 놓을 뿐, 다음은 모두 우리나라 법과 같다"라고 하였고, 《유헌속록輶軒續錄》에서는 "바둑을 시작할 때 미리 흑, 백의 바둑알을 위점圍點에 배치하지 않고 동서로 뜻대로 두니 조선의 바둑에서 미리 배점을 두는 것에 비해 쾌활하였다"라고 나온다.

12 《계산기정》을 참고해 보면 광자사가 아니라 만수사萬壽寺로 되어 있고, 칙건호국광자사비勅建護國廣慈寺碑이 칙건호국만수사勅建護國萬壽寺로 되어 있다.

병든 것이었다. 물건을 보아도 다만 이름을 알기가 어려울 뿐만 아니라 또 이것을 어디에다 쓰는 것인지 몰랐으니, 이 것은 마음과 눈이 다 함께 병든 것이어서 도리어 한바탕 웃을 만한 것이었다.

8월 20일의 기록으로 조선과 다른 풍습을 정리했다. 가장 먼저 언급한 것은 농農보다 상商을 중시하는 태도다. 8월 22일 기록에서도 사謝씨 성을 가진 장사치가 장사에 정신이 팔려 30년 동안 가정도 돌보지 않은 일화를 제시해서 물질만 숭상하는 풍조에 대해 우회적으로 비판한 바 있다.

그 나머지는 모두 소소한 풍속의 차이를 제시했다. 그중 특히 전족이 인상적이었는지 9월 18일에 진량과 팽조체를 만난 자리에서 망건을 쓰는 것을 두액頭厄, 담배를 피는 것을 구액口厄, 전족을 한 것을 족액足厄에 빗대어 농을 한다. 이렇듯 낯선 이방인에게 그들의 풍속은 문화적 충격으로 다가왔다.

조카 구하龜夏가 뒤떨어져 있다가 쫓아 와서 말하기를 "모퉁이 하나를 돌자, 음악 소리가 들려서 그 집에 들어가니 곧 상갓집이었습니다"라고 했다. 지금 조문을 받고 있는데 음악을 연주하고 있다니 매우 놀라웠다. 잠시 동안 우두커니 서 있자니, 호상護喪 하는 사람이 나와서 글을 써서 보이기를 "여기에서 무엇을 보고 있으시오?"라고 하기에, 글로 써서 "나는 외국 사람인데 마침 성시城市를 유람하다가 문 앞에서 음악 연주하는 소리를 듣게 되었소. 여기 와서 머물러서 잠시 귀한 집의 고취 소리를 들으니 무슨 까닭인지 알 수가 없소"라고 대답하니, 호상하는 사람이 글을 써서 "이곳은 상사喪事가 있게 되면 다들 이처럼 처리합니다"라고 답했으며, 또 써서 "이것은 무슨 예禮와 관계가 됩니까?"라고 하니, 글로 "이것은 상사를 당했을 때의 음악입니다"라고 답하였다. 음악을 연주하여 시신을 즐겁게 해 주는 것은 송나라 때부터 이미 더러 있었으니 지금 사람을 책망할 것이 무엇인가. 부모의 상을 당한 사람을 길에서 만났는데 윗도리는 소복素服을 입었으나 모자와 바지와 신발은 모두 평소대로 하였으며 여자는 다만 꽃비녀를 꽂지 않았을 따름이었는데 한 달로 한 해를 대신하여 석 달 만에 복을 벗는다고 했다.

9월 3일의 기록이다. 이색적인 상갓집의 풍경을 목

도한 내용을 담고 있다. 곡이 울려야 할 상갓집에 음악이 울리는 것에 매우 놀란다. 게다가 윗도리만 소복을 입고 모자와 바지는 평소 복장대로 하며, 여자들은 꽃비녀를 꽂는 것을 피할 정도이니 격식의 엄숙함을 찾아 볼 수 없다. 그런 간략한 상복도 석 달 만을 입는다 하니 상례喪禮가 엄정한 조선 사인士人이 쉽게 수긍할 수 없는 것이 당연하다. 10월 2일에도 일반 서민의 상여가 나가는 장면을 기록하면서 역시 악기가 연주되는 모습을 빼놓지 않았다. 또, 관 위에 수탉을 놓아 혼을 부르는 등의 상세한 과정을 제시한다. 박지원의 《열하일기熱河日記》 〈관내정사關內程史〉에도 상가喪家에서 풍악도 잡히고 투전판도 벌어지는 이색적인 상례에 대한 기록이 나온다. 예송禮訟 논쟁으로 당쟁에 휘말리기도 했던 조선 사람에게 다른 어떠한 관혼상제의 풍습보다 개방적인 상례는 무엇보다 큰 문화적 충격을 주기에 충분했다.

> 행궁行宮은 두 누대 사이의 약간 남쪽에 있었는데 남향이었으며, 전각은 모두 푸른 기와와 누런 기와로 번갈아 덮여 있었으니, 대개 그 웅장한 규모와 빛나는 그림은 일일

이 이름을 붙여서 말할 수가 없었다. 그런데 8면에 2층 높이로 솟아 널찍한 것은 곧 대정전大政殿으로 조하朝賀할 때 황제가 계시는 곳이었다. 궁전의 동쪽에 세운 패문牌門을 문덕방文德坊이라 하였으니 곧 동화문東華門이었고, 서쪽에 세운 패문을 무공방武功坊이라 하였으니 곧 서화문西華門이었으며, 양쪽 방坊 사이에 남쪽을 향해서 만든 문을 대청문大淸門이라 하였으니, 이것은 바로 정문正門으로, 세 개의 문인데 문무文武의 양반은 양 옆에 있는 문으로 출입하였다.

동화문 안과 대청문 동쪽에는 태묘太廟가 있었는데 천명天命 이후 5세의 화상畫像을 봉안하고 있었고, 대청문 안에 있는 궁전을 숭정전崇政殿이라 하였는데, 이곳은 바로 정사政事를 처리하는 곳이었다. 뒤에는 봉황루鳳凰樓가 있는데 3층으로 높직하였으며 북쪽에 있는 청령궁淸寧宮은 곧 침전寢殿이었다. 관저궁關雎宮은 동쪽에 있고 인지궁麟趾宮은 서쪽에 있었으며 숭정전의 좌우에는 또 태후太后와 황후皇后의 두 궁이 있다고 한다. 그런데 외부인을 통행시키지 않아서 그 상세한 것은 알 수가 없다. 건륭乾隆 병인丙寅(1746)에 오조실록五朝實錄을 숭모각崇謨閣에 간직하였고, 계묘癸卯(1783)에는 사고전서四

庫全書를 문소각文溯閣에 간직하였다고 한다.

(성의 안팎에) 인가人家가 합치면 5,000~6,000호나 되어서 사람들의 복잡함과 재물의 풍부함이 황성皇城과는 서로 막상막하가 된다고 한다. 대개 순치順治 연간 이후부터서는 이곳을 살펴 보아 근본이 되는 곳으로 삼아 삼경三京의 안팎을 서로 견제하였고, 팔기八旗의 정예가 모두 모였다. 몸이 군적軍籍에 예속이 되었으면 곧 비록 수재秀才라 하더라도 반드시 결습을 착용하였으며, 또, 이름이 관직 명부에 올랐으면 비록 한인漢人이라 하더라도 또한 만주어를 익혀서 군민軍民이 하나가 되고 만주 사람과 중국 사람들이 서로 합쳐지게 되었으니 그 깊은 생각을 볼 수가 있었다. 심양은 평소에 맛있는 음식이 많다고 일컬어졌으니 당귀채, 모래무지, 금린어錦鱗魚에, 술로는 이화백梨花白, 죽엽청竹葉青, 사국공포도주史麯公葡萄酒[13] 등이 있다고 한다.

13 사국공포도주史麯公葡萄酒: 《열하일기》에는 사괴공史蒯公으로 기록되고, '박영철본'에는 사국공史國公으로 기록 되었으며, 《계산기정》에는 사국공史國公으로 기록 되어 있다.

8월 30일 기록이다. 심양고궁은 2004년 유네스코의 세계문화유산으로 등재되었다. 황제와 신하들이 정사를 논하던 대정전大政殿을 위시하여, 역대 황제들이 제사를 지내기 위해 심양 고궁에 머물 때 이곳에서 정사를 돌봤던 숭정전崇政殿, 청태종과 황후가 있었던 청령궁淸寧宮, 후궁과 궁녀들이 거처했던 관저궁關雎宮·인지궁麟趾宮, 황제가 주연을 베풀기도 하고, 후에는 실록, 옥새 등을 보관했던 곳으로 고궁에서 가장 높은 전각인 봉황루鳳凰樓, 실록과 사고전서를 보관한 숭모각崇謨閣과 문소각文溯閣 등까지 궁의 주요 장소를 모두 망라하고 있다. 풍부한 재물과 많은 사람들은 황성皇城인 자금성紫禁城과 비슷하다고까지 표현했지만, 실제로 규모는 자금성이 심양황궁보다 12배나 크다.

여기에 팔기八旗의 정예 부대들이 상주하였으며, 군적에 속한 사람들은 글이나 읽는 서생書生이라 할지라도 활을 쏠 때 쓰는 제구諸具인 결습決拾을 착용할 만큼 상무尙武 전통이 강했고, 관직 명부에 이름이 오른 사람은 한족이라 하더라도 만주어를 읽게 하여 만한滿漢을 일치시키려는 정책을 폈다. 청淸의 제도에 대해 긍정적으로 평가한 부분으로, 이처럼 그의 글에는 통상적인 숭명배청崇明拜淸의 정서는 거의 보이지 않는다.

현지 중국 지식인과의 친교

연행燕行에서 가장 기대되는 것 중에 하나는 역시 현지인들과의 만남이다. 공적인 만남에서 가질 수 없는 예기치 않는 사건들이 그들을 흥분시키고 고양시켰다. 체류 일정 내내 상대방의 처소나 집을 방문하면서 지인들을 연이어 소개하기도 하고, 또 앞서 연행을 했던 사람들이 특정 중국인을 만나 보라는 조언을 했을 경우 실행에 옮기기도 한다. 그들은 필담을 통해 의사소통을 하고 시와 선물을 끊임없이 주고받았다.

> 거처로 돌아온 뒤에 태학 조교太學 助教인 무공은繆公恩이 와서 만나 보았다. 호는 매해楳澥이며 시詩에 능하고 그림을 잘 그리며 문장을 하는 선비였다. 석애石厓 조만영趙萬永 어른이 일찍이 그의 명성을 몹시 칭찬하였기에 여기에 도착한 뒤 곧바로 만나려고 했는데, 이제 다행히도 그분이 먼저 찾아와 무릎을 대고 마주 앉아 필담筆談을 하니, 마치 옛날 친구처럼 서로 잘 알게 되었다. 바로 그 자리에서 절구 시 한 편을 써서 보여주기에 나도 상사上使와 함께 즉석에서 화답和答하였다. 잠시 뒤 예부정랑

禮部正郎인 각라항안覺羅恒安이 와서 보았는데, 종실宗室의 먼 친척 뻘인데 예부禮部의 관리가 되었다. 객사客使에게 와서 문안을 한 것이다. 그와 필담을 나누었는데 겨우 성명姓名만 기록하였다. 얼마 뒤 하직을 하고 떠났다. 매해楳澥(무공은을 가리킴)가 이르기를 "인견하라는 황제皇帝의 어지御旨로 황제의 명을 받아 내일 장차 서쪽으로 가는 어가를 맞이하게 되어서 갑자기 하직하고 떠나게 되었으니 도리어 서글픕니다"라고 하였다. 저녁에 구하龜夏 조카에게 가서 그에게 사례를 하게 했다. 오늘부터는 사신使臣 이하부터 통역을 맡은 수행원에 이르기까지 모두에게 매일 제공되는 물건이 있는데 중국의 예부에서 나누어 주는 것이라 했다.

애초부터 심양에 문사가 많다고 들어와서 그들을 만나보려는 생각이 있었다. 그런데 와서 들으니 정위원程偉元은 작고한 지가 이미 오래 되었고 반과여潘果茹, 원월元鉞, 김조근金朝覲은 모두 다른 곳으로 벼슬을 나가 지방에 있다고 하니 서글프기까지 하다고 했다.[14]

위의 글은 8월 31일의 기록이다. 무공은繆公恩은 자는 입장立莊이고 호는 매해楳澥이며, 별호는 난고蘭皐

[14] 9월 1일의 기록이다.

이다. 글씨와 시문에 재능이 있었고, 전각 솜씨가 뛰어났으며 난초 그림이 훌륭했다.[15] 무공은은 조선 사람들과 상당한 친교가 있던 인물이었다. 그의 시집《몽학헌매해시초夢鶴軒楳澥詩鈔》를 보면 "조선 사람 이노산李魯山, 김청산金清山(김선신), 이동어李桐漁(이상황), 박만오朴晩悟(박래겸)와 편지를 주고받았다"라고 나온다. 또, 친교가 있던 조수삼趙秀三은 〈화매해和楳澥〉, 〈기류매해寄繆楳澥〉, 〈무매해서묘繆楳澥助教〉, 〈별매해別楳澥〉 등 무공은에 대한 시 5편을 남겼고, 이상적李尙迪도 〈제조유하승지견차황엽회인시권題趙游荷承旨見次黃葉懷人詩卷〉을 남겼다.

무공은은 가장 처음 그리고 가장 빈번히 만난 인물이다. 무공은 부자 모두 관직이 조교였기에 조선 사신의 관반이 되어 사신들을 접대 하느라 매일같이 찾아볼 수밖에 없었다.[16] 이런 만남은 그가 중국 땅을 떠나는 날까지 지속된다.[17] 그런데 그를 만난 경로가 참으로 흥미롭다. 조만영(1776~1846)은 1818년 심양에 심양사瀋陽使 한용구韓用龜와 함께 서장관書狀官으로 간 바 있다. 조만영이 비슷한 연배의 박래겸에게 무공은에 대해 이야기를 했고, 뒤이어 박래겸이 심양에 도

15 왕수남王樹楠 등,《봉천통지奉天通志》권211, 동북문사편집위원회東北文史編輯委員會, 1983, 21~22p 참고.

16 9월 4일의 기록이다.

17 그와 만난 날짜는 다음과 같다. 8월 30일, 9월 4일, 9월 12일, 9월 13일, 9월 15일, 9월 20일, 9월 21일, 9월 26일(무공은의 아들도 동반), 9월 27일, 9월 30일

착해서 무공은을 만나게 된 것이다. 이 같은 경우는 한 차례 더 있다. 홍기섭洪起燮(1776~1831)에게서 유승겸劉承謙이란 자가 함께 말을 나눌 만하다는 말을 미리 듣고 심양에 와서 그를 찾아 만나는 대목이 나온다. 홍기섭 역시 1813년에 사은정사謝恩正使 이상황李相璜과 함께 서장관으로 청나라에 다녀왔으며, 1828년 부사 유정양柳鼎養, 서장관 박종길朴宗吉과 함께 동지정사冬至正使로 다시 청나라에 다녀왔다. 심양에 문안사問安使로 가게 되면 먼저 다녀온 선배들의 말을 정보 삼아서 그 인물을 직접 만나 우의友誼를 이어가고 있음을 알 수 있다.

이것은 상대방인 중국 사람의 경우도 크게 다르지 않았는지, 낯선 조선인을 만나 흥미를 느끼게 되면 자신과 관련된 인물들을 줄줄이 소개해 주기도 했다. 무공은은 아들인 무도기繆圖箕[18]와 손자인 무경문繆景文, 무경창繆景昌[19] 조카 무연규繆聯奎,[20] 사위 유서신劉書紳[21] 등을 소개했다.

위 글에는 예부정랑禮部正郎 각라항안覺羅恒安도 등장했는데, 사적으로 만나는 사람들을 제외하고는 거의 예부에 소속된 관리들과 만나고 있다. 문안사를 상

18 그와 만난 날짜는 다음과 같다. 9월 4일, 9월 7일, 9월 13일.

19 그와 만난 날짜는 다음과 같다. 두 사람 다 9월 7일에 만났다.

20 그와 만난 날짜는 9월 7일이다.

21 그와 만난 날짜는 다음과 같다. 9월 15일, 9월 21일, 9월 24일, 9월 25일, 9월 27일, 9월 29일, 9월 30일.

대하는 주무 부서가 예부이기 때문이다. 그의 기록에 나오는 예부시랑 개음포凱音布, 예부낭중 복극정아福克精阿 등도 그러하다.

차를 마신 뒤에 진유루陳庾樓(진량)를 찾아 갔더니 진유루가 백수도百壽圖 한 폭을 나에게 증정해 주었다. 관우關羽의 "한수정후漢壽亭侯" 도장을 송나라 때 어부가 동정호洞庭湖에서 얻어 산서山西의 해주解州 관청에 보관하고 있었는데, 진유루가 그의 선친이 평륙平陸 지현知縣으로 있을 때 따라가서(평륙은 해주解州의 속현屬縣이다) 큰 종이에 도장을 이어지도록 찍었다. 모두 백 번을 찍어 전서 '수' 자를 만들었으니, 참으로 귀한 보배이고 옛 유물이다. 내가 환약丸藥을 주어 감사를 표시하고 돌아왔다. 황력재자관皇曆賚咨官이 중국에 들어왔다 지나가는 편에 14, 15, 16, 17, 18번째 편지를 볼 수 있었는데 오래 소식이 막혔던 터에 기쁨을 말로 표현할 수가 없었다.

아침에 진유루(진량)가 한 폭의 그림과 시를 나에게 보여주었다. 대개 진유루의 일가로 호가 남루南樓인 진감陳鑑이란 사람이 운남성雲南省의 지현사知縣事로 있을 때, 마침 역적이 마구 날뛰는데 군대에 종사하여, 큰 공훈을 세웠었다. 그래서 바로 봉천부奉天府의 치중治中이 되어서는 군영軍營에서 싸우는 상황을 그림으로 그려 '서생종군도書生從軍圖'라 이름을 붙였고, 그림 아래쪽에는 여러 사람들의 제영題詠이 있었다. 진유루는 또 남루南樓(진감陳鑑을 가리킴)에게 보내려는 생각으로 나에게 제영시를 이어서 시를 써 달라 청하면서 남루는 현재 창도청昌道廳의 인무印務로 있다고 말해 주었다. 내가 승낙하고 밤중에 20운의 시를 지어 보냈다.

9월 17일의 기록이다. 무공은 다음으로 자주 등장하는 인물은 진량陳亮인데, 호남湖南 장사長沙 사람으로 호는 유루庾樓이다. 진량은 무공은, 팽조체彭兆棣 등과 서로 친분이 있던 사이였다. 9월 5일에는 진량이 아들 진홍경陳洪京과 진홍관陳洪寬을 데리고 함께 내방하기도 했다. 9월 9일에는 박래겸이 무료함을 견디지 못해 진량을 찾아 나섰다가 마침 외출 중인 탓에 허탕을 치고 돌아오기도 했다.

장다사환張多賜歡이 나에게 한번 그 집을 방문해 주기를 간청하기에 수행하는 사람들 여러 명을 데리고 찾아 갔다. 이중문과 겹벽이었는데 수를 놓은 문과 조각을 한 담장은 아주 호사스러웠고, 방 안으로 들어가자 서화書畵와 궤안几案이 모두 눈을 어지럽게 할 만하였으니, 부잣집이라는 것을 알 수가 있었다. 장다사환의 아버지가 나와서 보았는데 그 사람됨이 꽤나 뛰어났다. "무과武科로 진출해서 일찍이 한군협령漢軍協領과 팔문제독八門提督이라는 3품직三品職을 지냈으며, 금년에 회갑回甲의 나이로 은퇴하여 쉬고 있다"고 이르렀다. 차를 다 마시고 나서 일어났다.

진경선陳敬宣(진삼덕)이 한번 방문해 줄 것을 여러 차례 요청했기 때문에 수행하는 사람들을 거느리고 갔다. 집이 웅장하고 화려하였으며, 물건이 호사스러워 사람의 눈을 아찔하게 하였으니 또 장생(여기서는 장다사환을 가리킴)에게 빗댈 정도가 아니었다. 잠시 뒤에 술을 내왔는데, 좋은 안주와 맛난 음식이 앞에 펼쳐져서, 점심 식사 때까지 이어졌는데, 모두 우리나라에서는 못 보던 것들이었으며, 뒤이어 집안을 두루 구경하였는데, 후원後園에 이르자 진생陳生이 글로 써서 보이기를 "내실內室은 외부 사람이 들어갈 수 있는 곳은 아닙니다. 그런데 우리들도 중국 사람이니 이제 선생에게 친척에게 보이듯이 합니다"라고 하였다. 대개 진생陳生의 선조先祖는 명나라 조정에서 현달하였고, 청나라 조정이 들어선 뒤에도 여러 대 동안 벼슬이 끊어지지 않았다. "진생은 문직文職으로 진출하여 곧 빈 자리가 나기를 기다리는데, 아직 벼슬을 하지는 못했다"고 한다. 그 사람됨이 꽤나 뛰어나서, 술이 취한 뒤에 고담高談하기를 마치 옆에 사람이 없는 것처럼 했다. 우리나라 사람의 의관衣冠을 보고서 매우 선망하는 뜻을 가지고 있었지만 문장에 대한 지식이 조금 짧은 것이 애석했다. 아들이 하나 있었는데 이름은 진금陳錦이었고 꽤나 준수해서 사랑스러웠다.

첫 번째 글은 9월 6일의 기록이다. 9월 1일의 기록을 참고하면 박래겸은 장다사환張多賜歡[22]이란 사람을 문장이나 글씨가 모두 뛰어났던 인물로 평가한 바 있다. 장다사환의 방문해 달라는 거듭된 요청에 자신의 일행 몇 명과 함께 방문하여 은퇴한 장다사환의 아버지까지 만나고 돌아온다. 두 번째 글은 9월 8일의 기록이다. 이날 역시 일행들과 함께 진삼덕陳三德[23]의 집을 내방했는데, 장다사환의 집보다 오히려 더 부유했다. 술과 진귀한 음식들을 대접하고 외부인이 들어갈

22 그와 만난 날짜는 다음과 같다. 9월 1일, 9월 5일, 9월 6일, 9월 7일, 9월 8일, 9월 30일.

23 그와 만난 날짜는 다음과 같다. 9월 7일, 9월 8일, 9월 15일, 9월 25일, 9월 26일, 9월 30일.

수 없는 내실까지 보여주는 후의厚意를 보인다. 이 사람에 대해서는 문장에 대한 식견이 짧은 것이 애석하다고 박한 평가를 내린다. 박래겸은 특별히 한인漢人과 만주인의 구분을 두지 않고서 교유를 했다.

공식적인 접견 기록들

그는 8월 30일부터 9월 30일까지 공식적인 체류 일정을 가졌다. 예부와 긴밀히 협조하면서 황제와의 접견을 준비하고, 황제의 일거수일투족을 예부의 전갈을 통해 전달했다. 황제의 모습, 행차 모습, 다양한 공식 행사 등의 상세한 기록은 한중 문화 교류사에 있어서 상당히 의미 있는 내용임에 틀림없다.

> 심양장군瀋陽將軍 혁호奕顥가 우리들이 앉아 있는 곳에 와서는 두루 묻고 지나갔다. "이 사람은 종실宗室의 공작公爵이다"고 들었는데 사람됨이 꽤나 출중했다. 그 위엄 있는 행동을 보건대 앞에 있는 자는 다만 7명의 기마병뿐이었으나, 뒤에 옹위하고 있는 자들은 수십 명의 기마병

이었으니, 우리나라의 상감이 출행을 할 때 경기도 관찰사가 크게 위엄을 떨치는 것과 같았다. 오시午時 가량에 황제가 검은 옷을 입고 말에 걸터앉아서 손에 말채찍 하나를 잡고 왔다. 어떤 기마병 한 명이 앞에 있고, 누런 옷을 입은 사람은 헤아려 보니 수십여 명 쯤 되는 기마병이었는데 뒤에 빙 둘러서 옹위하고 있어 어떤 수레가 황제의 것인지 알 수가 없었으며, 위엄 있는 거동도 너무나 간소하다고 이를 만하였다.

대개 그 행군하는 법은 대열을 이루지 않고 혹은 두셋이거나 혹은 네다섯씩이었는데 어떤 것은 엉성하고 어떤 것은 치밀하여 가지런하지 않았다. 저들에게 물어보니, 이르기를 "이것은 기러기 떼가 날아가는 진법陣法인데, 어가御駕가 거동할 때에 매번 이와 같이 한다"라고 했다. 다만 깃발과 북이라 하는 것은 군대의 이목耳目과 같은 것인데, 깃발과 북이 없으면 어떻게 행군을 할 수 있겠는가. 더욱이 군졸 중에는 무기를 가지고 있는 사람이 많지 않아, 화살을 등에 지거나 칼을 찬 자들이 열에 하나 둘도 안 되었으니, 갑자기 다급한 변고가 있게 되면 장차 어떻게 도움을 받을 수가 있겠는가. 괴이하고 괴이하다 할 만하였다.

황제가 우리들이 지영祗迎하는 장소를 지나갔다. 시랑侍郞이 황제의 말 앞에 나가서 꿇어앉아 말하기를 "조선의 사신들이 공손스럽게 어가御駕를 영접하고 있습니다"라고 하니, 황제가 돌아보면서 고개를 끄덕이고 지나갔다. 황제가 영반營盤으로 들어간 뒤에 우리들이 예부의 통보를 통해 포성布城의 작문作門 밖으로 따라 들어가서 어지御旨를 기다렸으니, 대개 어가가 지나가는 곳에는 비록 주현州縣의 촌점村店이 있다 하더라도 거기에 들어가서 거처하지는 않는다. 모두 들 가운데의 텅 비고 널찍한 곳에 장막으로 만든 군영軍營을 높직하게 설치하였는데, 훌륭하고 기이한 모습이 꼭 전각殿閣과 같았다. 세 겹으로 진열한 천막을 둘러 빙 둘러쳐서 네모난 성을 만들어 영반營盤이라고 이름하였으니, 이른바 작문作門이었는데 또한 갑군甲軍을 세우지 않고, 좌우에는 각각 4개의 군막을 설치하여, 내작문內作門과 외작문外作門으로 삼았다. 한참 뒤에 예부의 관원이 나와서 황제의 어지를 전하면서, 사신으로 온 사람들의 인원 수를 기록해가지고 들어갔으며, 또 조금 뒤에 와서 상사上使 및 서장관書狀官의 나이를 물어보고 들어갔다. 조금 뒤에 황태후皇太后와 황후皇后의 수레가 도착해서 우리들에게 서로 바라

볼 수 있는 곳으로 약간 물러나게 했다. 내전內殿 또한 위엄스런 거동은 없고, 누런 빛의 지붕을 한 작은 수레를 타고 있는데 왼쪽·오른쪽과 앞의 세 면에는 유리문을 달고 비단 장막을 드리웠다. 시녀侍女들은 혹은 수레를 타기도 했으나 혹은 남자의 의복 차림으로 말을 타고 들어왔다. 다만 평야에 열 지어 있는 것들이 말이 몇 만 마리이고 사람이 몇 만 명인지 알 수 없었는데, 엄숙하여 떠들어 대는 소리가 없었으니, 그 기율紀律이 엄격하다는 것을 볼 수 있었다. 우리들이 앉아서 오래 기다렸는데 예부시랑이 와서 말하기를 "물러가는 것이 좋겠소"라고 했다. 그러므로 곧바로 물러나와 숙소로 돌아왔을 때는 이미 신시申時가 지났었다. 종전에는 모두 끌고 가서 행전行殿의 문 밖에 서 있으면, 낙다絡茶를 하사해 주었다고 한다. 그러나 지금은 그렇지 않으니 또한 매우 괴이한 일이었다.

8월 30일에 상사와 함께 공복公服을 입고 예부로 가서 표문表文과 자문咨文을 올리고 일배삼고두一拜三叩頭를 행하였다. 9월 9일에는 예부의 전갈을 통해 어가御駕를 영접하는 처소를 노변성老邊城으로 정했다는 것과 어가가

11일에 노변성에 당도하니 다음날에 나가야 한다는 것을 들었다. 대개 어가는 노변성을 거쳐서 먼저 흥경興京에 나아가 능을 알현한 뒤에 성경盛京에 나아가 능을 알현하기 때문이었다. 9월 10일 저녁에 노변성에 도착해서 오두막집을 빌려 묵었다.

이 글은 9월 11일의 기록이다. 이날 처음 황제의 행렬을 목격했는데 의외로 소박한 행렬과 경호 모습에 놀랐다. 깃발이나 북, 무기가 없어서 긴급한 상황이 발생할 때에 대처 능력이 떨어질까 의심스러워했다. 예부시랑이 황제에게 조선 사신을 소개했으나 특별한 말을 전하지는 않고 고개만 끄덕이고 지나갔다. 황제가 지나는 곳에 묵을 만한 곳이 있더라도 거기에서 유숙하지 않고 영반營盤이란 이름의 천막에서 거처했다. 오시午時에 시작하여 신시申時가 되어야 끝이 났는데 관례적으로 황제가 낙차絡茶를 하사했으나 이번에는 하사하지 않아서 매우 이상하게 여겼다.

9월 13일에는 예부의 전갈로 어가가 23일에 심양에 당도하게 되니, 실승사實勝寺 앞에서 지영祗迎하라고 알려준다. 9월 17일에 정사와 여러 정관正官들과 함께 연예演禮에 참가하였다. 연예는 황제를 알현하기 전에 예법을 익히는 것을 말한다. 보통 한 차례 하기도 하지만 여러 차례 하는 경우도 있다.

9월 23일에는 두 번째 지영祗迎이 있었다. 이날에는 마침 비가 내렸다. 그럼에도 지영하는 사람과 구경하는 사람이 많이 나왔다. 첫 번째 있었던 황제의 행렬보다 더 화려하였다. 황제가 앉아 있는 곳을 한참동안 바라보다가 지나갔는데, 특별한 대화를 나누지는 못했다. 9월 24일에는 황제가 경우궁景祐宮과 문묘文廟에 배알을 하고, 극근친왕克勤親王의 묘소에 제사를 올리고 환궁했다는 소식을 들었다.

황제가 새벽에 오운제烏雲祭를 행한다고 들었다. 오운烏雲이라는 것은 만주 말로 아홉이라는 뜻이다. 궁내에서 아홉 번 제사를 행하는데 관제關帝와 황제皇祖, 등대인鄧大人이 함께 이 제사를 받는다. 그런데 희생을 잡아서 올리고 제사가 끝나면 돼지고기를 삶아서 잘라 쌀밥과 버무렸는데 이름을 식소육반食小肉飯이라 하였다. 제사를 지낼 때에는 청령궁淸寧宮의 서쪽 담 아래에 누런 포장 하나를 설치하고, 각라 관원의 아내 두 사람에게 서쪽으로 향해 꿇어 앉아 만주의 글을 읽게 했으며, 황제 또한 서쪽을 향해서 무릎을 꿇고 각라 관원의 아내가 읽는 것에 따라 예를 행한다고 한다.

9월 25일에는 황제가 오운제를 지냈단 소식을 들었다. 오운제라는 이름의 제사를 올리는 절차에 대해서 상세히 적고 있다. 이 부분은 다른 문헌에서는 흔히 찾아 볼 수 없으니 매우 소중한 기록이라 할 수 있다. 황제가 올리는 제사로 신에게 올리는 제사(9월 25일), 환원제還願祭(9월 28일) 등도 소개했다. 9월 27일에는 황제가 태평사太平寺, 법륜사法輪寺, 지단地壇, 비영동費英東의 사당을 참배했다는 소식을 들었다.

황제가 대정전大政殿에 납시어서 연회를 행한다 들었는데 이어서 예부의 통고로 오고五鼓에 상사上使와 함께 여러 정관正官을 거느리고 가서, 동화문東華門 밖에서 기다렸다가 날이 밝은 뒤에 통역관[通官]이 사신使臣과 세 명의 통역관을 이끌고 궁궐의 뜰로 들어갔다. 여러 정관들은 모두 들어갈 수가 없었으며, 저 나라의 사람들도 관직이 있는 사람 밖에는 또한 들어갈 수가 없었다. 왕공王公

이하 문무백관이 각각 반열班列에 따라 늘어서 있었다. 긴 탁자는 전에 이미 차려 놓았는데 두 사람이 하나의 탁자를 함께 하였고 매 탁자마다 40개의 그릇이 있었으나, 사신들에게는 각자 탁자를 주었다. 조금 뒤에 문 밖에서 음악 소리가 나더니 황제가 해와 달을 수놓은 옷차림으로, 가마를 타고 들어왔는데, 앞에는 여러 쌍의 의장대와 5~6쌍의 배위하는 자가 있었고, 뒤에 배위한 자는 수십 명뿐이었다. 전殿으로 올라간 뒤에 문 밖에서 음악이 그쳤고, 음식이 나오자 음악이 시작되었으며, 모두 9잔을 마시고 나서 그쳤다. 예부시랑이 상사와 나를 이끌고서 단지丹墀 아래에 서 있다가 조금 뒤에 전殿 위로 데리고 들어가서 곧바로 어탑御榻 앞의 약간 동쪽에 앉게 했는데 황제가 친히 두 잔의 술을 따라서 나누어 먹였으므로 상사와 내가 꿇어앉아 술을 다 마시고나서 고두叩頭를 하고 물러나서 보니 전 안에 왕공과 탁자를 마주하고 있는 자들이 30~40명이 되는 것 같았다. 그런데 다른 위엄 있는 행동은 없었고, 황제가 앉는 자리에도 다만 의자 하나뿐이었다. 등 뒤에는 하나의 해서楷書로 쓴 병풍이 펼쳐져 있었으며, 전 안에 있는 두 기둥에는 각각 금빛 글씨로 된 주련을 붙여 놓고 있었다. 우리들이 반차班次에서 물러나 앉았다가, 조금 뒤에 여러 신하들이 차례대로 일어나 춤을 추었다. 음악 소리는 현악기나 관악기 소리는 아니었으니 유기柳器를 긁는 소리와 같았다. 춤이 다 끝나자 씨름 놀이를 했는데, 두 사람이 씨름을 하다가 마치면, 두 사람이 또 나오기를 십여 번이나 했다. 이긴 자가 물러나서 뜰아래에 엎드리면 술을 먹여 주었고 놀이가 다 끝나자 몽골 음악을 연주하였다. 현악기와 관악기였는데 악장樂章은 글을 읽는 소리와 같았다. 잠시 뒤에 음식상이 물러나고 가마가 나오니 황제가 뜰에서 내려와 가마를 탔는데 오르고 내릴 때에는 한 사람도 부축해서 껴안은 사람이 없었다. 문 밖에서는 또 음악을 연주하였으며 황제가 환궁한 뒤에는 음악이 그쳤다.

9월 28일 기록이다. 황제가 대정전에서 연회를 한다는 전갈을 받고 상사와 여러 정관들과 갔으나, 정관들은 들어갈 수 없었다. 음악이 울리자 여러 명의 호위를 받고 들어섰다. 예부시랑이 상사와 박래겸을 황제에게 데려 가자 직접 두 잔의 술을 따라 주었다. 한마디 말도 나누지 않고 제자리로 돌아왔다. 씨름 놀이를 연거푸 하고 음악 소리는 그치지 않았다. 실제 황제와의 친견은 의외로 싱겁게 끝났다.

9월 30일 황제가 환궁했다가 다음달 24일에 환도還都한다는 소식을 듣고 황제를 보려고 나갔다. 황제는 사신 일행이 앉아 있는 곳에 도착해서 한참을 살펴보다가 지나갔다. 이것이 황제와 만나는 마지막 장면이다. 10월 1일 조칙을 받으며 모든 공식 일정이 종료된다.

이처럼《심사일기》에는 사신들의 공식 행사와 황제와의 친견 모습이 자세히 나온다. 황제를 호위하는 사람들이 진을 치는 모습, 황제가 영반에 드는 모습, 밤에 횃불을 절대로 켜지 않고 이동하는 모습, 황제와 황후의 거둥 모습 등이 그것이다. 또, 사신들이 참여하는 연예演禮, 참연연례參宴演禮 등 공식적인 행사와, 청나라 황제의 제천의식, 즉 오운제와 환원제 등이 상세하게 그려졌다. 그러나 황제와 친견하는 것은 의외로 간단하고 의례적으로 끝났다. 수많은 인원과 물품이 소모되며 힘겹게 치러지는 행사지만 특별한 접견조차 허락되지 않았음을 확인할 수 있다.

결론

박래겸은 자신의 여러 체험들을 일기로 남겼다. 그중 심양에 문안사로 다녀왔던 체험을 기록한 《심사일기》는 여러 점에서 주목할 만한 기록이다. 우선 상행上行, 체류滯留, 하행下行의 모든 기록이 날짜별로 정리되어 있어 이동 경로, 소요 시간, 일정 등을 매우 상세히 파악할 수 있었다. 가족들과 어떤 방식을 통해 얼마 만에 편지를 주고받았는지까지 구체적으로 나온다. 또, 사대査對의 방식이나 경로 상에 소재한 고을 지방관들의 접대 방식도 함께 알 수 있었다.

심양이란 곳은 북경 못지않게 중요한 공간이다. 연행사 간에는 심양에 가는 것을 북경으로 가는 것보다 폄하했던 심리가 있기는 했지만 심양은 삼학사와 소현세자, 봉림대군으로 상징되는 병자호란의 상흔을 간직한 곳이며, 청나라의 유서 깊은 많은 건물들이 있는 장소이기도 했다. 심양의 이국적인 풍경이나 풍속은 그의 눈길을 사로잡기에 충분했다. 이를테면 태평거太平車, 창녀, 바둑, 전족纏足, 상례喪禮, 원숭이 재주 등은 외지인外地人에게는 낯선 풍속들이었다. 그뿐 아니라, 삼의사三義祠, 광자사廣慈寺 삼의묘三義廟, 심양황궁瀋陽皇宮, 태학太學 등의 장소들을 꼼꼼히 탐방한 후 기록을 남겼다.

오랜 연행을 통해서 현지 중국인들과 인적 네트워크를 연결하고 있기도 했다. 앞서 다녀온 선배들이 후배들에게 현지인을 추천하기도 하고, 현지인들이 자신의 지인을 소개하기도 했다. 체류 기간 내내 필담을 통해 의사소통을 하고 시와 선물을 주고받았다. 대부분은 예부와 관련된 인물이라는 한계가 있긴 하지만 자유롭게 서로의 거처나 숙소를 내왕했다. 그중에 무공은繆公恩은 박래겸과의 교유뿐 아니라, 한중 교류에서 주목할 만한 인물이다.

한 달 동안의 심양 체류 기간에서 가장 중요한 행사는 역시 황제를 친견하는 것이다. 실시간으로 예부를 통해 황제의 동정이 보고되고 이에 따라 연행사의 동선이 결정되었다. 다만 수많은 인원과 물자가 소요되는 행사치고는 황제와의 접견이나 대면은 싱겁게 끝이 났다. 황제가 직접 참석하여 제를 올리는 오운제와 환원제와 같은 것은 다른 데에서 흔히 찾아볼 수 없는 소중한 기록이다. 또, 황제가 주최하는 여러 연회의 모습도 상세하게 그려져 있다.

다만 《계산기정薊山紀程》, 《담헌서湛軒書》, 《노가재연행일기老稼齋燕行日記》, 《연원직지燕轅直指》 등의 기록들에 지나치게 의존해서 특정 장소에 대해 설명하고 있는 것은 아쉬운 부분이기는 하지만, 그렇다고 이 기록의 가치를 평가절하 할 수는 없다. 이 책을 통해 연경과는 분명히 구분되는 심양의 연행 체험이 구체화되고, 박래겸의 일기에 대한 총체적이고 종합적인 연구가 이어지길 기대한다.

찾아보기

【ㄴ】

【ㄷ】

【ㅅ】

【ㅇ】

【ㅈ】

【ㅊ】

【ㅌ】

【ㅍ】

【ㅎ】

심사일기瀋槎日記 1829년 심양에 문안사로 가다

⊙ 2015년 5월 22일 초판 1쇄 인쇄
⊙ 2015년 5월 23일 초판 1쇄 발행
⊙ 지은이 박래겸
⊙ 옮긴이 조남권·박동욱
⊙ 발행인 박혜숙
⊙ 디자인 이보용
⊙ 영업·제작 변재원
⊙ 종이 화인페이퍼
⊙ 펴낸곳 도서출판 푸른역사
우) 110-040 서울시 종로구 통의동 82
전화: 02) 720-8921(편집부) 02) 720-8920(영업부)
팩스: 02) 720-9887
전자우편: 2013history@naver.com
등록: 1997년 2월 14일 제13-483호

ISBN 979-11-5612-042-1 93900